"十三五"国家重点出版物出版规划项目
城市治理实践与创新系列丛书

大数据与城市治理
——以青岛市市北区为例

汪碧刚　于德湖　著

U0366239

中国建筑工业出版社
中国城市出版社

图书在版编目（CIP）数据

大数据与城市治理：以青岛市市北区为例／汪碧刚，于德湖著. —北京：中国城市出版社，2020.1

（城市治理实践与创新系列丛书）

ISBN 978-7-5074-3236-7

Ⅰ.①大… Ⅱ.①汪… ②于… Ⅲ.①数据处理—应用—城市管理 Ⅳ.① C912.81-39

中国版本图书馆 CIP 数据核字（2019）第 251790 号

城市治理的最终目标是让我们的城市生活趋于更美好。大数据时代下，如何将数据转化为服务，让大数据应用于城市生活的各个场景是大数据技术的新时代任务。本书以青岛市市北区为例，对其城市治理网格化大数据与城市治理结合，实现城市治理大数据可视化、自动化，以期更好地寻找解决城市治理难题的方法。

本书第一章，城镇化带来的社会问题与挑战；第二章，大数据服务于城市治理的机遇与挑战；第三章，城市治理大数据采集分析机制；第四章，城市治理大数据可视化模型——以青岛市北区为例；第五章，北京市推进新时代街道工作的经验与启示；第六章，大数据如何服务于城市治理。本书适用于政府相关管理人员、城市规划、城市设计、城市管理者和科研学者。

责任编辑：毕凤鸣　封　毅
责任校对：芦欣甜

城市治理实践与创新系列丛书

大数据与城市治理
——以青岛市市北区为例

汪碧刚　于德湖　著

*

中国建筑工业出版社、中国城市出版社出版、发行（北京海淀三里河路9号）

各地新华书店、建筑书店经销

北京建筑工业印刷厂制版

北京圣夫亚美印刷有限公司印刷

*

开本：787毫米×960毫米　1/16　印张：16　字数：246千字

2020年11月第一版　　2020年11月第一次印刷

定价：**49.00**元

ISBN 978 - 7 - 5074 - 3236 - 7

（904218）

出版说明

十九大报告明确指出：全面深化改革总目标是完善和发展中国特色社会主义制度、推进国家治理体系和治理能力现代化。报告提出，要打造共建共治共享的社会治理格局。

为了践行十九大精神，我社于2017年12月出版了汪碧刚博士的专著《城市的温度与厚度——青岛市市北区城市治理现代化的实践与创新》，并在青岛举办了首发式。该书甫一问世，引发社会各界高度关注，"城市的温度与厚度"一词成为热搜，互联网上共有1510万个相关结果，这足以证明社会各界对城市治理的关切热度。

城市治理是政府治理、市场治理和社会治理的交叉点，在国家治理体系中有着特殊的重要性，从一定意义上说，推进城市治理的创新就是推进国家治理的现代化。基于此，我社成立了城市治理专家委员会，并汇集专家智慧策划了"城市治理实践与创新系列丛书"，旨在总结探索国内外相关经验和做法，提高城市治理社会化、法治化、智能化、专业化水平，从而为行业管理、领导决策、政策研究提供参考。本套丛书也获得中宣部的高度重视，2018年被列入"十三五"国家重点出版物出版规划项目。

三年来，我社组织了数十位专家学者、党政干部和实务界人士，召开了多次研讨会，聚焦当前城市治理中的重点、难点、焦点问题，进行深入的研究和探讨，力求使丛书既有理论高度，又贴近实际应用。丛书关注城市和社区治理，就如何实现城市治理现代化、精细化、法治化、科技化，提升服务群众的能力等问题提出了很多建设性的观点和建议。丛书作者也一直致力于城市治理的研究，他们有的拥有多年政府部门相关管理经验，有的从事政策研究或教学科研工作，有的活跃在城市治理的一线化解矛盾纠纷，既有理论水平又有实践指导能力。

除首本《城市的温度与厚度——青岛市市北区城市治理现代化的实践与创新》外，丛书还包括如下7个分册：《城市综合管理》（翟宝辉、张有坤著）、《城市精细化管理理论与实践》（杨雪锋著）、《城市社区治理理论与实践》（原珂著）、《大数据与城市治理——以青岛市市北区为例》（汪碧刚、于德湖著）、《智慧社区与城市治理》（汪碧刚著）、《城镇老旧小区改造——扩大内需新动能》（王健、孙光波著）、《城市治理纠纷的预防与处理》（王才亮著）。

丛书开篇于十九大召开之际，付梓于"十三五"收官之年，我们热忱期待社会各界持续给予关注与支持。十九届四中全会指出，要完善党委领导、政府负责、民主协商、社会协同、公众参与、法治保障、科技支撑的社会治理体系，建设人人有责、人人尽责、人人享有的社会治理共同体。刚刚结束的十九届五中全会明确提出实施城市更新行动，提高城市治理水平。丛书一直紧密围绕这一主题，学思践悟，符合国家和行业发展的需求。我们有理由相信，随着共建共治共享的城市治理格局的形成，城市治理体系和治理能力现代化一定能够早日实现。

"城市治理实践与创新系列丛书"的顺利出版得益于专家学者的共同努力。在此特别感谢在丛书研讨、论证、审稿过程中给予大力支持和提出宝贵意见的各级领导、专家和学者们！我们也以丛书出版为契机，希望更多城市管理者、研究者以及有识之士积极参与城市治理，汇集资源，凝聚力量，共同打造"政、产、学、研、金、服、用"全链条全生命周期的城市治理发展格局！

中国建筑工业出版社
中国城市出版社
2020年11月25日

本 书 编 委 会

主要著作者　汪碧刚　于德湖
其 他 作 者　乐国林　刁伟涛　孙宝娣　唐敬超
　　　　　　　高啸峰　徐　阳　陶珊珊　陶　易
　　　　　　　商姗姗　张　杰

这本书主书名为《大数据与城市治理》，似《城市治理的大数据温度》更贴切，这可与我之前出版的主书名为《城市的温度与厚度》的书一脉相承，但基于交叉学科与写作体例等多重考虑最终确定了现书名。"城市治理实践与创新系列丛书"首本著作《城市的温度与厚度——青岛市市北区城市治理现代化的实践与创新》于2017年12月由中国建筑工业出版社正式出版并在青岛首发，该书甫一问世，引发社会各界高度关注，"城市的温度与厚度"一词成为热搜，互联网上共有1510万个相关结果，这足以证明社会各界对城市治理的关切热度。

2018年7月，国家新闻出版署正式将"城市治理实践与创新系列丛书"列入"十三五"国家重点出版物出版规划项目。该系列丛书由我担任编委会主任，并将由中国建筑工业出版社（中国城市出版社）于今年年内陆续出版，热忱期待社会各界持续给予关注与支持。

党的十九届四中全会明确提出，要完善党委领导、政府负责、民主协商、社会协同、公众参与、法治保障、科技支撑的社会治理体系，建设人人有责、人人尽责、人人享有的社会治理共同体。这为推进城市治理创新，推动大数据与城市治理融合发展提供了根本遵循与方向指引。

社会治理体系是由众多子系统构成的复杂系统，核心是党的领导。要充分发挥党总揽全局、协调各方的作用，推动党建引领与基层治理深度融合。党建与治理不能是两张皮，创新、融合是关键，加快城市精细化、精准化、网格化、智能化管理，推动"互联网+党建""智慧党建"与城市治理大数据运用深度融合，把党的建设渗透到"智慧城区"建设的各方面，让广大居民随时随地"看得见、找得到、叫得应"，目标是切实推动城市基层社会治理落实到"最后一米"，不断提升人民群众的获得感、幸福感、安全感。

城市治理的基础是城市，治理的核心在"人"，终点是文化。城市治理重点是服务、共享、融合。城市治理作为多元主体共治行为，需要政府、市民、企业、社会组织、社区组织等共同参与。城市治理贵在创新，当前我国城市治理创新有三个重要维度：党建、治理、服务。目前，多元共治的城市治理格局逐步形成，基层治理社会化、法治化、智能化、专业化水平不断提高。城市的现代化，不仅体现在硬件上，也体现在软件上，既包括服务设施现代化，也包括精神气质现代化。归根到底，就是用现代理念、意识、方式推进城市治理现代化，这其中大数据的重要性不言而喻。

高擎习近平新时代中国特色社会主义思想的伟大旗帜，指导城市（社区）服务由"最后一公里"到"最后一米"深入推进。我们希望更多城市管理者、研究者以及有识之士参与进来，汇集资源，凝聚力量，积极打造"政、产、学、研、金、服、用"全链条的城市治理产业发展格局。我们有理由相信，通过大家的不懈努力，随着共建共治共享的城市治理格局的形成，城市治理体系和治理能力现代化一定能够早日实现。

城市治理的最终目标是让我们的城市生活趋于更美好。大数据时代下，如何将数据转化为服务，让大数据应用于城市生活的各个场景是大数据技术的新时代任务。本书以青岛市市北区为例，将其城市治理网格化大数据与城市治理结合，实现城市治理大数据可视化、自动化，以期更好地寻找解决城市治理难题的方法。

本书是集体智慧的结晶。于德湖教授和我统筹书稿，乐国林博士、刁伟涛博士、孙宝娣博士、唐敬超博士、高啸峰博士以及徐阳、陶珊珊、陶易、商姗姗、张杰等参与了本书的写作。我们的研究得到了青岛市市北区委、区政府和有关部门的大力支持，时任区委书记郑德雁（现任济南市常务副市长）、区长杨旭东（现任平阴县委书记）、现任区委书记张新竹、区长张永国都给予倾情关注和具体指导。感谢出版社给予本书出版的帮助以及师友和家人的关怀支持。本书在思考和写作中参考和吸收了专家和学者的许多思想观点，书中可能难以全部注明，在此一并表示感谢。由于作者水平有限以及团队的研究局限，不妥之处在所难免，敬请读者不吝指正。

汪碧刚

2020年元旦于未名堂

目录 CONTENTS

第一章

城镇化带来的社会
问题与挑战

第一节　改革开放40年中国城镇化变革

改革开放以来，中国的城市化在快速推进的同时，也在内涵特征、驱动力量、表现形式及影响作用等维度发生了本质的变化。从以物为本到以人为本，从政府主导到市场驱动，从土地城镇化到人口市民化，从局部影响到区域乃至世界影响，中国城镇化的经济意义和社会意义重大。40年的改革开放，40年的城镇化造就了世界瞩目的中国式飞跃。新时代背景下的城镇化以人的发展为根本，城市居民积极参与城市建设和城市治理正是城镇化以人为本的重要表征。城镇化不仅体现在人口、资本、技术等生产要素在城市空间的积累，还体现在城市自身功能的日益完善和城市治理水平的法治化、社会化、智能化、专业化。

然而，与快速城镇化相伴而生的集中爆发的城市病，城市面临结构性减速的困境，城市产业结构转型受阻；人口结构发生变化，人口管理日益复杂化；城市的公共服务供给体系不完善，不能满足居民所需；城镇化在促进人口、产业、资本等向城市集聚从而实现规模效应的同时，也带来了一定的外部负效应，城市内涝、大气污染是城市资源环境承载力退化的突出表征；交通拥堵、停车难、治安问题、绿化面积少、基础设施不足、公共服务紧张、户外公共空间丧失等城市问题使得城市生活质量下降；新一代技术革命在变革人们生产生活方式、创造人类财富的同时也引发了一系列新的社会问题。城市病的发生虽有其内在的阶段性规律，但是人为干预往往是决定城市病病症加重或减缓的重要原因。行政化特色明显的城市管理体系由于管理思维落后、体制机制不健全、管理手段缺乏、压制或忽略社会多元力量，对防治城市病有百害而无一利。防治城市病，城市管理转型是关键。

新型城镇化背景下，在城市治理过程中防治城市病需要秉承以人为本的治理理念，用信息化手段感知社会态势、畅通沟通渠道、辅助科学决策，推动城市服务的均衡化，维护每个人的公平正义，发挥城市文化对于城市发展的驱动力。城市是人民的城市，城市问题的解决也需要发挥群众的智慧和主观能动性。打造共建共治共享的现代化城市治理格局，要发挥多元力量、跨学科合作、数据思维、人本理念和城市精神在完善治理体系的重要作用。

本章节将带领读者回顾中国改革开放40年来的伟大成就，包括国民经济增长、城市规模扩大、城市基础设施和公共服务完善等方面，概述以人口城镇化为核心的新型城镇化建设，探讨与城镇化相伴而生、集中爆发甚至愈演愈烈的城市问题，进而提出防治"城市病"之路——由管理向治理转变。本章节将通过对城市治理理论和城市治理模式的研究来探索防治城市病的现代化治理理念、模式和手段，探讨内容包含人本理念、精细化治理模式、技术治理手段、文化治理思维等。

一、城镇化背景下的中国式飞跃

城镇化的英文是"urbanization"，意指国外的乡村向城市转变的过程。将urbanization放置于中国情境下，其内涵更加丰富。不同于世界上其他国家，中国设有镇的建制，且人口规模多与国外的小城市相当，人口不仅向城市集聚，而且向城镇转移。此外，人口转移具有从小城镇到大城市、再到特大城市逐渐过渡的规律。基于国情的差别，有些学者将中国的城市化称之为城镇化，而且被官方采纳。总的来说，城市发展是农村人口向城市集聚、农业用地按相应规模转化为城市建设用地的过程。

根据诺瑟姆在1979年提出的城镇化发展的一般规律，中国的城镇化的轨迹也如一条稍被拉平的"S"形曲线（图1-2），经历了初始、加速和后期三个阶段。城镇化率达到10%且在25%以下标志着城镇化进入初级阶段，这一阶段的第一产业及农村人口在经济社会结构中占据主导地位，工农业发展水平低，释放和吸纳农村剩余劳动力的动力不足，城镇化进程缓慢。城镇化率从25%增长到50%乃至70%标志着城镇化进入加速阶段，该阶段工业基础逐渐雄厚，释放和吸纳农村剩余劳动力的动力机制已经成熟，城市规模迅速扩张，城市人口持续快速增加，第二、三产业占GDP的比重也持续快速增长。后期阶段或者成熟阶段的城镇化增长速率趋缓，城市人口比重超过70％，产业结构以第三产业为主，当城镇化达到80％时城镇化增长变得很缓慢。

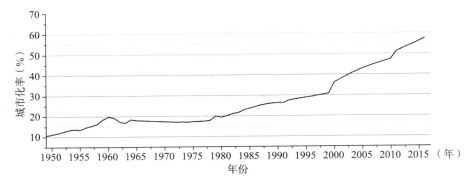

图1-1   1949～2016年中国城镇化率变化[①]

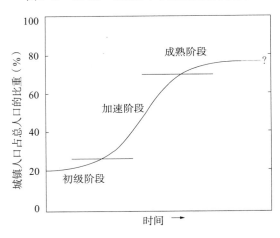

图1-2   诺瑟姆曲线[②]

根据图1-1所示，我国城镇化始于1949年中华人民共和国成立之时，至1986年，城镇化从10.64％增长到24.52％，耗时37年，平均每年增长0.38个百分点，城镇化进程缓慢。尤其从1964～1978年，我国城镇化率变化曲线趋于

---

① 国家统计局. 国家统计年鉴1999-2016.
    范恒山，陶良虎. 中国城市化进程[M]. 北京: 人民出版社，2008.
② 陈明星等. 城市化速度曲线及其政策启示 ——对诺瑟姆曲线的讨论与发展[J]. 地理研究，30(8): 1499-1707.

平直，城镇化率稳定在17%上下，表明城镇化发展停滞。1978年改革开放号角吹响，全国进入经济复苏、社会转型的关键历史时期，城镇化得以恢复发展，特别是在1996年，城镇化率达30.48%。1997～2011年，城镇化率由31.91%上升到51.27%，首次突破50%，年平均增长1.38个百分点，城市人口接近7亿人。2012～2017年，城镇化率持续加速增长，年平均增长率维持在1个百分点以上，2017年城市人口比重达58.52%。根据《国家新型城镇化规划（2014-2020年）》，2020年我国城镇化率要达到60%左右，借此，2018～2020年的年平均增长率需保持在0.66个百分点以上，在我国各项政策的持续积极的推动下，2020年城镇化目标近在咫尺。

1. 改革开放后的伟大飞跃

中共十一届三中全会开启了改革开放和社会主义现代化的伟大征程，40年来，中国坚持经济建设为中心，坚持实践、理论、制度创新，洞察时代潮流，体悟人民群众期盼和需要，在发展中保障和改善民生。"中国用几十年时间走完了发达国家几百年走过的工业化历程。在中国人民手中，不可能成了可能。改革开放40年来，制度枷锁被打破，人的活力被激发，个体命运在祖国日新月异的发展中得到了自我实现。"[1]

改革开放之前的城市化是政府主导，服从于工业化战略的。市场力量被抑制，导致城市化曲折发展。从图表可以看出，1952～1978年，三大产业发展波动变化明显，农业经历过一段时间的加速下降之后又急速回升，一直到改革开放前期处于缓慢下降的状态。相对而言，优先发展重工业的国家策略促使第二产业比重加速上升，第三产业比重缓慢下降，且长期在国内生产总值占比最低。研究者在对比中国与亚洲的城市化时发现，中华人民共和国成立至1988年的40年间，工业化率每增加1%，城市化率只增加1.075%，大大低于亚洲1.88%的平均水平，以工业化推动城市化的发展战略难以为继。城镇化离不开"推力"和"拉力"的相互作用：一方面，由于农业现代化尚未实现，释放农村剩余劳动力的推力不足，向城市转移的农村人口数量少，不足以刺激城市二三产业规模

---

[1]　习近平. 庆祝中国改革开放40周年大会上的讲话. 2018.

化发展；另一方面，城市吸纳剩余劳动力的产业基础不成熟，导致城市吸引农村转移人口的拉力不足，城市建设缺乏力量。

改革开放后，城市化率明显提高，城镇数量大幅增加，尤其小城镇数量增加特别快，城市规模不断扩张，非农产业迅速发展。这一阶段，城市化的推动力量由农村改革转变为城市经济体制改革。大力发展乡镇企业、"撤社建乡"，为小城镇的迅速扩张奠定了基础。1984年城市体制改革为中国城镇化创造了内生力量，市政基础设施大规模建设，城市经济得以苏醒，1992年邓小平南方谈话拉开了市场化改革的序幕，为城市化快速发展注入了一股更为强劲的力量。市场化改革带来了经济发展思维、方向和方式的转变，在尊重中国国情的基础上，充分调动市场经济各主体的积极性，城市经济活力焕发，国民经济高速增长。

城镇人口和城镇规模迅速扩张。城镇人口由1978年的17245万人增加到2017年的81437万人，年平均增长速度为4.1%，城镇化率由17.92%增长到58.52%，城市数量由193个增加到677个，建制镇数量由2173个增加到21116个，200万人口以上的城市由中华人民共和国成立初期的0个增长到2017年的61个。根据2018年国家统计年鉴，截止到2017年，中国地级及以上城市共有298个，其中城市市辖区常住人口在400万人以上的城市有19个，包括上海（2120.88万人）、广州（1490.44万人）、北京（1876.6万人）、天津（1291.11万人）、深圳（1252.83万人）、重庆（1970.68万人）、成都（1152.81万人）、青岛（625.25万人）、杭州（727.14万人）、长沙（614.38万人）、济南、武汉（871.87万人）、苏州（813万人）、郑州（713.71万人）、南京（685.89万人）、沈阳（668.2万人）、哈尔滨（463.8万人），200万～400万人有42个，100万～200万人有100个，50万～100万人有86个（图1-3）。[①]

经过40多年的投资建设，城市基础设施短板逐渐补齐。供水总量由改革开放初期的128亿吨增加到2017年593.8亿吨，天然气供气量从16.2亿吨增加到1263.8亿吨，实有道路面积从3.6亿平方米增加到78.9亿平方米，公共交通车辆运营数由4.5万辆增加到58.3万辆，城市排放管道长度由3.2万公里增加到63万

---

① 全国统计年鉴. 2018.

公里（图1-4）。

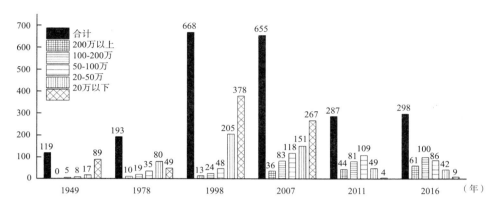

图1-3 1949～2017年我国城市规模变动情况

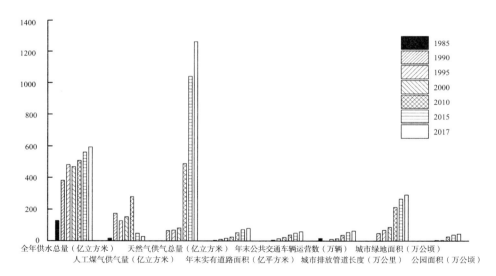

图1-4 历年来城市公共事业基本情况

城市公共服务能力迅速提升。城镇化的迅猛发展除了体现在城市环境建设和物质资料的增长之外，也体现在城市的软实力上。城市的发展不仅是城市集聚经济所带来GDP数字的增加，更是城市自身功能的完善和公共服务能力的提升。1978年，国家贫困线以下的农村人口有2.5亿人，这一数字在2017年底下降到3000万人。① 全国居民人均可支配收入由171元增加到2.6万元，中等收入群体持续扩大，贫困人口累计减少7.4亿人。② 教育事业全面发展，九年义务教育巩固率达93.8%。我国建成了包括养老、医疗、低保、住房在内的世界最大的社会保障体系，基本养老保险覆盖超过9亿人，是1989的16倍，医疗保险覆盖超过13亿人。常住人口城镇化率达到58.52%，上升40.6个百分点。居民预期寿命由1981年的67.8岁提高到2017年的76.7岁。③ 主要文化机构包括公共图书馆、文化馆、博物馆、艺术表演馆共有59335个，是1978年数量的4.7倍。城镇化的人力资本积累效应加强，现代化工业和服务业规模逐渐扩大，质量不断提升，促使城市吸纳农村剩余劳动力的能力不断提升，农业转移人口市民化进程加速推进。十九大报告将促进社会治理现代化上升为建设社会主义现代化强国的必由之路，社会各界积极探索城市治理模式，信息技术在城市治理领域的应用逐渐落地，社会组织和自治组织不断涌现，2005～2017年增加了40万个，城市治理参与主体不断扩大，城市治理精细化、智慧化、专业化、社会化水平有所提升（图1-5、图1-6）。

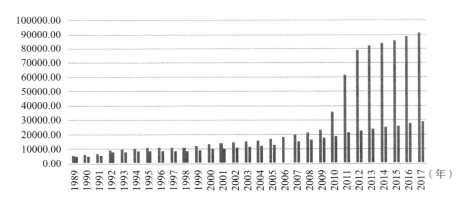

图1-5   1989～2017年参加养老保险人数

① Takehik, Naka. 2018. 演讲稿：中国过去40年的成就和新时代下的挑战. https://www.adb.org/zh/news/speeches/china-achievements-over-past-40-years-and-challenges-new-era-takehiko-nakao.
② 习近平. 在庆祝改革开放40周年大会上的讲话. 2018.
③ 习近平. 在庆祝改革开放40周年大会上的讲话. 2018.

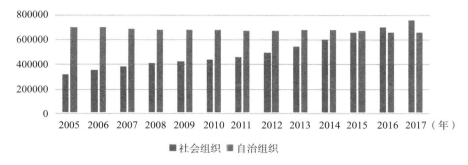

图1-6　2005～2017年社会组织和自治组织数量

2. 城镇化的核心，是人的城镇化

中国特色城镇化道路的首次提出是在2002年党的十六大报告中："要逐步提高城市化水平，坚持中国小城市和小城镇协调发展，走中国特色的城市化道路。"2005年党的十六届五中全会报告进一步指出："要坚持大中小城市和小城镇协调发展，提高城镇综合承载能力，按照循序渐进、节约土地、集约发展、合理布局的原则，积极稳妥地推进城镇化。"十七大报告更加明确了中国特色城镇化道路，"按照统筹城乡、布局合理、节约土地、功能完善、以大带小的原则，促进大中小城市和小城镇协调发展"。

中国新型城镇化区别于一般或过去城市化或城镇化，是在常态城镇化基础上演变而来，是后改革开放时代实现城市发展转型的重要机遇。在中国城镇化转型过程中，城市治理逐渐上升为与新型城镇化建设同磁共振的重要抓手。城市治理，通过转变城市治理模式实现城市转型是新型城镇化的重要目标，以人为本的城市治理不仅在价值取向和制度机制层面上影响着城镇化，而且成为解决发展中的城市问题，建设宜居城市，实现和维护公平正义，提升市民获得感、幸福感、安全感的有效路径。"治理转型不仅是城市转型的重要内容，还渗透于经济转型、产业转型等城市转型的各个领域，并贯穿城市转型的方方面面"。①

新型城镇化的"新"体现在由过去偏重追求城市扩张改变为以提升城市的文化、公共服务等内涵为中心，以打造宜居性城市、提高城市品质为目标。既

————————

① 李烁，曹现强. 以包容性城市治理推动城市转型发展[J]. 行政论坛，2018，4：76-84.

往的城镇化追求规模与速度，城市配套设施建设落后于城市规模的快速发展，城市规划的前瞻性、适应性、可持续发展性不足。面临土地、资源能源、人口增长、环境承载能力等方面的瓶颈制约，新型城镇化融汇生态文明理念，开辟了集约、智能、绿色、低碳的发展道路。城市"十二五"规划纲要提出，要增强城镇综合承载能力，预防和治理"城市病"，同时注重文化传承与保护，改善城市人文环境。

城镇化的核心，是人的城镇化。中国新型城镇化坚持以人为本的发展观，强调城市的服务功能、城市经济的可持续发展、人与自然之间的和谐关系、居民的精神文明，致力于打造"城镇""产业""人"互动协调发展的格局。新型城镇化注重人在城镇化过程中的主体作用、人与社会的协同发展，以及发展成果惠及全民，这与城市治理的根本理念不谋而合。农业转移人口市民化因而成为新型城镇化的重要任务，稳步推进城镇基本公共服务常住人口全覆盖，实现流动人口与本地户籍人口在社会保障、医疗保险、子女教育等公共服务的均等化，保障居民各项权益，尊重人才，创新人口管理，不断提高人口素质是农业转移人口市民化的重要内容。

人口向城市集中的过程伴随着经济活动、社会活动的转移和重组。人们的就业领域、劳动方式、生活方式、行为习惯、社会组织关系、价值观念等方面也随之发生改变。朱铁臻认为，生产方式的变更是城市化的内在动力，城市文化则是城市全面发展的推动力。[①] 从社会学角度，城市的发展带来的是人的全面发展，人民的生活质量不断改善，人民的幸福感、获得感、安全感指数持续上升，人与自然的关系更加和谐，城市的治理趋于现代化。随着国家经济策略调整、国民经济增长、市场力和行政力逐渐协调，影响劳动力、土地、资本等资源重新配置的推力和拉力也得以调整优化。在此过程中，市场在推动城市化上的角色日益凸显，政府逐渐退居公共物品供应者的本位，法治化、智能化、社会化、专业化的城市治理逐渐成为保障新型城镇化质量和效益、增强城市竞争力和软实力的重要利器。

---

① 朱铁臻. 城市现代化研究[M]. 北京：红旗出版社，2002：225.

3. 新型城镇化建设

斯蒂格利茨曾说："中国的城市化与美国的高科技将是影响21世纪人类社会发展进程的两件大事。"中国特色的城镇化道路受世界瞩目，新型城镇化总体进展符合社会预期，体制改革不断深化，城市治理水平逐渐完善，人口市民化质量持续提升，城市集约紧凑的发展格局不断优化，社会各级凝聚力量，共同推进新型城镇化高质量发展。

2013年12月，党中央召开改革开放以来第一次城镇化工作会议，习近平总书记为新时代城镇化发展指明了方向。2014年3月，党中央、国务院印发实施《国家新型城镇化规划（2014-2020年）》，明确未来城镇化的发展路径、主要目标和战略任务。党中央又召开城市工作会议，国务院印发了《关于深入推进城镇化建设的若干意见》，进一步完善了新型城镇化顶层设计。根据国家发展和改革委员会发布的《国家新型城镇化报告2017》，各地区各部门认真落实党中央国务院决策部署，持续提升城镇化质量，城镇化红利惠及更多城乡居民。

常住人口和户籍人口城镇化率稳步增长，二者差距逐渐缩小。2017年常住人口城镇化达到58.52%，户籍人口城镇化率达到42.35%，两者差距相比2012年年底缩小1.1个百分点（图1-7）。

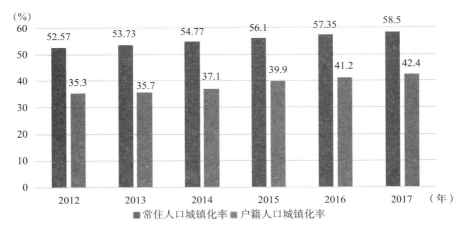

图1-7　2012～2017年我国城镇化率的变化（%）

城镇化带动经济结构持续优化，2014～2017年，服务业比重由48.2%提高到51.6%，消费对经济增长的贡献率由51.2%提高到58.8%。实施创新驱动发展战略，创新型城市试点稳步开展，大众创业、万众创新持续推进，以创业带动就业成效显著。城镇化带动城乡居民就业改善和收入增长，城镇新增就业年平均超过1300万人，全国非农就业比重由70.5%提高到73.0%。实施棚户区改造行动计划，2014～2017年，累计开工2322万套。将全国重点镇纳入棚户区改造政策支持范围，城中村改造稳步推进，推动1200多万农民就地转化为市民。

户改红利进一步释放，人口管理信息整合和共享稳步推进。以居住证为载体向未落户常住人口提供城镇基本公共服务，31个省（区、市）均已出台居住证制度具体实施办法。部分地区在6项城镇基本公共服务和7项办事便利的全国基准线上，进一步增加居住证附着的城镇基本公共服务项目，居住证含金量不断提高。城镇基本公共服务加快覆盖常住人口，国务院印发实施《"十三五"推进基本公共服务均等化规划》，建立国家基本公共服务清单和标准（图1-8、图1-9）。

绿色智慧紧凑城市加快建设。城市绿色化发展步伐加快，开展3批58个生态城市修补试点，海绵城市建设面积增至600多平方公里，地级及以上城市2100个黑臭水体已整治完成过半。2017年环境污染治理投资达9539亿元，其中环境基础设施建设投资达6085.7亿元，环境污染治理投资总额近5年占全国生产总值比重持续下降。城市智慧化发展加速，研究制定《关于分级分类推进新型智慧城市建设的指导意见》，68%的地级市、36%的县和县级市整合形成数字化城市管理平台（图1-10）。

图1-8　国家规定的居住证持有人应享有的6项基本公共服务

图1-9　国家规定的居住证持有人在居住地享受的7项便利

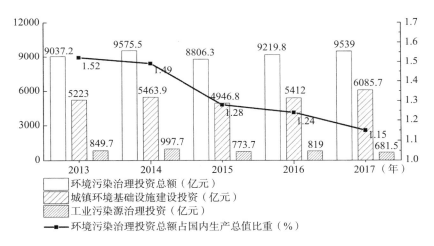

图1-10　2013～2017年环境治理投资

城市基础设施建设水平稳步提升。2017年底，城市用水普及率为98.9%，燃气覆盖率分别为96.3%，城市污水处理率为93.4%，生活垃圾无害化处理率为96.6%，每万人拥有公共交通车辆14.7台，人均城市道路面积16.1平方米，人均公园绿地面积14平方米，每万人拥有公共厕所2.8座。因地制宜推进地下综合管廊建设，截至2017年底，开工建设超过4000公里，形成廊体超过2000公里。

城市管理精细化取得新进展。社区服务机构和设施近3年增长迅速，社区作为城市的基本单元，社区服务机构和设施参与城市公共服务供给的空间扩大。社会组织数量增长势头强劲，2017年社会组织数量达761539个，是2005年的

2.4倍，社会组织作为实现政府治理、社会调节、居民自治良性互动的重要力量，其覆盖率的增加有益于城市治理的社会化和专业化水平的提高。交通事故发生数和伤亡人数逐年下降，近4年变化稳定（图1-11～图1-14）。

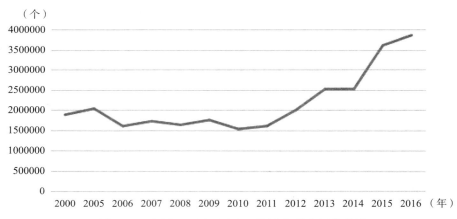

图1-11　2000～2016年社区服务机构和设施数量

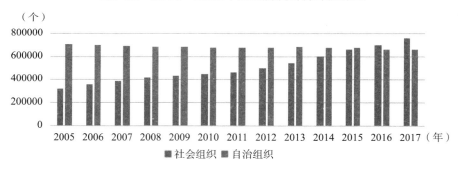

图1-12　2005～2017年社会组织和自治组织数量

图1-13　2005～2017年社会组织三大类和自治组织两大类的占比情况

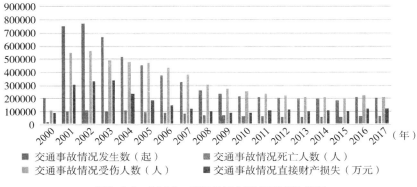

图1-14　2000～2017年全国交通事故情况

　　新型城镇化综合试点引领突破。围绕城镇化重点难点问题，11个部门分三批将2个省246个城市（镇）列为国家新型城镇化综合试点地区。试点地区在外来人口落户、城镇公共服务均等化、城镇化投融资、城乡土地资源优化配置等方面形成了数十条政策经验。社会资本更多参与新型城镇化建设，基本公共服务领域入库项目投资额同比增长30%。

二、"城市病"集中爆发

　　城市问题的出现有其客观规律，纵观全球城镇化发展历史，发达国家无一幸免，发展中国家也正在遭遇程度不一的"城市病"。建立在对土地、水资源、能源等资源大量消耗的基础之上的高速发展的中国式城镇化，不仅面临着资源短缺与浪费的刚性制约，而且面临着城镇化持续高速发展的长远需求，高消耗、高污染、高排放的城市建设加之城镇空间布局、产业结构不合理，导致资源投入与产出比例失衡，公共服务水平、生态文明水平与人口和经济发展水平不相匹配，城镇化面临不可持续的发展压力。改革开放以来，我国经济发展突飞猛进，城市化进程持续加速推进，与此同时，工业化、城市化的发展过程中也累积了不少问题。尤其进入20世纪90年代以来，我国城市化发展速度不断加快，城市化发展过程中暴露的问题也日益严峻。

　　快速发展的城镇化面临和引致的风险及挑战突出表现在城市产业结构调整受阻，人口结构日益复杂化，城市的社会发展和经济发展不相适应，城市资源环境承载不断下降，城市的宜居性受到挑战，技术革命带来的社会性副作用。

1. "结构性减速"困境，城市产业结构转型受阻

高速行进40年的中国社会，人口红利减弱，制度红利、技术红利亟待挖掘，社会生产能力大大提升，但是产能过剩、有效供给不足日益凸显。[①] 第三产业发展缓慢，现代服务业发育迟缓。尽管中国服务业增长速度明显快于世界主要国家的服务业增长速度，对经济增长的贡献也越来越大，但目前中国服务业增加值占国内生产总值的比重仍然远低于世界上高收入国家（73.8%），也低于中等收入国家（55.5%）和中低收入国家的平均水平。[②] 总体而言，城镇化对于产业发展的"选择性效应"还未充分发挥，反过来，支撑城镇化高质量发展的产业基础还不够雄厚。转型困境对人口发展的影响体现在城镇登记失业人口居高不下，制度不完善加剧民工荒；城镇非正规就业规模也迅速扩张，其在缓解就业矛盾、带动社会充分就业的同时也增加了城市治理问题的复杂性，涉及市场监管、社会保障、市容环境、社会公平等诸多方面。当前产城一体、产城耦合的城市建设模式对于破除发展困境具有一定的现实作用。

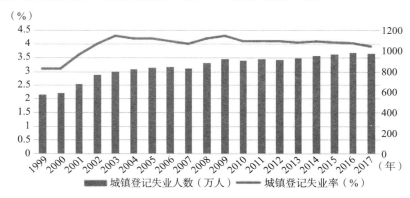

图1-15   1990～2017年城镇登记失业人数及比率

2. 人口结构发生变化，人口管理日益复杂化

当前城镇化面临人口管理上的各项挑战，包括人口较多且分布不均衡，农业

---

①   人民网-人民日报. 风雨无阻创造美好生活宣言. 2018. http://politics.people.com.cn/n1/2018/0808/c1001-30215058.html.

②   曾世宏. 中国城市化进程中公共服务供给缺口的治理逻辑[M]. 北京：经济管理出版社，2017.

转移人口市民化程度较低，老龄化程度不断加深，高技术人才与创新人才匮乏，人口对资源生态环境压力加剧等。如图1-16所示，65岁及以上人口比重持续增长，尤其2010年以来，年平均增长百分点达0.36。更多老年人口进入城镇会增加城市人口负担比例，加重公共服务负担，提高市民化改革成本。受2015年全面放开二孩政策的影响，幼龄人口逐渐恢复缓慢增长的态势。老年抚养比呈现与老龄人口比重同步增长的特征，幼龄人口抚养比也缓慢增长（图1-17）。可以预测，未来总抚养比将持续上升，加之劳动年龄人口连续5年下降（从2013年的100582万人到2017年的99829万人，减少753万人），这无疑将增加劳动人口和全社会的照料压力。此外，国家卫生计生委发布《中国家庭发展报告2016》指出我国家庭传统功能弱化，社会支持不足，近九成家庭有不同程度的照料需求，其中近四成家庭有双重照料需求。[①] 根据家庭户规模变化图表（图1-18）显示，我国家庭规模日益小型化，家庭规模由第一次人口普查的4.33人每户缩小到第六次人口普查的3.1人每户。此外，对于家庭户型变化来说，小户型家庭（一人户或二人户）数量和所占总户数比重持续增长，2017年小户型数量相比1998年增长了近两倍，所在总户数比重为20.8%，相比1998年增长了0.2个百分点。此外，离婚对数2017年达437.4万对，是1985年的近10倍。家庭规模小型化是导致社会原子化的直接原因，中国家庭传统功能的削弱即是新常态下的社会结构转型的特征之一，又是社会治理中积累和维系社会资本和社会纽带、解决城市社区治理问题的绊脚石。在社会结构转型过程中，养老、育儿需求的提升对社区服务设施、社会保障、劳动保障、医疗保障等社会服务的均等化、多样性、个性化、完善度提出了更高的要求。

《北京人口蓝皮书：北京人口发展研究报告（2018）》显示，2017年，北京市户籍人口和外来人口实现双降，65岁及以上老年人口占比超过北京市总人口的1/10，超低生育水平格局保持不变，人口总抚养比从2010年的21%上升到2017年的27%，从户籍人口角度来看，北京人口负担问题更为严重。[②] 由此可见，人口政策对城市人口管理的影响特别是对疏散非首都功能的影响突出，但

---

① 国家卫生计生委. 中国家庭发展报告2016.

② 中国基金报. 北京人口蓝皮书出炉：户籍、外来人口双降. [2018-12-10]. 2018. https://news.china.com/socialgd/10000169/20181210/34641551_1.html

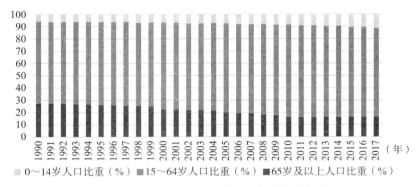

图1-16　1990~2017年人口年龄结构变化

■ 0~14岁人口比重（%）　■ 15~64岁人口比重（%）　■ 65岁及以上人口比重（%）

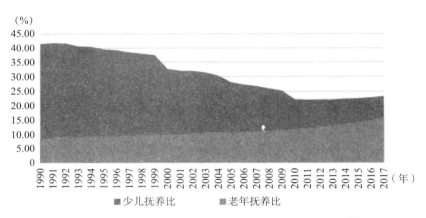

■ 少儿抚养比　　■ 老年抚养比

图1-17　1990~2017年少儿抚养比和老年抚养比变化

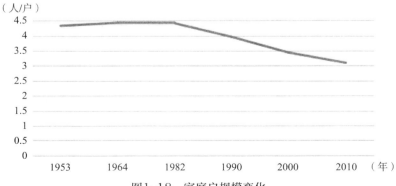

图1-18　家庭户规模变化

是这种疏散治理思维将城市放于人前，一定意义上违背了以人为本的治理理念。随着人口不断向城市聚集，人口与城市服务之间的动态协调关系是加重或者缓解城市病的重要的影响因子，基于人口的城市活动和服务供给的决策将决定城市病的危险程度和防治举措的成效。人口管理日益成为城市治理的重要内容，也是体现社会公平正义的重要领域。

3. 城市的社会发展和经济发展不相适应

城市的公共服务供给体系不完善，不能满足居民所需；社会结构调整滞后，社会管理落后，不能顺应城市治理现代化的要求。

我国城市化的一个重要特征是，土地城镇化快于人口城镇化。主要表现为城市建成区规模的增长速度大于城市人口的增长速度。从2000年到2017年"城市建设用地面积扩大59.91%，城镇人口仅增长43.57%，城市用地增长率与城市人口增长率之比达1.38，均远远高于国际公认的合理阈值1.12"。此外，以物为本的土地城镇化加之城市公共服务不均衡发展引致社会发展失衡，主要体现在常住人口城镇化率与户籍人口城镇化率的失衡。2017年常住人口城镇化率与户籍人口城镇化率相差16.1个百分点。此外，流动人口市民化缓慢。中国的城市化从一定程度上是由乡镇企业和进城务工农民推动的，流动人口基数大，且持续增长，而各地吸纳流动人口的能力有限，大多数流动人口不能真正融入城市，沦为隐形城市人口，在社会保障等社会福利的获取上处于不利地位。市民与农民，一字之差，带来的是城乡居民生活水平、产业发展乃至社会心理的失衡。这种人为的社会不平等是由带有明显的"城乡二元分割"特征的户籍管理制度造成的。从1958年颁布的《中华人民共和国户口登记条例》到2001年《关于推进小城镇户籍管理制度改革的意见》规定不再实行计划指标管理，在2009年中央经济工作会议部署放宽中小城市和城镇户籍限制的任务，再到2014年《关于进一步推进户籍制度改革的意见》提出建立城乡统一的户口等级制度，中国的户籍制度改革循序渐进，消除城乡差距任重道远。但是，值得审视的是，放开户籍管制促进农村转移人口市民化的同时也产生公共服务拥挤效应，这将阻碍城市发展。[1]

---

① 曾世宏. 中国城市化进程中公共服务供给缺口的治理逻辑[M]. 北京：经济管理出版社，2017.

根据2013年的《城市蓝皮书》，到2020年前和2030年前中国需要市民化的农业转移人口总量将分别为3.0亿人和3.9亿人。结合新型城镇化战略，预计到2020年，城镇人口约为8.5亿人，我国城镇化率将达到60%左右，到2030年，城镇人口将超过9.5亿人，城镇化率将达到68%左右。农村转移人口的市民化是人口城镇化的重要任务，市民福利的均等化和覆盖率将决定中国城镇化的质量和水平。如何科学地管理人口以促进转移人口市民化、提升城市资源利用效率和维护社会公平还需要更加深入的研究。

4. 城市资源环境承载力不断下降

城市是能源消费主体，我国城镇化以外延式扩张为基调，以高消耗、高排放、高扩张为特征。环保部一项课题研究表明，我国城镇化每增加一个百分点，平均需多消耗4940万吨标煤、645万吨钢材、2190万吨水泥。根据调查数据显示，2017年中国能源消费总量达 3132.2 百万吨油当量，同比增2.8%，占全球能源消费总量的23.2%和全球能源消费增长的33.6%，连续17年稳居全球能源增长榜首。[①] 能源消费总量中煤炭的比重近40年来仅下降10%（2017年占比60.4%，1978年占比70.7%），一边倒的能源结构给城市环境造成了压力，雾霾天数的增多是能源结构不协调造成环境污染的重要表征之一。

城镇化在促进人口、产业、资本等城市集聚从而实现规模效应的同时，也带来了一定的外部负效应。城市内涝是外部负效应引发的城市问题之一。孙喆研究得出不透水表面比率和建设用地比率与城市内涝程度呈指数正相关关系，城市流域内面积巨大的不透水面增加了大量的地表径流，而传统输送以及滞留的雨水处理方式的缓冲作用不仅失效反而加剧了内涝威胁。[②] 2012年，北京"7·21"暴雨造成的城市内涝灾害问题引起了社会对快速发展的城市化、城市基础设施设防水平和应急管理水平的反思。此次特大暴雨引发山区泥石流等灾害，对城市交通等造成了严重影响，导致至少77人死亡以及6万人被迫撤离，而直接经济损失估计约100亿元人民币（约合16亿美元）。[③] 尽管自然致灾因子

---

① www.chyxx.com/industry/201811/690866.html.
② 孙喆. 北京中心城区内涝成因[J]. 地理研究, 2014, 33(9): 1668-1679.
③ 顾孝天等. 北京"7·21"暴雨引发的城市内涝灾害防御思考. 22(3): 1-6.

是导致此次灾害的直接原因，但是北京市高密集的城市资产分布、地上地下空间的强度开发、大规模的灰色基础设施建设使得北京市承灾体的暴露度增强，直接和间接经济损失直线上升。灾害舆情的实时监测和预警对于提高城市治理能力的专业化智能化和降低不可抗力带来的财产经济损失尤为重要。

　　大气污染不断加重是城市自然环境承载力下降的表现之一，可吸入颗粒物（PM10）一直是影响我国城市空气质量主要的也是危害最大污染物。[①] 郭爱君和胡安军调查研究发现，随着城市规模的扩大，城市规模会对城市雾霾的正向影响越大。[②] 根据腾讯的调查，在雾霾频发的第四季度，2015年全国有18个城市经历了20天及以上的重污染天气。从全国112个环保重点城市的空气质量达标的天数的平均值中可以看出，2017年空气质量稍有恶化的趋势，达到及好于二级的天数占全年的72%。从城市经济角度分析，城市雾霾是人类社会经济发展的产物，雾霾频发的城市往往是依赖于工业化带动或者产业转型尚未完成的城市，城市雾霾的反复恶化警示我们必须转变"优先实现经济增长，再进行生态补救"城市化发展理念，始终遵循"先预防、后治理"的环境风险治理原则，让公众参与到环境治理中来，强化生态治理的社会力量（图1-19、图1-20）。

2015年第四季度重污染天数排行	
城市	天数
喀什地区	45天
保定	35天
廊坊	32天
聊城	32天
衡水	30天
菏泽	29天
北京	26天
石家庄	23天

图1-19　2015年12月24日全国城市空气质量和第四季度重污染天数排行[③]

---

① 王帆宇. 中国快速城市化进程中的环境污染：形势研判、归因与应对策略[J]. 生态经济，2016，32(3)：176-180.
② 郭爱君，胡安军. 中国城市雾霾的影响因素研究[J]. 统计与决策，2018，19：105-108.
③ http://news.ifeng.com/mainland/special/2015nwm/.

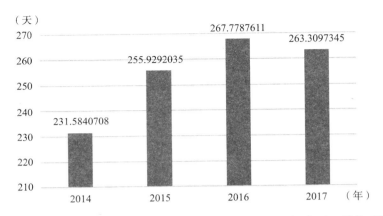

图1-20 2014～2017年112个重点城市年平均空气质量达到及好于二级的天数（天）

5. 城市的宜居性受到挑战

交通拥堵、停车难、治安问题、绿化面积少、基础设施不足、公共服务紧张，户外公共空间丧失等城市问题使得城市生活质量下降。

城市安全是宜居城市的建设基础。2017年治安事件总计10436059起，是2006年的1.45倍，其中殴打他人、毒品违法活动、诈骗、盗窃性质的案件增加数量超过20万起以上。此外，非法携带枪支、弹药、管制刀具，违反危险物品管理规定，寻衅滋事，以及违反房屋出租管理性质的案件发生率近4年呈上升趋势。在城市复杂性风险日益加剧的城镇化过程中，社会矛盾与冲突增多，城市公共安全问题严重威胁到居民日常的生产、生活，排查治安隐患，建立舆情监察机制，稳定社会情绪日益成为城市治理的重要任务之一。近年来"数据警务""智慧公安"等探索实践证明了信息技术在城市安全领域的角色日益显现。

交通拥堵是降低城市宜居性的发展性问题之一。交通拥堵对生活质量的消极影响可以通过拥堵经济成本分析中看出。百度地图发布的《2017年Q4&年度中国城市研究报告》指出，全国拥堵指数最高为2.215，拥堵成本排名前十的城市中，7个城市年人均损失金额超过2000元，北京占据经济损失排行榜榜首，其人均单程通勤距离长达11公里，北京因为交通拥堵额外耗费的经济成本为人均4013.31元。职住分离是造成交通拥堵的重要原因之一，百度地图根据出行大数据分析得出职住分离导致一线城市平均通勤时间上涨，北京的职住分离最为严重。

在社会结构转型时期，城市化的人文质量问题也日益突出。偏重物质资料增长的传统观念使得在城市中生活的人的人文需求长期不受重视，城市文化设施建设落后，文化多样性受到资本逐利的吞噬，加之受到社会原子化的影响，人际关系冷漠、社会参与不充分、城市凝聚力不强，社会资本不足以支撑有组织、有自主性、有效率的治理行为。自中华人民共和国成立以来，中国已使数百万人口摆脱了贫困，人民整体生活水平有所提高，农民和女性的地位大幅提升，但是，当今中国也面临着不平等加剧的挑战，两极分化的贫富差距仍然存在，2016年，中国的收入基尼系数高达0.46。社会包容性成为新型城镇化面临的新挑战，不平等不仅不利于社会公正，还会给增长带来负面影响（图1-21、图1-22、表1-1、表1-2）。

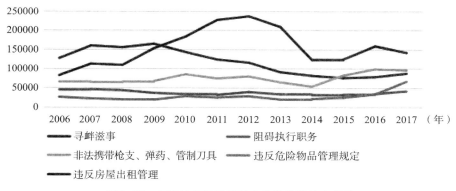

图1-21 近4年受理数量呈上升趋势的治安事件

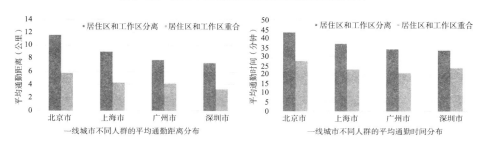

图1-22 2018年第三季度一线城市不同人群的平均通勤距离和时间分布[①]

---

① 百度地图. 2018年第三季度中国城市交通研究报告. http://huiyan.baidu.com/cms/report/2018Q3Traffic/index.html.

2017年主要城市年度拥堵排名榜单TOP20　　　　表1-1①

拥堵排行	城市名称	高峰拥堵指数	早高峰拥堵指数	晚高峰拥堵指数
1	哈尔滨	2.215	2.218	2.210
2	重庆	1.945	1.903	1.975
3	北京	1.899	1.829	1.966
4	济南	1.880	1.820	1.929
5	上海	1.862	1.813	1.906
6	长春	1.821	1.834	1.808
7	石家庄	1.789	1.710	1.863
8	广州	1.763	1.511	1.987
9	呼和浩特	1.752	1.620	1.867
10	唐山	1.746	1.650	1.841
11	杭州	1.734	1.698	1.767
12	合肥	1.734	1.649	1.806
13	贵阳	1.732	1.565	1.877
14	大连	1.731	1.714	1.746
15	西安	1.730	1.634	1.813
16	沈阳	1.720	1.714	1.725
17	济宁	1.708	1.596	1.820
18	昆明	1.704	1.504	1.877
19	成都	1.689	1.573	1.790
20	青岛	1.687	1.647	1.725

① 百度地图. 2017年Q4&年度中国城市研究报告. http://huiyan.baidu.com/cms/report/Q4_niandu/2017年Q4_年度中国城市研究报告.pdf

2017年主要城市人均拥堵成本TOP10　　　表1-2①

排名	城市	年人均拥堵成本（元）	单程通勤距离（公里）	拥堵指数
1	北京	4013.31	11.00	1.899
2	重庆	2856.59	9.62	1.945
3	上海	2753.74	9.46	1.862
4	哈尔滨	2537.24	7.46	2.215
5	南京	2266.45	8.67	1.680
6	大连	2150.09	8.32	1.731
7	济南	2054.53	7.67	1.880
8	长春	1882.24	7.65	1.821
9	西安	1808.56	7.46	1.730
10	济宁	1786.25	7.64	1.780

6. 技术革命的双刃剑效应

大数据成为推动改革强有力的药剂，尤其在商业领域，大数据掀起的商业模式的创新层出不穷，我国已然成为商业模式创新大国。以共享出行为代表的共享经济模式在盘活闲置资源，增加商业利润的同时也出现了由于缺乏监管导致的危害公共利益的问题。② 接二连三的"滴滴顺风车"事件揭露互联网技术革命可能存在的隐患，重视互联网监管问题已经刻不容缓。外卖作为新时代的互联网产物，而外卖的产物——外卖包装在疯狂成长的同时对环境承载力造成了极大的威胁。据中商产业研究院最新数据调查显示，2018年上半年网上外卖订购用户和手机外卖订购用户总规模为7.07亿人，与2015年相比，用户数量上涨4.89亿人，2018年上半年外卖订购用户占整体网民比例为88.15%，③ 如图1-23所示。全国每天有超过2000万次外卖，由此产生的塑料袋可以覆盖168个足球

---

① 百度地图. 2017年Q4&年度中国城市研究报告. http://huiyan.baidu.com/cms/report/Q4_niandu/2017年Q4_年度中国城市研究报告.pdf

② 张家平等. 人口信息化与人口城镇化协调性及其时空演变[J]. 中国人口·资源与环境，2018，28(12)：168-176.

③ 中商产业研究院. 2018上半年中国网上订外卖数据分析：用户规模为3.64亿人(图). http://www.askci.com/news/chanye/20180822/1513041129655.shtml.

场，约有6500万个外卖塑料盒被当做垃圾处理，这些塑料袋大都被送往垃圾填埋场或直接倒入海中，其中大多数使用不可降解材料。一个塑料袋的平均使用时间是25分钟，而每个塑料袋的自然分解至少需要470年。[1]

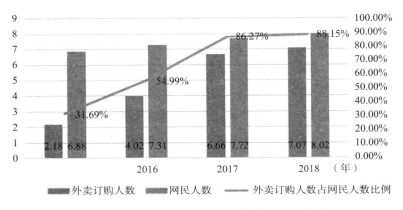

图1-23   2015～2018年上半年外卖订购人数增长

生物技术攻克人类疾病、造福人类生命的同时也面临着伦理道德的挑战。2018年11月，全球首例HIV 免疫基因编辑婴儿在中国出生的消息立即轰动全球，这个项目引发了在更深层次上面对于道德伦理的讨论。Nature在对第二届国际人类基因组编辑峰会的一篇报道中指出了这个项目的一系列伦理问题，其中之一就是如何确保婴儿在成长过程中的健康。对于贺建奎团队，这是令人惊叹的医学成就，但是第二届国际人类基因组编辑峰会组织委员会成员Alta Charo认为，这是一项"误导的、不成熟的、没有用途"的科学发明。很多生物学家认为，阻止HIV侵犯人类健康的方式有很多种，改变基因是否必要是问题之一。[2]国家卫生健康委员会起草的《生物医学新技术临床应用管理条例（征求意见稿）》于2019年2月27日向社会公开，意见稿中对高风险生物医学新技术进行了明确定义，伦理审查要求更加细致。

技术革命往往是一把双刃剑，体制改革必须与技术革命同步。

---

① 张萍等. 外卖包装对环境影响的调查研究. 科技创新导报. 2018.

② David Cyranoski. 2018. CRISPR-baby scientist fails to satisfy critics. Nature. [2018-11-28]. https://www.nature.com/articles/d41586-018-07573-w.

第二节 防治城市病——由管理到治理的转变

一、城市管理到城市治理转变的背景

正如前文所述，城镇化的快速发展带来产业结构调整受阻、人口结构日益复杂化、城市的社会发展和经济发展不相适应、城市资源环境承载不断下降、城市的宜居性受到挑战等一系列"城市病"问题。"城市病"是城市系统失调引发的发展病，城市病从隐性到显性再到发作有它自己的客观发展规律，"城市病"的显著性和城镇化的发展速度和阶段性密切相关。城镇化水平达到50%以上标志着农村社会开始向城市社会转型，城市的产业、系统、职能、结构等发生了革命性的变化，城市规模快速扩张、发展资源不断向城市集聚的同时，城市系统的缺陷逐渐被暴露出来，城市承载力不堪重负，城市病大爆发。这一阶段的城市病不仅症状最多，病症程度也最严重。"城市病"，尤其"大城市病"的集中爆发期也是社会转型期，但是，我国众多大城市的城镇化还依赖于工业化，产业升级受阻，中等收入阶层为主体的社会结构还未形成，多中心的城市空间结构还未成型，结构转换不顺，使"城市病"得以固化甚至加重。

"城市病"的集中爆发期也是解决"城市病"的关键时期。我国城镇化的浓缩型特征决定了我们需要用更短的时间去应对集中爆发的城市难题。陈为邦认为发展中国家要靠发展而非遏制解决城市问题。[①] 防治城市病不能阻碍城市化进程，防治的核心要义是在医治旧病的同时预防新病，增强忧患意识，抓住主要矛盾，有针对性地加以解决。而城市问题的有效解决还需从转变发展理念开始。齐心等认为，城市病具有三种基本的病因：短缺、错配和多元。[②] 所谓

---

① 陈为邦. 对"城市病"不要大惊小怪[J]. 北京：中国经济快讯，2001，2：22.
② 齐心，等. 北京"城市病"综合治理研究[M]. 北京：时代华文书局. 2018.

短缺，指的是资源无法满足需求的绝对短缺；错配指的是资源与需求在时空上的不一致导致的结构性短缺；多元则是城市的异质性和复杂性的增加带给城市及城市人的压力。防治城市病应该从源头上解决短缺、错配和多元的问题，在正确认知城市系统缺陷的同时，创新城市管理理念、方式、手段，时刻关注人们对生活质量要求和对城市病的感知变化，摒弃唯经济效益论，注重整体效益。

传统的城市管理是"单中心"的模式，表现为公共权力资源配置的单极化和采取行政命令运用公共权力的单向性。这种模式消磨了公众基本的民主权利，也影响着民主政治和法治的建设，在城市发展面临越来越多的挑战的情况下，其局限性是显而易见的。[①] 在新时代的背景下，人民日益增长的美好生活需要和不平衡不充分的发展之间存在矛盾。突破传统的城市管理模式，走向现代意义上的城市治理，是国家治理体系和治理能力现代化的重要内容，也是城市的管理者们亟需面对和解决的重大课题。

2015年城市工作会议指出，城市发展带动了整个经济社会发展，城市建设成为现代化建设的重要引擎。城市是我国经济、政治、文化、社会等方面活动的中心，·在党和国家工作全局中具有举足轻重的地位。城市的发展快慢、城市的健康与否决定了我们是否可以如期高质量地实现社会主义现代化的最终目标。城市作为全球经济网络的结合点，在全球化趋势中发挥着越来越重要的作用，如何探索从管理到治理的转型，寻求发展定位，从而构建自身优势，在多元化的背景下争取有利的竞争地位，成为城市面临的重要问题。会议强调要坚持以人为本、科学发展、改革创新、依法治市，转变城市发展方式，完善城市治理体系，提高城市治理能力，着力解决城市病等突出问题，不断提升城市环境质量、人民生活质量、城市竞争力，建设和谐宜居、富有活力、各具特色的现代化城市。2018中央经济工作会议指出，世界面临百年未有之大变局，我国发展仍处于并将长期处于重要战略机遇期。同时，不同发展阶段城市面临的发展约束不同，治理理念也不同。中国在新时代冲破发展瓶颈乘风破浪需要正确把握

---

① 张文礼. 多中心治理：我国城市治理的新模式[J]. 开发研究, 2008, 134(1): 47-50.

社会经济发展规律，紧跟趋势，转变发展方式，创新发展理念，以治理的思维在发展中解决发展的问题。

虽然有这些不同的转变方式，但新的运行方式呈现以下三个特征：一是地方政治地位日渐凸显；二是"企业家"城市增多；三是城市在更商业化的机制中运行。在城市政治的运行过程中，城市政府越来越主动，以争取发展策略的主动权，同时更多的行为主体参与进来，以政府为主导的管理模式开始走向多元的治理模式 。

二、城市治理——防治城市病的现代化理念

城市是一个复杂的系统，城市问题也遗传了城市系统自身的复杂性，因此，城市问题需要系统性治理，开发低碳新能源，鼓励社会资本参与公共服务投资，统筹规划人口和城市发展，转变经济发展结构等都是防治城市病的工作内容。城市治理同样也应该看成是一个系统，以城市治理防治城市病需要统筹政府、社会、市民三大主体，提高各方推动城市发展的积极性。要提高市民文明素质，尊重市民对城市发展决策的知情权、参与权、监督权，鼓励企业和市民通过各种方式参与城市建设、管理，真正实现城市共治共管、共建共享。

1. 城市治理理论研究

"治理（Governance）"一词，源于拉丁文和古希腊语，意为"控制、引导和操纵"。"治理危机"（Crisis in governance）首次在1989年被世界银行使用于概括当时非洲的情形，之后便被广泛应用于政治发展研究中。在全球治理委员会于1995年发表的《我们的全球伙伴关系》的研究报告中，被定义为："治理是各种公共的或私人的个人和机构管理其共同事务的诸多方式的总和。"治理是一个协调相互冲突的不同利益并且采取联合行动的持续的过程，这既包括要求人们服从正式的制度和规则，也包括要同意非正式的制度安排。[①]在我国，"治理"一词在中共十八届三中全会中被提出，这是中央文件首次正

① 俞可平. 治理与善治[M]. 北京: 社会科学文献出版社，2000.

式强调治理的核心价值，之后"治理"开始正式进入我国高层领导决策行动纲领。[①]

学者们对城市治理内涵的研究是比较多的，自2000年后开始如雨后春笋般出现。不同学者对城市治理的概念也有着不同的定义，没有统一的概念。俞可平首先在《治理与善治》一书中将治理理论引入到中国公共行政学界。通过梳理各个学者对治理的定义，他提出治理是一个政治管理的过程，其基本含义是"在一个既定的范围内运用权威维持秩序，满足公众的需要"。在治理中，权威不一定是政府机关，而是各方利益网络互相合作，在一个上下互动的管理过程中进行合作、协商、确立共同目标，国家只负责管理。其目的在于最大程度扩大公共利益。治理的基本特征包括：组织之间相互依存；网络成员间出于交换资源和协商共同目的的需要进行持续互动；以信任为基础；保持相对程度的相对于国家的自主性。[②]

王佃利认为，城市治理要回答"谁在治理""为何以及如何治理"的问题，是价值和利益的体现。城市治理的内涵可以从广义和狭义两个角度来理解。广义的城市治理是以城市的可持续发展和整体趋于协调发展为目标，对城市中的各个生产要素进行整合，涉及城市的定位、规划、可持续发展等问题。狭义的城市治理是在城市范围内，政府、私营部门、非营利组织三大组织形态形成的相互依赖相互合作的多元主体治理网络，共同协商、沟通、合作来进行利益的博弈以及处理城市中存在的问题。城市治理的分析框架主要包括：多层次治理与城市政府自主空间；跨域治理与城市空间改造；治理能力与城市政府功能重组；伙伴关系与多元利益主体。[③]

张文礼认为城市治理的特点在于，城市治理强调在政府主导下，多元主体共同治理，从而实现城市经济、社会、环境的善治，最终实现可持续发展。它除了城市政府的决策，还包含非政府的多元化决策；既要有正式的体系和制度

① 张衔春，单卓然，许顺才等. 内涵・模式・价值：中西方城市治理研究回顾、对比与展望[J]. 城市发展研究，2016，23(2): 84-90.
② 俞可平. 治理与善治[M]. 北京：社会科学文献出版社，2000.
③ 王佃利. 城市管理转型与城市治理分析框架[J]. 中国行政管理，2006(12): 97-101.

来依法进行治理，又要有各权力主体间进行非正式的博弈和安排来建立共同的战略目标和利益。①

葛海鹰认为城市治理是在规范和引导的要求下，城市政府及利益相关者采取经济、行政、法律等手段来整治、矫正、调理城市中存在经济、社会、环境方面的无序现象和矛盾。城市治理涵盖城市发展中的方方面面，必须坚持以人为本，依据各城市自身特点，协调好短期和长远利益，平衡经济、社会、环境、文化、历史的关系，从而实现城市的可持续发展。此外，充分利用现代技术，推动城市的信息化建设，从而降低城市的运行成本，提高运行效率。②

李艳丽认为治理是一个持续协调和合作互动的过程，强调公共部门和私人部门的多元主体或多秩序中心在治理过程中进行合作互动以及资源共享。理解治理背后所折射出来的治理理念、目标、主体、方式及权利资源配置方式等内涵的内在逻辑的转变是非常重要的。治理理念在空间和地域上的具体表现形式之一就是城市社区治理，其内涵是"在城市社区这一独特的场域范围内，由政府、社区居民、社区自治组织、社会组织、营利性组织等组成的多元治理主体，基于市场原则、社区认同，以社区居民的多元化需求与利益诉求为根本出发点和归宿，通过协商合作的方式共同管理社区事务，维护社区秩序"。城市社区治理的核心是居民，最终目标是实现居民利益的最大化。③

可以看出，学者们对城市治理内涵的界定是比较清晰的，都注重强调政府应该通过发展与利益相关者间的合力来推动和实现城市治理。

而城市治理的目标是善治。俞可平指出，善治就是"使公共利益最大化的社会管理过程"。它是国家的权力向社会的回归，要求政府和公民进行积极有效的合作管理，是政治国家与公民社会关系的最佳状态。善治有六个基本要素：合法性（legitimacy）、透明性（transparency）、责任性（accountability）、法治（rule of law）、回应（responsiveness）、有效（effectiveness）。善

---

① 张文礼. 多中心治理：我国城市治理的新模式[J]. 开发研究，2008，134(1)：47-50.

② 葛海鹰. 经营城市与城市治理[J]. 中国行政管理，2005(1).

③ 李艳丽. 多元共治下的城市社区治理研究：理论、实践、反思与前瞻[J]. 内蒙古大学学报(哲学社会科学版)，2018，226(3)：54-61.

治有四个构成要素：法治、有效的行政管理、职责和责任制、政治透明性。实现善治的现实基础是公民社会，公民要有充分和平等的政治权力，才能促使政府并与政府一起形成公共权威和公共秩序。① 丁健指出，科学有效的城市治理的标志是首先要有完善的法律法规体系，使得城市治理有法可依。其次要在政治、经济、社会和文化领域要有分层、分事、分权的治理结构。再次，政府应重新认识其地位和角色，不断寻求有效的治理模式，成为"高效廉洁负责的有限政府"，从而推进城市治理模式的转变。非政府组织和市民也广泛参与到城市治理当中，体现社会主义民主，增进社会福利。② 实现善治，有利于充分实现人的尊严和价值，有利于权利的保障，还有利于调节公民与国家之间的良性关系，并促进社会的良性发展。③

2. 城市治理模式研究

城市治理模式的研究是城市治理理论研究的重要一部分，城市治理问题的复杂性导致了城市治理模式的多样性。部分学者将国外的经典治理模式引用到国内，另有部分学者将国外具有国家特色的治理模式引入，如美国、德国、法国、荷兰等国家，拓宽视野的同时促进了学者思考适合中国发展的城市治理模式。协作性治理是西方城市治理研究的最新探索方向，它被定义为一种统治性的安排，要求一个或多个公共机构同非政府主体依靠制度设计和领导决策能力，都参与到决策制定的过程中，进行理念分享、诚意协商和信任构建，最终达成认同。④ 踪家峰指出，城市治理没有固定的模式，其在不同时期、不同地域会呈现出各自的特点。踪家峰从城市治理的内涵出发，结合实践，将城市治理的模式大致归纳为企业化城市治理模式、国际化城市治理模式、顾客导向型城市治理模式和城市经营模式四种。其中，企业化城市治理模式表现为城市政府组织的企业化，城市政府将城市看做企业来经验和管理，与各方形成公私伙伴关系，城市一般由具有企业家精神的精英来担任领导人，从城市发展理念角度用城市

---

① 俞可平. 治理与善治[M]. 北京：社会科学文献出版社，2000.
② 丁健. 论城市治理——兼论构建上海城市治理新体系[J]. 上海市经济管理干部学院学报，2004，2(4): 34-40.
③ 杨春福. 善治：国家治理现代化的理想模式[J]. 法制与社会发展，2014(5): 25-27.
④ 张衔春，单卓然，许顺才，等. 内涵·模式·价值：中西方城市治理研究回顾、对比与展望[J]. 城市发展研究，2016，23(2): 84-90.

营销和城市形象设计。[1] 杨坚桢还提出了城市多中心治理的模式，表现为多中心治理主体多元化，提倡城市治理现代化网络体系应该被建立在政府、市场、社会力量和公民四个中心之上，采用"合作—竞争—合作"的范式，从而实现公民利益最大化和政治、经济、文化、社会、生态的治理现代化。[2] 张文礼也提出多中心治理的模式，他指出实现我国城市多中心治理的途径：一是推行城市公用事业的市场化与社会化；二是培育民间组织来解决集体行动的问题；三是提高社会自主性，促进公众参与到讨论和解决城市发展的公共问题中；四是构建完善的城市治理网络体系，政府负责组织和智慧城市公共事务管理，企业和非政府组织负责配合政府进行组织和生产公共服务及物品，社会公众作为城市管理主题中的基础细胞负责分担政府的责任。[3]

这些模式的概括是从特定角度对不同区域的城市在不同阶段发展的抽象概括。在现实中，一个地区的城市至少具有两种或两种以上的治理模式。要总结我国各地城市治理的不同模式，对不同地区的城市治理因地制宜地提出对策建议，构建起衡量我国城市治理与城市经济社会发展匹配程度的量化指标体系，构建衡量我国城市治理与不同参与主体的城市治理需求匹配程度的量化指标体系，研究治理中政府、社会、市场三个参与主体的不同作用。

三、城市治理的创新研究

创新城市治理模式以防治城市病为重点在于三个方面：第一是服务。城市治理应当从管制型转为服务型，这是我国改革开放以来政府创新的重要成果之一，也是未来城市治理的方向。现在很多城市在做网格化管理，要尽快升级到网格化服务。城市基本公共服务应当以政府供给为主，但个性化的城市社会服务应当向社会开放，让更多非政府组织和社会企业承担城市社会服务的功能。第二是共享。城市治理共享有三种基本形式，首先是工具的共享，如搭顺风车、

① 踪家峰，王志锋. 论城市治理模式[J]. 上海社会科学院学术季刊，2002(2)：115-123.
② 杨坚桢. 多中心治理：我国城市治理现代化的路径探析[J]. 湖北工程学院学报，2017，37(1)：98-102.
③ 张文礼. 多中心治理：我国城市治理的新模式[J]. 开发研究，2008，134(1)：47-50.

团购等。其次是信息资源共享、各种数据的共享，如道路实况、实时导航、治安网络等。最后是最重要的价值共享，特别是发展成果和利益共享。实现共享需要新的城市治理机制，除了信息共享机制以外更需要新的公共政策和福利体制。第三是融合。城市治理现代化进程中最大挑战之一是城市碎裂化。俞可平认为，如本地居民和外地新移民的不融合、不平等等碎裂化问题，都需要建立新的融合体制，譬如城市户籍体制改革、社会福利保障体制改革、城市规划与设计体制改革、城市治理体制改革等来克服碎裂化。①

1. 城市治理的人本理念

中共十八届三中全会提出"创新社会治理，必须着眼于维护最广大人民的根本利益"，这体现出我国以人为本的科学发展理念。我国民本思想的社会治理有着深厚的文化底蕴，早在西周时期，统治者就提出"民可进，不可下。民为邦本，本固邦宁"的理念。思想家们也提出民心对于统治者的重要性，孔子主张"古之为政，爱人为大"；孟子主张"民为贵，社稷次之，君为轻"；荀子主张"君者，舟也；庶人者，水也。水则载舟，水则覆舟"；管子主张"凡治国之道，必先富民，民富则易治也，民贫则难治也"。这些思想揭示了民众在统治者实现治国安邦目标中的重要力量。此外，民本思想也在唐代贞观时期被成功运用，取得了"贞观盛世"的显著成效。当然，这些人本理念有其局限性，我们需要用辩证的眼光看待，取其精华，去其糟粕。②

到现代，人本理念也是城市治理的重要内容。以人为本是中国特色社会主义事业的发展目标，是对马克思列宁主义、毛泽东思想、邓小平理论、"三个代表"重要思想、科学发展观的理论和实践的进一步发展。"社会管理"到"社会治理"的转变也体现着我国以人为本的治理理论和实践创新。实现城市有效治理的最现实的任务是要实现城市生活秩序的和谐稳定，而现代城市的和谐稳定是动态的，并且能够形成良性循环机制。这要求城市政府创新城市治理体制，提升城市治理框架容纳社会冲突的能力。城市治理的核心在人，现代城市治理

---

① 汪碧刚. 城市的温度与厚度——青岛市市北区城市治理现代化的实践与创新[M]. 北京：中国建筑工业出版社，2017.
② 马东景. 我国社会治理创新的以人为本思想溯源[J]. 郑州轻工业学院学报（社会科学版），2014(3): 30-36.

创新的核心价值导向是以人为本，以满足城市居民生存发展的基本需求为目标，以便民惠民为宗旨，充分保障和扩大居民的权利，不断提升居民的获得感、幸福感、安全感。[①②]

将人本理念应用在城市治理中，可以有以下思路：一是将人民当家做主、党的领导和依法治国有机统一于国家治理现代化的场域之中，完善和发展中国特色社会主义制度，建构可行的、合理的国家治理体系。二是以治理主体间的关系平等为基础，通过与社会力量的协商民主来解决社会问题，并建立程序合理、环节完整的协商民主体系，从而实现国家、社会、公民的良性运行和协调。三是要提高中国共产党的科学执政、民主执政、依法执政的能力，并提高各级政府处理公共事务和提供现代公共服务的能力，以及推动社会中相对独立的组织和团体加入治理当中，提高人民群众依法参与城市治理的能力，实现人民的现代化。[③] 四是要突出服务、共享、融合。城市治理应当从"管制型"转向"服务型"，从"网格化管理"转向"网格化服务"；不仅是工具化和信息化的共享，还是有价值的共享；要促进城市居民之间的观念、新旧体制之间的融合和公共治理的融合，从而破解城市碎裂化。[④]

2. 精细化治理

由传统的粗放型管理向精细化治理转变是城市治理的发展方向。[⑤] 国内大部分学者认为精细化治理包括过程细节化、手段专业化、效果精益化、成本精算化等方面，在实施中体现"精、细、准、严"四个特征。精细化治理是对加快政府职能转变的回应，并未对其转变提供新的路径。它着重于社会治理过程的改进和质量的提升，政府明确自身的职责范围，调动激活多元社会主体的力量，与多元主体形成双向互动，通过机制创新来提升公众对政府管理和服务的满意度，实现"以服务促管理"。此外，精细化治理对治理工具和方式提出了新的要

---

① 何显明. 复合联动：城市治理创新的逻辑与现实路径——基于杭州上城区实践的个案分析[J]. 中共浙江省委党校学报，2015(4)：29-36.
② 汪碧刚. 从青岛市市北区实践看城市治理现代化——城市的温度从何而来[N]. 经济日报，2017-08-02.
③ 邓俊丽，阎树群. 以人为本视角下国家治理现代化的逻辑建构[J]. 理论与现代化，2016(2)：38-44.
④ 汪碧刚. 从青岛市市北区实践看城市治理现代化——城市的温度从何而来[N]. 经济日报，2017-08-02.
⑤ 汪碧刚. 城市的温度与厚度——青岛市市北区城市治理现代化的实践与创新[M]. 北京：中国建筑工业出版社，2018.

求。通过专业化的队伍和科学的网络信息技术管理手段，来有效及时地回应居民的需求，实现准确、便捷的全覆盖式管理服务。①

各地区也在不断探索精细化治理的模式。青岛市市北区以城市治理网格化、信息化为抓手，建立了城市治理指挥中心，实施综合行政执法改革，实现多部门联合值班、联合办理。此外，建立了区、街道和社区三级管理平台，区级负责服务监管，街道负责综合管理，社区负责前端防控，三者协调解决城市治理问题。为了实现科学管理，解决推诿扯皮等治理难题，市北区推进"区域管理网格化"，根据区域的实际情况和治理的难易程度，在全区合理划分了135个社区网格、1064个单元网格、1188个责任网格，对网格内的"人、地、事、物、组织"进行全覆盖管理。此城市治理网格化工程转变了过去的以城市管理部门为主的管理体系，明确了责任归属，扩展了责任体系，促进了治理效率的提升。①

杭州市上城区在城市治理的探索中，初步形成了一个具有自身特色的精细化城市治理框架，范围覆盖了区级、街道、社区各个层面。在区级层面，上城区开展区域大党建探索，通过联动机制的构建，整合了上城区的资源，为科学治理奠定了基础。同时，采用"网格化、服务化、信息化、透明化"的四化联动机制，提升城市精细化治理的水平。在街道层面，一系列公共服务和社会管理的创新载体出现，解决居民诉求，满足居民所需。社区层面，采用"333＋X"的社区大服务体系，有效地提升了公共服务的效率和水平。经过多年的探索和实践，上城区初步形成了党政主导、多元复合、整合联动、跨界协同的"城市复合联动治理体系"。该体系利用现代网络技术构建起服务管理联动平台，将全区各个职能部门和公共组织整合到同一个平台上，通过组织创新、制度创新、技术创新以及治理结构和方式的创新，实现了综合调度和信息共享。这种治理体系有助于合理整合城市资源，较好地回应居民的多元化需求，并有助于构建多元主体的治理模式。②

---

① 蒋源. 从粗放式管理到精细化治理：社会治理转型的机制性转换[J]. 云南社会科学，2015(5)：6-11.
② 何显明. 复合联动：城市治理创新的逻辑与现实路径——基于杭州上城区实践的个案分析[J]. 中共浙江省委党校学报，2015(4)：29-36.

3. 智慧治理——预防城市病的现代化手段

面对城市化进程中出现的越来越复杂的治理难题，政府难以通过单一手段进行治理，而以智慧城市为代表的技术导向创新战略是目前主导性的一种城市治理创新思路。"智慧治理"是将政府为主导的多元社会治理体系与现代信息技术相结合的政策思路，它强调从人的角度出发，将信息技术作为治理手段，把技术和治理机制相结合，建立更加开放多元的、融合政府职能和社会治理机制的社会治理体系，来满足居民个性化的需求。智慧城市和智慧社区是两种主要的表现方式。智慧城市通过智能传感设备将城市公共设施物联成网络，并与互联网系统对接，为政府和企业提供科技及业务的创新应用。通过这种方式，城市运营管理的效率得到提升，居民的个性化需求也能得到合理满足。①

全球各地区也在探索智慧治理的创新模式。韩国采用"政府主导—专家推动—公司部门参与的治理创新模式"。信息和通信部发起U-城市项目，建立了官、产、学共同参与的半开放式治理组织：U-City论坛，通过标准、认证和应用服务三个技术小组，来为智慧治理提供整体战略方案设计。同时，开发核心技术，建立无线射频识别和传感网络标准，并开拓海外市场。此外，为地方政府建立了U-City制度规范，包括综合规划、建设指南、融合技术指南、管理运营指南、服务标准、分类指南等。为了促进城市转型，韩国在智慧治理中注重基础设施的提升，不断改进能源、交通、医疗、通信等基础设施，推出"数字城市"项目，促进政务的透明和高效。此外，还进行相关产业的培育，在互联阶段，偏重无线网络、传感器等信息基础设施建设；在发展阶段，偏重服务；在智能阶段，偏重管控一体化。②

在我国，习近平总书记在2016年网络安全和信息化工作座谈会上指出，"我们提出推进国家治理体系和治理能力现代化，信息是国家治理的重要依据，要发挥其在这个进程中的重要作用。要以信息化思维推进国家治理体系和治理能力现代化，用信息化手段感知社会态势、畅通沟通渠道、辅助科学决策"。在

---

① 汪锦军. 城市"智慧治理"：信息技术、政府职能与社会治理的整合机制——以杭州市上城区的城市治理创新为案例[J]. 观察与思考，2014(7)：50-54.
② 吴标兵，林承亮. 智慧城市的开放式治理创新模式：欧盟和韩国的实践及启示[J]. 中国软科学，2016(5)：55-66.

推进新型工业化、信息化、城镇化、农业现代化同步发展的过程中，信息化思维和技术能够创新防治城市病的解决方案的同时促进城市治理现代化的改革。信息技术对于城市治理、城市发展的意义主要在于数据决策支持和治理手段创新。

在智慧城市背景下，政府在组织及决策层面、运行模式、治理手段层面实现智慧转型。首先，在组织及决策层面，政府可以借助数据信息的收集、提取挖掘来生成科学的分析，实现智慧决策。信息技术为城市发展提供数据决策支持。城市开发建设、生产制造乃至市民在城市里的衣穿住行都在持续不断产生数以亿计的有关城市的数据。据IBM报道，2012年每天产生的数据高达$2.5×1018$比特，而世界90%的数据是最近两年内生成的，它们来自各种电子感应器、微型识别器、电子网络、电子社交帖子、电子多媒体、电子交易账单、通信、GPS信号、遥感信息等。盘活这些亿万级城市数据，能够为城市治理、城市修补和有机更新提供强有力的决策支撑。智慧城市是城市信息化、数字化、智能化的战略型实践，大数据平台是智慧城市和公共决策的基石。近三年来，中国各地城市致力于打造当地大数据中心，以支持面向市民的公共服务、支撑和城市发展密切相关的各项生产经营活动以及支撑和城市综合治理相关的政务活动和服务。[1] 杭州"城市大脑"是利用信息技术创新城市治理模式和公共服务供给模式的突出代表。基于新一代人工智能开放创新平台的杭州"城市大脑"从单一的交通领域延伸到城管、卫健、旅游、环保、警务等领域。杭州"城市大脑"在治理交通拥堵的问题上成效显著，据高德地图等第三方发布的数据显示：杭州市道路拥堵排名从2015年的全国第3位下降到了2018年的第57位；2018年国庆期间，杭州绕城公路延误指数为1.18，首度未进全国高速拥堵榜单；西湖景区居全国最受欢迎景区第2，但拥堵排名列全国第68位。[2]

其次，在运行模式层面，多个治理主体可以借助信息技术的广泛性、基础

---

① 程灏，于蕾. 青岛市智慧社区评价研究.

② http://www.hangzhou.gov.cn/art/2018/11/13/art_812262_24501355.html.

性和渗透性来实现资源的互联互通和共享，构筑互动网络平台，共同参与城市治理，实现多元共治。深圳市政府通过强大的智慧技术支撑手段，在实践中探索出了政务信息资源共享体系与一体化平台建设。传统的政务信息化建设存在封闭、被动、数据孤岛、缺乏信息共享能力和组织规划、缺乏整体性解决方案等问题，难以满足新形势的需求。深圳市于2006年揭牌了全国首个"国家电子政务试点城市"，出台电子政务发展"1＋8"文件，整合各单位数据和政务信息，全面推进电子政务建设。自2012年起，深圳市在全国率先将政务信息共享纳入市政府绩效评估，绩效考核每半年一次，推动各部门共享信息，创新社会管理和公共服务模式。2014年，深圳市信息化工作领导小组印发《深圳市电子政务总体框架》，提出采用先进技术建成基于大数据的政务信息资源体系，整合人口、法人、空间地理、宏观经济等基础信息，社会管理、社会建设、经济发展、公共服务等主题信息，涉及多部门共享的数据信息，以及各专业数据信息。2016年11月21日，市政府数据开放平台正式开通。截至2018年2月，38家单位1051项数据集、4588多万条数据已向社会开放。现在，深圳市已基本建成覆盖全市的政务信息资源库，为顺利开展各项事务提供了数据支撑：跨部门信息共享有效缓解便民服务水平；同城通办等创新服务事项大幅增多；多部门协同应用取得突破；管理创新发展模式初步形成，推动着城市治理模式的创新。[1] 在这种治理体系下，实现了多部门协同管理的创新发展模式和便捷有效的大数据治理模式，扩大公众参与力度，推动政府从封闭低效型向协同高效型转变。[2]

最后，在创新社会治理的手段层面，信息化为其创新提供平台。第一点是大数据促进了服务模式的创新。如杭州市上城区构建了社会服务管理联动网，即"上城平安365平台"。该联动网注重基层社会治理，把社区划分为159个网格，实时手机处理、反馈和评价居民上报的信息及问题，实现社区和政府各职能部门的便捷沟通，促进了居民参与，形成了全新的协同治理体系。在智

---

① 武刚. 政务信息资源共享体系与一体化平台建设. 2018中国智慧社区年会[C]. 2018-11-29.
② 张小娟，贾海薇，张振刚. 智慧城市背景下城市治理的创新发展模式研究[J]. 中国科技论坛，2017(10): 105-111.

慧治理的探索实践中，上城区不断调整和优化政府职能体系建设，不断规范公权、服务民权，标准化政府职能。通过3大信息化平台和10个信息化应用系统，有机结合了标准化管理和信息技术，提升了政府精细化管理水平。[①] 第二点是大数据时代的信息传播速度进入即时阶段，社交平台成为网络舆情的第一落点和主要信源，并且在引导社会舆论、揭露社会事件、处置违法行为方面发挥着不可比拟的作用。自媒体曝光引致百亿保健帝国权健在20天内全盘覆灭的案例印证了网络大数据作为新时代城市治理手段和前置舆情管理的重要性。2018年12月25日晚间，自媒体丁香医生发表了题为《百亿保健帝国权健，和它阴影下的中国家庭》的文章，26日丁香医生对权健集团欲告其诽谤的积极回应引发各大社交媒体、网络平台和个人的关注，27日，天津市成立联合调查组进入权健集团展开调查，截至2019年1月13日，权健公司创始人等16人因涉嫌组织、领导非法传销被依法批准逮捕。尽管案件尚未结束，但可以肯定的是，保健公司将得到依法惩治，具有曝光、监督、预警作用的社交媒体功不可没。[②]

4. 文化治理——防治城市病的高阶思维

城市治理的基础是城市，核心是人，终点是文化治理。城市是有温度和厚度的。城市的温度是人本理念，是文明的一种抽象演绎；城市的厚度是以文化涵养城市，以文化推动城市的转型发展。[③] 城市问题需要发展来解决，新时代的社会发展的根本驱动力在于文化。实现内涵式城市化离不开对城市文化的挖掘和利用，而城市文化来源于城市生活。城市是一个系统，城市生活是这个系统运行的生命体征，也是诊断城市系统健康状况的肉眼可见身心可感的重要载体。城市是因人而存在的，也是为满足生活的需求而不断发展的，新时代的城市治理就是着眼于城市生活的点滴，放眼于人们对美好生活的向往，以居民的视角识别、评估、解决城市问题，创造实现美好生活的经济、政治、社会、文化、

① 汪锦军. 城市"智慧治理"：信息技术、政府职能与社会治理的整合机制——以杭州市上城区的城市治理创新为案例[J]. 观察与思考, 2014(7): 50-54.
② 张春平, 等. 人口信息化与人口城镇化协调性及其时空演变[J]. 中国人口·资源与环境, 2018, 28(12): 168-176.
③ 汪碧刚. 城市的温度与厚度——青岛市市北区城市治理现代化的实践与创新[M]. 北京: 中国建筑工业出版社, 2017.

生态条件，培育居民的美好生活能力。

国家文化治理是国家治理体系和治理能力现代化的组成部分，推动着中国特色社会主义制度的建设和城市治理的建设。景小勇认为，文化治理是经济、政治、文化、社会、生态五大整体治理领域的一部分，宏观主体是政府、市场和社会，具体主体是政府（党）、事业单位、企业、社会组织（第三部门）与公民（含创作者）。文化治理的目的是提升国家文化软实力，具体内容是保障国家文化需求、提供公共文化服务和满足私人文化消费，基本方式是法治，具体手段是法律、行政、经济、社会和公益。[①] 在新时代下，各地区纷纷探索文化治理路径。例如，成都市于2013年出台了全国首个城市文态建设规划——《成都市城市文态建设规划》，并创建成为首批国家公共文化服务体系示范区，并于2014年全面启动公共文化服务体系标准化建设，打造覆盖城乡、网络完善、结构合理的现代公共文化服务体系。此外，通过《成都市文化创意与设计服务与相关产业融合发展行动计划2014—2020》，成都积极培育本土文化企业，提高文化产业影响效应。[②] 这些措施促进了当地的文化治理，为建设治理体系和治理能力现代化城市奠定了良好的文化条件。

大数据为以城市治理防治城市病提供了新的视角。字节跳动公共政策研究院发布的《城市光谱——2018年上半年网民阅读偏好研究报告》揭示了中国366个城市网民的阅读习惯、喜好和需求，阅读数据记录城市生活脉动、探索城市文化气质的变化规律、监测城市公共文化服务供给，将为文化治理提供新的数据支撑。社会包容性作为城市文化的一个方面，被Takehiko列为经济发展的八要素之一。在大数据时代，城市大数据的社会化是社会包容性的一种特征，新时代所倡导的数据思维、开放心态、多元融合，是现代城市文化的重要内容。

城市的文化其实是人的文化。社会的运转是依靠文化伦理价值支撑着，人及其生活才是城市的核心，加强城市的文化治理功能，通过营造城市的文化魅

---

① 景小勇. 国家文化治理体系的构成、特征及研究视角[J]. 中国行政管理，2015(12).

② 徐苑琳，唐璞妮. 特大城市文化治理及创新建设浅析——以成都市为例[J]. 商，2015(45): 49.

力来吸纳城市发展资源。[①] 处理好城市粗放型、非均衡、排他性发展造成的城市问题，人民日益增长的美好生活需要和不平衡不充分的发展之间的矛盾，应立足于人的发展需要，基于以人为本的治理思维，塑造和发挥群众在城市治理体系中的主体地位和活力，以城市文化来塑造现代公民、现代城市、现代社会，以城市文化推动城市治理，进而实现城市转型。

---

① 吕晓东. 城市文化治理：让文化成为城市发展的灵魂[J]. 青年学报，2017，4：101-106.

第二章

大数据服务于城市治理的
机遇与挑战

第一节　大数据时代

《促进大数据发展行动纲要》[①] 提出了发展大数据战略，大数据成为推动经济转型发展的新动力。大数据产业正在成为新的经济增长点，对未来信息产业格局产生重要影响，成为重塑国家竞争优势的新机遇，成为提升政府治理能力的新途径。大数据能够有效促进经济增长，提升国家竞争力，提升治理能力。大数据促进经济增长，主要表现在大数据能够高效地整合利用各种优势资源，为社会生产要素之间的信息共享、资源整合、交流协作提供便利。数据是循数管理的基础，数据易于统计量化，不以主观意志为转移，可作为客观证据辅助决策。大数据可不断加速商业模式、业务流程的改进，持续激发出商业活力，刺激市场经济的繁荣，促进商业模式创新，推动经济转型发展。大数据提升国家竞争力，表现在我国是人口大国，同样是数据资源大国，充分利用数据的规模优势，发挥出数据资源的战略作用，需要认识到大数据既是挑战也是机遇，需警惕数据带来的安全问题，增强数据保护的意识和能力，不断维护国家安全、提升国家数据竞争能力，增强数据主权保护能力，重塑国家竞争优势。大数据提升治理能力表现在运用数据来推动政府治理理念和社会治理模式的进步，实现人民对美好生活的向往。大数据已经融入了居民日常生活，智能家居、物联网、社交媒体的使用渗透了居民生活，运用大数据进行技术变革成为常态。

城市大数据可以包括政府数据、医疗卫生数据、财政数据、交通运行数据、文化教育数据、能源电力数据、旅游数据等，盘活这些数以亿万计的城市大数据使得数据驱动的城市治理成为可能。

---

① 国务院关于印发促进大数据发展行动纲要的通知[EB/OL].[2019-01-28]. http://www.gov.cn/zhengce/content/2015-09/05/content_10137.htm.

一、大数据的概念

"大数据"的概念由未来学家阿尔温·托夫勒在《第三次浪潮》[①]中首次提出，其认为第一次浪潮发生在农业革命期间，第二次浪潮发生在工业文明期间，大数据是第三次浪潮的华彩乐章。涂子沛在《大数据》一书中介绍了大数据的具体应用案例，如美国交通安全管理局（NHTSA）为解决交通致死率过高而建立了交通事故记录系统以分析事故原因。分别以小时、周、月份为时间单位记录事故发生数，以天气、酒驾情况、光线、年龄、交通工具等因素建立数据表格，通过多年累积的数据发现出内在的稳定的、关联的秩序和规律，发现了诸如某地段路线设计问题、安全带使用情况影响交通致死率等结论。涂子沛提到的循数管理是在保证数据质量的前提下建立收集网络，通过数据分析寻找存在的问题并进行政策改进和评估，通过接受社会监督、鼓励社会参与、推动竞争，最后进行政策和行动的复制。无独有偶，黄仁宇曾提到过类似的观点，认为我国需要进行数字管理。缺少对数据质量的严格把控会产生数据的注水效应和牛鞭效应，影响大数据对生产实践中的具体指导作用。

传感器、智能设备组成的物联网覆盖了生活中的各个角落，信息技术拓宽了人的感知功能，帮助人们生活变得更加便利的同时，产生了大量的记录数据。大数据的来源主要有四种：一是将现实世界虚拟化的数据。通过射频技术、传感设备、遥感设备、APP设备、动作捕捉设备、扫描设备将真实世界中的物质进行数据虚拟化，转变为机器可识别、可读取的格式，实现了现实世界和虚拟世界的交互。二是人们自发上传的信息。互联网的广泛应用、高速信息通信下，人们通过智能设备在微博、微信、移动客户端上主动发布信息变得极为便利，传播观点、主导话语权、分享生活细节的意愿加强，逐渐形成了互联网中意见领袖。三是用户行为数据。人们在使用搜索引擎获取信息时，为更好服务用户，网站或第三方平台会记录用户行为数据，通过对用户的浏览痕迹、兴趣偏好、行为模式进行分析后针对性推送新闻和广告，推送用户感兴趣的新闻，刺激用

---

① （美）阿尔温·托夫勒. 第三次浪潮[M]. 朱志焱，等译. 北京：生活·读书·新知三联书店，1983：237.

户点击阅读，提升用户访问忠诚度，实现网站的盈利。网站中广泛存在通过竞价排名靠前的网页，其内容真实性得不到有效保障并且容易误导用户，如医疗虚假广告造成的负面结果是魏则西事件的产生。根据用户偏好推送的新闻制造了信息茧房现象。四是在生产、经营、流通过程中产生的数据，如生产数据、库存数据、销售数据等各类维持经济运转和发展的数据。常规的大数据来源主要是以上四种，但随着经济技术的腾飞，各领域中不断产生大数据，大数据的来源得到了拓宽，如金融领域中股票交易数据、科研领域中气象观测数据、电商领域中的用户消费数据等均呈现爆发式增长。

大数据的产生对经济生产、经营流通、消费活动、社会生活方式、国家治理能力产生了重要影响。随着大数据时代到来，承载信息的文字、图片、视频、音频等半结构化、非结构化数据不断累积、增长，传统的技术手段已经无法处理形式多样、容量庞大的数据集合，蕴藏在数据中的重要的信息，难以被传统的方式挖掘，需要利用现代信息技术进行存储、分析与利用，如不能对数据资产进行挖掘和利用，数据将泛滥成灾，人们将沉溺于数据海洋中，却饥渴于知识。

2011年管理咨询公司麦肯锡发布《大数据：创新、竞争力和生产力的下一个前沿》[1]的报告，第一次对大数据作出相对清晰的定义，认为大数据是指数据量大小超出了常规数据库工具获取、存储、管理、分析能力的数据集，并探讨了组织的领导者和政策制定者通过大数据的量化功能，为相关组织和部门创造潜在经济价值和社会效益。高德纳咨询公司Gartner[2]认为大数据是需要采用创新的、有成本效益的信息处理模式，用以增强洞察力、决策力和优化流程能力的大容量、增长速度快和多样化的信息资产。两者皆强调了大数据的价值，大数据的定义侧重于强调容量大，并且强调与传统的数据存储、分析技术对比，需要运用新的信息技术进行处理。国务院发布的《促进大数据发展行动纲

① Manyika J，Chui M，Brown B，et al. Big Data：The Next Frontier for Innovation，Comptetition，and Productivity[M]. 2011.
② What Is Big Data?-Gartner IT Glossary-Big Data[EB/OL].[2019/1/2]. https://www.gartner.com/it-glossary/big-data.

要》^①中提到大数据是以容量大、类型多、存取速度快、应用价值高为主要特征的数据集合，正快速发展为对数量巨大、来源分散、格式多样的数据进行采集、存储和关联分析，从中发现新知识、创造新价值、提升新能力的新一代信息技术和服务业态。专家学者对大数据进行了不同的解释，目前仍未对大数据的定义形成统一的共识。结合各界对大数据的定义，总体认为大数据是一类反映事物状态变化和发展规律的数据资源，具有容量大、类型多、存取速度快、应用价值高的特征，通过分析数据之间的相关关系，挖掘数据之间的知识结构，为各领域的实际应用提供决策支持。

二、大数据的特点

大数据有四项基本特征，分别为数据容量大（Volume）、数据类型多（Variety）、数据存取速度快（Velocity）、数据应用价值高（Value），称为数据的4V特性。

数据的容量大。大数据的特征之一是数据的容量大，对于容量大的准确范围，过去认为数据量至少超过100TB、年增长率超过60%的数据集合才能被称为大数据，近年来，数据量突飞猛涨，存储单位也换过几个级别，数据量单位由TB、PB、EB上升至ZB，对大数据的容量范围要求也不断随之变化，当下数据量早已远远超过几年前的数据量纲，单纯探讨数据容量已经没有意义，需要根据发展阶段的变化进行动态调整。

数据的类型多。传统的数据以结构化数据为主，数据类型单一、存储结构简单，常表现为采用固定的形式存储，当前数据主要以半结构化、非结构化数据为主，数据类型多样，形态复杂，传统的存取方式已经不再使用，传统的数据处理方式面临巨大的挑战。

数据存取速度快。传统的数据产生以后，经过一定的时间周期后批量存储

---

① 国务院关于印发促进大数据发展行动纲要的通知（国发〔2015〕50号）_政府信息公开专栏[EB/OL].
　　[2019/1/2]. http://www.gov.cn/zhengce/content/2015-09/05/content_10137.htm.

至数据库。Web3.0时代下，用户源源不断产生新内容、新数据，对数据库的存储能力要求提高，一来，数据的产生量激增，如不能实现快速的存取，数据不断累积将造成数据灾难，批量处理成为过去式。二来，数据的时效性较强，必须缩减掉处理时间的延缓期，实现自动化处理、实时处理，为数据管理人员增添了压力，为数据挖掘技术增添了难度。

数据的应用价值高。通过对大数据进行时序分析、关联分析、聚类分析可以发现数据之间的规律，数据间的关联性是区别大数据与大规模数据之间的特性。对数据的挖掘可发现数据中的重要价值，如大数据的经典案例，沃尔玛发现啤酒和尿布销售数据之间存在关联性，发现父亲在为婴儿购买尿布的时候会购买啤酒犒劳自己，将两种商品捆绑销售后，产生了巨大的经济利润。运用大数据可以计算生产规模、辅助运营销售、控制流程优化，辅助改善经济生产周期的各个环节，带来巨额经济效益。

三、大数据的作用

大数据的作用是呈现事物的发展规律并进行趋势判断，相应的预测辅助用户进行决策。大数据能够将现实世界反映成虚拟的数字世界，从不同维度对同一现象、同一事件、同一问题进行全方位解读，运用多角度、全景式思维对问题进行深度和广度的分析，还原真实世界问题的本质，形成具备前瞻性的决策辅助。

1. 大数据提升政府治理能力

在大数据时代下，居民获取信息的渠道增多，使各级政府暴露于阳光下。大数据的广泛运用有利于政务的开放透明、建立开放政府。《中华人民共和国国民经济和社会发展第十三个五年规划纲要》[①] 明确提出实施国家大数据战略，把大数据作为基础性战略资源，全面实施促进大数据发展行动，加快推动数据资

---

① 中华人民共和国国民经济和社会发展第十三个五年规划纲要_滚动新闻_中国政府网[EB/OL]．[2019/1/2]．http://www.gov.cn/xinwen/2016-03/17/content_5054992.htm.

源共享开放和开发应用，助力产业转型升级和社会治理创新。全球范围内，运用大数据推动经济发展、完善社会治理、提升政府服务和监管能力正成为趋势，有关发达国家相继制定实施大数据战略性文件，大力推动大数据发展和应用。大数据成为提升政府治理能力的途径。传统治理方式是政府部门通过行政命令或政策下达的方式督促落实，大数据时代下信息实现开放与共享，政府不再是唯一的治理主体，企业、社会组织、居民等多元主体融入了治理体系，实现了一核多元、融合共治的局面。

2. 大数据推动政府精细化治理

大数据倒逼政府向开放与透明化发展，重塑政府流程，对结构模式、服务模式进行再造。政府各部门之间各自为政，不同地区之间、不同层级部门之间的数据交换和共享出现壁垒，影响了部门之间的合作，部门间信息交流不畅影响办公效率，政府结构重叠、部门处理事务权责不清、操作步骤繁琐、重复办公、居民来回奔波等不良现象在大数据时代得到有效改进，一网式办公等新型电子政务模式依托大数据的整合能力节省办公时间，共享信息、总结知识，提升了政府治理能力，通过负面清单、责任清单、权利清单推动精细化治理。大数据时代下，政府在办公过程中实现了无纸化、自动化办公，提倡技术与公共服务的融合。大数据运用全样本能够更好地发现居民需求。传统民意调查采用抽样的形式进行调查，大数据时代下可通过微博、微信、移动客户端等新媒体获取全样本的居民诉求信息，通过量化指标针对居民的不同特性实现精细化治理。

3. 大数据促进政府治理决策科学化

大数据对政务处理过程中的事前预警、事中控制、事后复盘均能提供决策依据。传统的政府治理模式中，科层制体制下信息交流不畅、效率低下、管理滞后，大数据打破了部门之间的信息壁垒，促进部门之间的协作。实现了社会治理的集约化、网络化和科学化。城乡差异、环境问题、养老保障等问题加剧了政府治理的难度，危机冲突事件频繁发生。大数据的采集、分析、预测、判断、整合能力，将复杂的社会运行体系以数据化、可视化场景模拟出来，关注民情民意、洞察居民诉求、进行社会风险预警，对社会趋势进行仿真模拟以发现事物变化规律、提出应对机制、评估应对效果、提升政府治理有效性。

尽管大数据有诸多优点，其有待完善之处也值得一提。尽管大数据的发展迈入了新的阶段，但仍然面临三组对立关系。分别是抽取样本与全样本的取舍、数据利用效率与数据结果精确度的取舍、因果关系与相关关系的取舍。统计学中可采用多种方式抽取有限样本，大数据时代下抽样方式发生转变，使得获取全样本成为可能。大数据的重要性体现在数据的容量大和类型多，多源异构数据和大规模的数据集是大数据发挥作用的重中之重，因此大数据时代追求全样本而非抽取样本。追求数据利用效率而非数据结果精确度，追求数据的相关关系而非因果关系。具体而言，盲目的追求数据分析的精确度，例如将精确度结果由98％提升至99％，需要技术上的推陈出新和降低数据的利用效率。对海量数据而言，98％的精确度能够良好地解释现象且仅需较少的技术手段，追求数据利用效率是基于整体效益的考量，并非数据结果精确度不重要，而是指数据结果精确度达到统计认可程度后无需盲目追求精确度的提高。与此类似的是，数据分析能够揭示数据之间的相关关系和因果关系，因果关系对于现象的解释力度强于相关关系，分析相关关系比分析因果关系能够成倍的节省算力和减少耗时，因此追求数据的相关关系而非因果关系是在当前技术环境下的有益实践。随着大数据的不断发展，大数据面临的挑战也会逐步迎刃而解，大数据将发挥出更多作用。

四、数据治理模型

大数据时代下，运用数据思维提升政府治理能力、推广政府数据治理的动机很强，但是政府数据面临着数据标准化程度不高、安全问题突出、面临管理无序等难题。认识政府数据治理需要了解当前数据治理模型，发现政府数据治理在理论研究与实践操作层面之间的问题，开展相应的政府数据治理创新研究。

1. 数据治理的文献综述

政府数据资源的收集来源较多、数据的格式未形成统一规范、数据规模大难以得到及时处理，不断累积的非结构化数据增添了数据分析的难度。各部门之间各自为政，数据未能实现融合，形成了数据孤岛现象。为解决数据割裂问题，肖炯恩[①]等人探索了数据共享交换平台的创新改进方式，提出了构建全量数据资源管理平台的设计思路和整体方案。数据治理为政府工作的决策者和执行者提供了俯瞰多目标的全局视角和指导行动的评估标准。唐莹[②]等人提出了政府数据治理的模式可分为核心层、结构层、运行层和外围层。核心层中政府需要明确数据治理的权利和法律相关体系建设。结构层解决对数据采集、交换、共享、安全、质量的数据治理体系的建设。运行层为数据的开放、共享提供运行机制。外围层是依据环境、文化因素，依据不同的场景开展相应的应用，如针对具体场景的AI系统。

数据治理较常应用于企业实践中以提升数据质量和数据安全，应用于政府治理中主要包含三方面的内容，首先是政府行政工作中产生的办公数据，其次是与公共管理事务相关的数据应用于政府数据开放，最后是与市场化进程相关的监管数据。政府数据治理中数据流动的理论嬗变，划分为数字机器、应用系统、数据网络和信息空间四个层次的数据流动。[③] 数据机器是指令集、算法与技术系统中的数据流动，是原始、底层的数据传递。应用系统是不同组织业务应用逻辑中的数据流动，是特定主体之间的数据传递，如财务部门与其他部门之间的数据传递。数据网络是基于网络的应用系统之间的数据流动，是服务器、路由器、局域网和终端之间的数据流动。信息空间是线上网络空间与线下社会空间之间的数据流动。

刘桂锋[④]对国外四种数据治理模型进行了比较分析，国际信息系统审计协会（ISACA）数据治理模型，该模型突出了人的主观能动性，将业务数据银行管理组织、数据质量管理员、数据质量分析管理员、数据完整度管理员、数据精确度管理员、数据管家、数据保管员、数据用户纳入模型决策中，充分发挥人的主导作用。英国高等教育统计局（HESA）数据治理模型，由管理委员会设置数据治理委员会，同时负责数据治理、法律、安全、人力资源等方面

---

① 肖炯恩，吴应良. 大数据背景下的政府数据治理：共享机制、管理机制研究[J]. 科技管理研究，2018，38(17)：188-194.

② 唐莹，易昌良. 刍论政府数据治理模式的构建[J]. 理论导刊，2018(7)：68-74.

③ 黄璜. 对"数据流动"的治理——论政府数据治理的理论嬗变与框架[J]. 南京社会科学，2018(02)：53-62.

④ 刘桂锋，钱锦琳，卢章平. 国外数据治理模型比较[J]. 图书馆论坛，2018，38(11)：18-26.

工作。HESA模型与其他模型相比，特别之处在于对数据治理委员会放权，让数据治理委员会拥有更多自主权，让组织内成员更公平地拥有数据使用权。企业方的数据治理模型重视经济效益和改进空间。Mustimuhw Information Solutions数据治理模型，从数据治理愿景与原则、结构、责任机制、政策、隐私与安全、法律等方面以层层递进、螺旋式上升的方式呈现了数据治理工作，该模型的特点是具有更新迭代的空间。Information Builders数据治理模型的特点是以简易方式追求数据可用性，围绕改善业务来制定流程，其对数据治理全过程的要求不严格，主要考虑经济效益。刘桂锋对四种模型进行分析以后，认为数据治理模型需要依据针对具体对象和具体情况选择合适的模型。

2. 数据治理的概念模型

大数据时代下，运用数据思维将复杂问题转变为可度量的指标，便于对实际工作进行管理、控制与评估，促进工作效率的增长和充分发挥数据资产的价值。不同单位的组织性质、业务模式和人员构成千差万别，数据治理的研究趋向于从底层制定标准规范，形成数据治理的基本架构。数据治理需要解决三个问题：明确数据治理的范围和边界；明确数据治理过程中的职能、交付结果和指导原则；通过数据治理能够破除组织和文化带来的治理难题。目前我国缺乏数据治理的顶层意识，未能充分发挥数据价值，因此梳理了数据治理的概念模型。

（1）DAMA数据治理模型

国际数据管理协会（DAMA）[①] 认为数据治理是对数据资产管理行使权力和控制的活动集合，由计划、监督和执行等要素构成。并提出了数据治理的基本框架，从九个方面对数据进行全方位管理，通过从数据构架管理、数据开发、数据操作管理、数据安全管理、参考数据和主数据管理、数据仓库和商务智能管理、文档和内容管理、元数据管理、数据质量管理来实现数据治理应用于各

---

① DAMA International. The DAMA Guide to the Data Management Body of Knowledge[M]. New York: Technics Publications，2009：12-37.

行业中的底层逻辑构建。[1] 数据架构管理根据不同数据需求，设计数据资产管理的蓝图；数据开发是指数据的设计、测试、部署等工作；数据操作管理是指数据的增添、修改、删除等工作，即结构化数据的生命周期管理；数据安全管理是数据的安全保护和管理权限；数据质量管理是监测和提升数据质量；参考数据和主数据管理是对主数据、副本和参考资料的管理；数据仓库和商务智能管理是对数据进行抽取、清洗、加载，并以报表形式呈现；文件和内容管理是对数据库以外的数据进行管理；元数据管理提供元数据和实现数据整合。

（2）DGI数据治理模型

国际数据治理研究所（DGI）[2] 对数据治理的定义是根据信息处理的相关过程建立决策权与问责机制的体系，并运用达成共识的模型来配备人员、行动和方法，从而实现指导工作。DGI提出了数据治理的框架，从人员与组织结构、规则与协同工作规范、过程三个层次来分析数据治理框架。其中人员与组织结构包括数据利益相关人、数据治理办公室、数据管理员；规则与协同工作规范则是根据不同的使命来进行目标、绩效度量、财务策略等关注域的策略选择，实现决策权、职责分工、控制等管理方式的变更；过程则包括数据相关的业务与IT过程以及相应的数据治理过程。

（3）IBM成熟度模型

IBM数据治理委员会（IBM DG Council）[3] 认为数据治理是对数据的可获得性、相关性、可使用性、完整性和安全性的整体管理，帮助组织了解数据的来源、判断数据的合规性、管理信息知识、改进和利用信息以帮助组织提高整体数据管理效率和生产力。DAMA数据治理框架关注数据治理的工作内容，DGI数据治理框架关注数据治理的逻辑架构，IBM成熟度模型是两者的结合，通过十一类数据治理指标评估数据治理成熟度，分别是业务成果、组织结构和认识、管理人员、数据风险管理、政策、数据质量管理、数据生命周期、数据

---

[1]　孙嘉睿. 国内数据治理研究进展：体系、保障与实践[J]. 图书馆学研究，2018(16)：2-8.

[2]　The DGI Data Governance Framework[EB/OL]. [2019-01-24]. http://www.datagovernance.com/the-dgi-framework/.

[3]　Data governance[EB/OL]. [2019-01-24]. https://www.ibm.com/analytics/data-governance.

安全和隐私管理、数据架构、分类与元数据管理、审计信息日志和报告。[①]

3. 数据治理面临的主要问题

数据治理模型为实现数据治理的目标，提供了全方位的指导过程，形成了完善的理念和卓有成效的解决方案，数据治理的概念模型能够运用于多种场景，如政府数据治理、企业数据治理。数据治理的概念模型已经非常成熟，但应用于政府数据治理仍然面临着桎梏，需要政策、制度与组织的匹配完善。英国政府数据治理从七大政策领域来推动政府数据治理的实施，具体包括个人数据保护、信息自由与信息公开、政府开放数据、国家信息基础设施、信息资源管理、电子政务和信息安全，此外英国政府建立专门的机构负责执行、专业的咨询机构负责协调、制定政府数据清单。[②]英国政府数据治理政策的完善对我国的启示是政府数据治理需要顶层设计，关键环节需要相应的法律法规的完善，破除数据利用的壁垒，实现数据价值最大化。政府数据治理面临的主要问题是数据的质量问题、安全问题和数据权问题。

（1）数据的质量问题

数据的质量对数据分析结果的准确性至关重要，数据治理通过系列的规范、严谨的操作来实现数据资产价值利用率的最大化，数据搜集的准确可靠性、真实性是发挥数据价值的重要基石。尽管在大数据环境下，这一问题得到部分缓解与改善，大数据的海量数据集弥补了数据真实性不足的弱点，但给数据的搜集与分析增添了难度，归根结底，数据质量仍然是数据治理面临的重要挑战。数据的规模大，需要足够的严谨性才能避免在搜集过程中产生错误。收集完成后通过人工的方式纠错难度大、成本高。数据的一致性不符合要求容易造成数据使用的冲突，通过数据质量评估等方式，阈值预警、自动纠错、规范化的流程操作等方式改进数据质量。

（2）数据的安全问题

目前对于数据安全问题的认识程度仍没有达到立法高度。数据安全问题包

① 赵继娣，张罕仑. 地方政府数据开放成效评价研究——以上海市为例[J]. 电子政务，2017(9)：11-21.
② 李重照，黄璜. 英国政府数据治理的政策与治理结构[J]. 电子政务，2019(1)：20-31.

括数据中涉及的个人隐私问题。单个的数据表中无重要信息，数据之间的关联性导致个人身份信息被识别，从而导致重要信息信息的泄露，徐玉玉案件即是数据安全保护力度不足造成的社会案件。数据的安全问题还包括黑客通过技术手段非法盗取数据引起的。数据安全未得到有效保护，影响范围小至个人安危、社会和谐，大至影响国家的安全稳定。目前各国的数据安全意识已经不断得到提升，但我国对数据安全的保护程度整体距离发达国家仍然有很大进步空间。警惕数据安全问题，增强数据保护能力，维护国家安全，提升国家竞争力。

（3）数据权问题

目前讨论较多的数据知情权、数据所有权和被遗忘权。数据的知情权是指个人数据被搜集时，个人拥有知晓数据用途的权利。《信息安全技术　公共及商用服务信息系统个人信息保护指南》[①] 中提出了个人同意原则和公开告知原则。处理个人信息前要征得个人信息主体的同意，对个人信息主体要尽到告知、说明和警示的义务。以明确、易懂和适宜的方式如实向个人信息主体告知处理个人信息的目的、个人信息的收集和使用范围、个人信息保护措施等信息。对数据的所有权归属暂未明确指出，考虑到为了经济发展需要和搜集数据提供更好的服务的必要性，同时保证个人拥有保护数据的相关权益，提出收集个人一般信息时，可认为个人信息主体默许同意，如果个人信息主体明确反对，要停止收集或删除个人信息；收集个人敏感信息时，要得到个人信息主体的明示同意。保证处理过程中的个人信息保密、完整、可用，并处于最新状态。

数据的遗忘权是指当搜集的信息不利于个人时，个人是否拥有要求对数据进行删除的权利，使用较多的场景是个人的犯罪记录或不良过往情况在网络中查询可见，对此个人以被遗忘权要求相关网站删除过往记录，对于此类案件，数据主体有正当理由要求删除其个人数据时，及时删除个人数据。《信息安全技术　公共及商用服务信息系统个人信息保护指南》在较大范围内解释了相关权利的行使与责任，但存在的问题是细节之处亟待填充完善，数据所有权界限不

明，因此无论是底层数据、匿名数据、衍生数据均无法得到明确的数据保护，相关法律条文和行业规范应当要求极为严密，粗放型的条文其约束力和执行力都会有所削减。

4. 对数据治理的建议

通过对多种数据治理模型进行总结，梳理了我国政府数据治理面临的问题，发现我国政府数据治理中面临的问题主要是由法律法规不完善造成的。结合实际调研情况发现，政府数据治理需要建立相关的法律法规保障，需要关注过程中相关的数据、需要坚持以人为本的理念。

（1）建立相关的法律法规保障

目前出台了数据安全治理白皮书，但是政府数据治理的相关的政策仍未健全，政府数据治理需要完善法律法规的制定。政府数据治理是一项系统工程，需要依据数据治理模型作出全局的统筹规划，着重注意数据的安全问题、质量问题、数据权问题，解决数据治理面临的政策困境。为实现数据价值的最大化需要使用可信数据提升数据质量，使用关联数据剥离技术将侵犯个人隐私的数据进行剥除，完善有争议的数据权问题的政策建议，着重解决数据质量、安全和数据权问题，使得政府数据治理迈上新的战略高度。

（2）政府数据治理需要关注相关数据

政府数据治理在实践中需要关注治理过程中的相关数据，政府数据治理工作的重点是从匹配任务的角度对数据进行整体管理，随着治理工作的推进，会相应产生相关数据，政府数据治理不能仅限于管理和使用部门内的数据，要从全局思维考虑，善于发挥出政府统筹全局的作用，积极运用大数据技术引导政府、市场、社会中的数据资源发挥出效益，实现政府治理、市场治理、社会治理的协调统一，实现多元主体参与、扁平化、网络化、集约化的治理面貌，实现共建、共治、共享的治理格局。

（3）政府数据治理需要以人为本

政府数据治理的议题包含传统的议题，还结合新时代增添新内容，尽管政府数据治理的内容较广，但数据手段并非越复杂越好。如电子政务作为一种数据服务内容并非越高深莫测越好，需要摒弃"技术思维"，盲目沉迷于技术细节，追求复杂精深的内容。政府数据治理依靠先进技术，但不以技术为中心，需要根据不同角色制定适宜的访问权限、操作难度、相应功能，充分发挥政府数据治理中人的主导作用。电子政务最终为居民提供便利，"最多跑一次"等理念体现了以人为本的中心思想。

第二节　跨部门大数据管理平台

在采集到大量的城市数据资源以后，如果不能有效管理和利用，会造成管理分散、不能共享、效率低下等问题，因此构建起集大数据存储、管理、应用于一体的大数据管理平台是十分必要的。

其中大数据管理平台应包括数据交换、数据处理、数据共享服务三个子平台，以推动部门间政务服务相互衔接，协同联动，打破信息孤岛，支撑政务信息跨部门、跨层级、跨区域互通和共享，提高各级政府行政管理效率和公共服务水平，简化群众和企业的办事流程，创建高效的行政服务体系。

不同部门的数据除了应当构建共享的平台之外，自身的大数据管理平台建设也不是完全相同的，下面将从医疗卫生、财政、交通、教育、能源电力、旅游等部门分别介绍其大数据管理平台的构建。

一、政务数据

随着大数据技术的发展和民众对政府治理能力要求的不断提高，"互联网＋政务服务"工作不断受到国家的重视。李克强总理在近几年的《政府工作报告》中均指出要大力推行"互联网＋政务服务"的建设，这体现了国家紧跟时代潮流与民众诉求，不断创新管理方式并广泛听取民声的实际做法和积极发展互联网政务的决心。

依托"互联网＋政务服务"的模式有利于促进政府转变职能，提高服务效率与民众的满意度，转变政府职能，从而打造服务型政府。贵州省作为发展大数据较早的省份，成为第一批"互联网＋政务服务"平台建设的试点，遵从"五全服务"（全覆盖、全联通、全方位、全天候、全过程）与"六个统一"（统一顶层设计、统一开发建设、统一推进应用、统一办理平台、统一数据共享、统一安全保障）的政务服务指导思想，其试点工作基本完成且取得了阶段性成果，下面将以贵州省为典型事例，探讨"互联网＋政务服务"的发展情况与不足。

1. 发展成果

一是建设起了一体化的行政审批服务平台，政务平台以清单化的方式划分了服务事项目录与权责清单，按行政划分码、事项类别码、部门机构码、权力事项流水号依次组成的"一事一码"规范审批，有效提升了贵州省政务绩效和审核效率，推动了一张网办全事的政务服务平台模式建设。二是办事的标准化水平不断提高，贵州省不断推进一门进、一网通、一站结的标准化办事理念，使各项流程科学、规范、高效。三是丰富了服务渠道，贵州不断拓宽政务服务渠道，力求做到多元化，积极开通了相关的政务官微、移动客户端，解决了政务服务渠道单一化问题。此外，贵州政务服务平台依托"云上贵州"和"7＋N"云工程，实现了门户网站动态分配资源、按需提供、弹性扩展的多元功能效用，形成一门进的多元化服务渠道。四是丰富了服务资源，贵州以全省政务服务大数据平台基础，通过便民服务站点的建立投用和商务服务的开发，形成了"三务合一"的政务平台。不仅拓展了"互联网＋政务服务"平台的深度和广度，而且大大提升了便民服务站点的覆盖程度。

2. 面临挑战

一是政务服务平台的系统化程度仍然较低，有些服务事项清单仍处于编制状态当中，未能完全对政务服务平台的进驻部门进行统一清单化管理和组织保障。二是基础设施的不完善，便民服务资源有待延伸，贵州省的政务服务平台基础设施建设存在不完备的现状，没有实现便民服务的全覆盖，较偏远地区乡镇仍需要完善相关的政策咨询、便民办事等政务服务事项。三是贵州政务服务平台缺乏对政务服务渠道的管理应用，且省直部门网站和市县政府门户网站仍未能迁移贵州省政务服务平台，市县级部门的公共服务事项信息化系统无法与贵州省政务平台、门户网站等实现无缝对接。

3. 发展方向

首先是要继续完善"互联网＋政务服务"平台的建设，整合各地区的政务服务资源，建立统一的政务服务入口，构建"一站式、一条龙"的政务大平台，统一公民互联网政务服务入口，整合服务事项，实现线上、线下紧密结合的全流程"一站式"办理模式，统一企业组织的互联网政务服务入口，整合服务事项，建立企业组织与政府的"一站式"平台。韩国建立的"企业支持唯一视窗（G4B）"是一个成功的案例，实现了政府向企业在线提供服务，我国可以此为借鉴。

其次是要夯实平台办事资源支撑基础，完善相关基础设施建设，不断增加在线办理业务事项，提升办事规范化程度。还要充分利用本省的大数据平台，利用互联网思维和大数据技术分级分类提供与便民服务事项相关的智能化基础设施，以构建民生服务智慧性应用的信息体系，加快信息数据的共享与开放，促进便民服务资源的智慧建设。

最后是要继续拓宽政务渠道，大力提升优化政务服务渠道，以实现政务服务平台与政务大厅的融合，拓展政务服务资源的利用率。推动线上与线下的融合衔接，优化政务服务渠道实现统一规范化；拓展移动政务客户端、政务公众号等渠道建设，实现智能系统的延伸；拓展政务服务宣传渠道，加大第三方组织及媒体的宣传力度；加强对政务服务渠道的控制和管理。

二、医疗卫生数据

医疗卫生领域是数据密集型的行业，包括患者免疫、体检、门诊、住院、保健养生等活动所产生的数据，合理有效地利用医疗卫生数据，可以提高医疗效率、改善医疗服务。大数据技术的发展更是为降低医疗成本、提高医疗效果提供了强有力的帮助。

其大数据平台的建立以医保卡（社保卡）为依托，建立居民卫生健康一体化服务系统；建设卫生数据服务中心。卫生数据服务中心是居民健康信息得以储存的基础，内容主要有进入索引、引导注册、电子信息服务等；建设公众服务端口。内容包括将查询、管理健康信息服务提供给居民，远程预约挂号，药物配送上门，服务评价系统等。

整体构架方面，使用云智能计算技术，建设城市区域中卫生信息平台，按照统一标准对应用系统进行整合。该信息平台的框架包括卫生信息数据、卫生基础平台、基础平台应用、信息安全中心等；数据架构主要为数据的交换、管理、服务、共享信息。

有了医疗卫生大数据系统，可以做到以下方面：

（1）利用大数据进行慢性病的防控。如：利用远程智能监控系统、移动智能终端等收集到的身体数据，结合慢性病和健康大数据进行的基于数据的健康管理可以降低疾病发病率，减少医疗支出；利用基因检测分析可以预测个体高发性疾病种类，以做到个体疾病的提前预防；利用大数据分析建模，合理分配病人的复诊、手术时间，以更高效地分配医疗资源。

（2）利用大数据进行传染病的监测和预警。一方面，可以利用网络大数据，结合数据的搜索、分析等工作进行传染病的监测预警；另一方面，还可以利用已有的医疗卫生大数据，更能够持续系统的获取和分析临床数据，及时发现疾病在时空上的异常集聚。早在2008年，中国疾病预防控制中心就建立了基于网络的传染病自动预警系统CIDARS，可以有效预测传染病的爆发。

（3）利用大数据进行临床决策。如：通过医院间共享互通的大数据系统，并结合病人的自身健康状况可以快速准确作出诊断；利用已有的大数据资源建立常见的病例库，构建可视化面向患者的问答系统，开发成APP，以便患者自行诊断常见病例，提高就诊效率；结合大数据分析技术时刻监督提醒医师的整个治疗流程，保证规范性和安全性。

（4）利用大数据提高药品支出效率。随着医疗制药水平的不断提高，药品的疗效提高的同时，价格也不断攀升，这给患者造成了较大的负担。利用大数据技术，完善药物的信息，实现对药品的分级管理，如利用数据挖掘算法研究医保目录的制定，促进药品目录的合理化。同时，大数据技术结合生物工程，通过基因组关联分析、基因表达谱联系，不断挖掘药物的适应症，从而优化药物的疗效，降低药物成本。

三、财政数据

大数据的发展也推动着财政治理的变化，不仅体现在使财政信息更加完善立体化，更体现在信息被更充分的挖掘和利用，能尽快发现财政问题和公民在财政分配中的"痛点"，寻找到解决方案，使财政决策更加科学，使财政生产的公共品和公共服务更能满足社会需要，使财政领域的共识度更高。李克强总理指出："目前我国信息数据资源80%以上掌握在各级政府部门手里，'深藏闺中'是极大浪费。"使财政数据做到更大程度的各部门共享，是当务之急。

构建财政大数据系统，首先要做好基础设施的构架，政府应引进世界先进的处理器，并相应地加快财政、税收、金融、社保等所有公共行政管理部门的专业信息管理系统建设，建设规范统一、相互融通的政府信息管理体系，并指导建立规范统一的各行各业信息管理系统建设标准。其次要做到财政部门内部的信息高效交互，统一软件系统接口，在技术上实现数据的集中。最后要做到部门间的信息互通，财税、国税、地税三个部门按照自身业务范围对自行管理的数据流进行整合，对数据流分类与其他部门进行交换，签订共享协议，避免信息孤岛。

最重要的一点必须适应时代要求，不断增加财政信息透明度放弃垄断信息、暗箱操作的旧思维，要从国家治理现代化的高度，积极开发和利用财政信息，鼓励公民参与，敢于向公众交底，敢于面对和运用社会力量生产的数据。要以财政公开为突破口，积极建立财政信息共享平台。在此基础上，进一步利用政府和社会的"数据库群"，进行大量财政信息的获取、加工、整合、存储、使用，形成以数据为支撑的财政治理导向。

因为财政信息关系到国民经济的运行，大数据时代的财政预算监管工作更应注重数据分析，面对海量数据信息，财政监管者应具备数据挖掘的基本素质，掌握数据分析的基本方法，能够充分运用分类归纳、重点筛选、比对分析、关联挖掘、建模分析等方法多角度、多维度挖掘财政数据中蕴含的价值，为政府财政分析、财政管理、财务预警、政策决策等提供参考，促使资金使用部门最大限度地提高财政资金使用效率。

四、交通运行数据

交通运行数据相对于其他类型的数据，最大的特点是实时更新，因此要做好对交通运行数据的实时追踪和及时分析处理。构建基于大数据的智能交通综合管理体系，通过构建大数据平台并结合移动互联、云计算、数据挖掘等大数据技术，以实现道路交通数据的标准化，提高交通安全和效率，为市民提供更好的交通服务。

智能交通系统包含信息采集、管理、服务三大系统，下面细分车辆控制系统、公共交通系统、货运管理系统、电子收费系统、紧急救援系统五个子系统，包含了日常的交通管理和突发交通事件的应对（图2-1）。

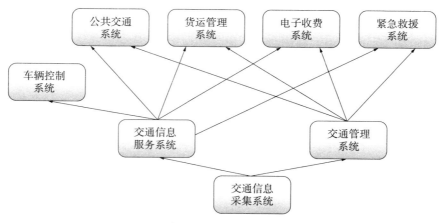

图2-1　智能交通系统

通过构建智慧交通大数据平台，连接城市智能交通监控和管理各业务应用系统，从多个应用系统中收集和传送交通信息、监测数据和发出控制指令。通过城市交通管理数据库系统，对各业务应用系统的交通监测数据或管理运作计划进行集成、优化、分析、存储和应用。通过GIS地理信息展示，实现城市道路交通的可视化监控与管理。平台提供专家级的突发交通事故的处理预案，提供及时的道路交通状况分析，预测该事故的影响范围和道路阻塞的严重程度，提供适当的交通应变和疏导交通的方案及解决措施，通过城区一体化官网进行交通事故信息发布。在可视化方面，通过网站、APP、广播等多种方式，向政府、企业、公众提供智慧交通大数据平台的服务，实现数据的共享。

目前，上海交通信息中心实现了道路交通、公共交通、对外交通三类交通数据和信息的采集、汇聚、交换、共享和发布，形成了交通行业信息整体整合、互联共享的管理机制，具备了面向政府决策管理和公众出行信息服务，以及特大型活动交通信息服务保障的能力，是在城市层面构建智慧交通大数据平台的一个典型案例。

美国波士顿开发的一款名为"坑洼街道"的APP，可以支持使用者将实时遇到的路况问题上传给有关部门，并及时收到反馈信息。此款应用利用智能手机的GPS功能和加速计反馈出坑洼等路况，当手机感应器侦测到路面颠簸所产生的撞击时，GPS系统便记录下所在位置，将信息传送到云端数据库，当某一地点有足够多的反馈时，后台数据处理系统便将该路段标记为坑洼路面，并提供修复措施。其具体功能主要包括故障定位、维护预警和信息推送。交通部门通过这种方式让群众充分参与到交通治理当中，体现了多元共治的城市治理理念，不仅能够实时反馈坑洼路面并及时维护，有利于保证行车安全和道路畅通，同时还提高了公众参与意愿和参与程度。

五、教育文化数据

教育文化系统是一个复杂的系统，涵盖了教学、研究、服务等诸多职能，涉及教师、学生、家长、管理人员等众多角色，利用大数据服务于教育文化事业，有助于优化教育资源的配置、缩小城乡教育鸿沟，更有助于对学生进行精准定位与评估，更好地做到因材施教。

教育文化数据的大数据平台构建可以按照多种结构来划分：按照教育层次分为学前教育文化系统、小学教育文化系统、中学教育文化系统、大学教育文化系统、研究所教育文化系统。按照教育层级来分，可划分为个体教育文化系统、课程教育文化系统、班级教育文化系统、学校教育文化系统、区域教育文化系统、国家教育文化系统。此外还可以按照教育文化数据产生的业务来源，按照数据的结构化程度等方式进行划分。

整体来看，我国教育文化资源分布不均衡，东部优于西部，城市优于农村，同一城市内部不同区域差别也比较大。教育文化大数据平台可以解决教育资源分配不均的现状。一方面，利用大数据分析区域教育的特点，因地制宜，重组整合优质教育资源，通过大数据技术建模，更加均衡公平地分配教育资源。另一方面，因不同学生特点不同，通过数据挖掘技术对受教育者进行分析挖掘，对其自身进行准确的能力定位，分析其特长，可以做到因材施教，充分发挥学生的优势，合理利用教育资源。除此之外，针对地理空间原因造成的教育资源分配不均，可以通过在线教育解决教育资源的空间限制。如慕课、粉笔等在线教育软件，就应用了大量的大数据工具，不设置学习门槛，通过互联网打破时空限制，随时随地便可在线学习。

利用大数据助学，也是大数据在教育领域的一项重要应用，通过数据分析定位给予需要帮助的贫困生以帮助，可以保障学生的受教育权利。如南京理工大学的教育基金会通过对在校生每月在食堂就餐次数数据的采集和分析，拿出了一个合理的方案：如果某学生每月在学生食堂就餐超过60次，且月消费不足420元，则该生便被列为受资助对象，学校的教育基金会直接将补贴金汇入学生校园卡，而无需该学生申请和后续审批等流程，这一措施不仅保护了学生的尊严，还提高了工作效率，是应用大数据进行助学的一个成功案例。

六、能源电力数据

随着技术的进步，能源系统近年来实现了快速的发展，尤其是电力系统，以智能电网为代表，应用了大数据技术和智能传感技术，提高了能源企业的管理水平和能源利用效率。

针对大量的能源电力数据，需要构建集能源信息收集、管理、服务于一体的能源公共服务平台。主要应用到了数据集成和存储管理分类技术以及分析挖掘技术等。其最为核心的技术就是多能源数据集成技术，主要是在平台的前端，包括多渠道的数据接入和多源数据的融合以及管理多维数据的技术等。首先，在多渠道数据接入技术方面，要对多源数据的即插即用技术进行研究，进而能够实现多源数据在管理系统与能源设备中的即插即用。其次，融合多源数据方面，对面向电网对象的多源异构数据的集成和管理技术进行充分的研究，为构建大数据的集成管理平台奠定基础，进而构建能源模型库对多源数据进行融合，进而为应用智能电网提供数据支撑。最后，对多维数据管理进行研究，对于智能电网有关的算法和模型数据等进行研究，进而将各个应用都能集成在同一个平台上。

大数据应用于能源电力行业，首先，有利于更规范地评估能源的用量，实现网架规划的优化，通过大数据技术来调整其运行方式，减少电力在传输过程中的损耗。其次，大数据可以助力电网客户用电异常识别。众所周知，窃电现象时有发生，据统计，窃电每年给国家造成近百亿元的损失，不仅造成了巨大的经济损失，也严重干扰了正常的供电秩序。通过引入计算智能等技术，并实时监测发电、输电、变电、配电、用电等各个环节，对海量的数据进行分析与挖掘，对窃电用户进行行为特征分析，通过建立窃电嫌疑人识别模型与移动侦查模型，以提高窃电侦查的效率。最后，大数据技术的应用有利于实现能源企业管理的智能化，通过实施大数据技术来对客户的各类信息进行科学、高效、统一的管理，通过精准的数据分析来提高能源的效益，从而实现可持续发展。

七、旅游数据

随着社会经济的发展和人民生活水平的提高，旅游成为人们常见的休闲放松方式，近年来旅游业发展迅速，游客激增，然而我国旅游业的信息化发展水平没能跟上旅游业的发展速度，尤其是大数据的应用程度不够，旅行社、景区等旅游产业链上的企业虽然具备一定的信息采集能力，但其信息系统的作用还仅仅停留在信息发布、营销等初级层面，未能深入挖掘数据深层次的价值。

旅游大数据平台的构建要引入先进的云计算技术，建设成具备大数据采集、存储、应用的一体化平台。云计算数据中心的服务器采用分布式存储系统，将分散在多台独立服务器设备上的存储资源进行整合形成统一的资源池提供存储服务。并用云计算技术整合现有的数据中心，将省级和国家级的大数据平台相结合，合理利用私有云资源池。此外，由于旅游业涉及众多行业与部门，需要政府牵头，建立起企业与企业、企业与政府之间共享的旅游业数据库，推进各行业协同合作，融合创新发展。

有了旅游大数据平台，其价值体现在以下方面：一是可以创新旅游产业的经营模式，提升效益，利用大数据分析挖掘技术，细分旅游市场，提供个性化旅游服务和产品，差别定价，实现企业效益最大化。二是可以调控和预测客流量，使游客出行更安全有序，同样是通过数据挖掘技术，通过历史数据、游客特征等数据进行关联分析，可以预测客流量，从中长期引导游客错峰出行，短期内进行安全预警。三是及时掌握游客信息反馈，使服务更加精细化，利用人工智能技术开发旅游舆情分析系统，在互联网、社交媒体、第三方平台多渠道实时采集旅游突发事件和游客分享的点评信息、旅游传记，跟踪旅游突发事件，挖掘分析游客情感倾向，以提供精细化、个性化旅游方案和服务。

第三节　大数据为城市治理带来新的机遇

大数据的作用是呈现事物的发展规律并进行趋势判断，相应的预测辅助用户进行决策。大数据能够将现实世界反映成虚拟的数字世界，从不同维度对同一现象、同一事件、同一问题进行全方位解读，运用多角度、全景式思维对问题进行深度和广度的分析，还原真实世界问题的本质，形成具备前瞻性的决策辅助。

大数据已成为数字经济时代最重要生产要素，是"陆权、海权、空权之外的另一种国家核心资产"，数据驱动型创新正在向经济发展、社会治理、科技研发等各个领域扩展，成为国家创新发展的关键形式和重要方向。在大数据时代，数据为创新城市治理理念、模式、手段提供了强大的驱动力，这种驱动力主要来源于大数据在促进互联互通、创新可持续发展的方式、改善决策的效率和质量、促进公众参与的作用。

1. 大数据促进互联互通

大数据和云计算等的融合推动了物联网的迅速发展，实现了人与人、人与物、物与物的互联互通。WaS发布的《2018全球数字报告》显示，2018年互联网用户为40.21亿人，同比增长7%，全球76亿人口中的2/3现在拥有手机，普通互联网用户每天花费大约6个小时。[1] 移动服务的应用已经进入生产生活各个场景，移动电话不仅用来实现个人之间的通信，也被广泛用于转账、求职、消费、销售、传输数据等。"问答盒（Question Box）""数字鼓（Digital Drum）"项目更是提高了偏远地区的人们接触有关农业、教育、贸易等方面的信息的机会；获得与全球发展密切相关的区域信息可以通过跟踪社会媒体来实现；联合国等机构逐渐参与到全球化的指标收集活动中，对经济、社会、文化、能源利用等各项指标进行监测、分析、预测，通过数据共享拓宽了一个地区或国家对全球趋势、自身处境、先进技术以及最新解决方案的获得渠道。"全球脉动"计划提出"数据慈善事业"的概念，即企业主动以匿名方式向改革者提供脱敏的数据集，以便从数据挖掘出深刻的观点、模式和趋势性的数据。

治理是一个政府、私人、社会机构等社会多元主体长期持续协调和互动的过程，大数据时代的治理的动态过程是更加复杂化、自动化、可控化的，是主体、数据、机器协调和互动的过程。在业务流程再造和融合保障机制的支持下，大数据技术能够整合各类异型结构数据，搭建信息共享平台，从而实现数据及

---

[1] We Are Social. 2018年全球数字报告. 2018.

其所有者和使用者之间的互联互通。

数据是信息的载体，信息是交往、决策和实践的基础，获得信息的权利是人的基本权利之一，信息的可及性是社会公平的重要维度之一。利用大数据技术收集、储存、管理、共享信息，促进政府、组织、企业、个体之间信息传播和交流，不仅促进决策的质量和效率，还有利于社会公平。

虽然大数据的呼声高涨，但是大数据也被批判是一个定义模糊、没有实质意义的流行词，外延概念尚未厘清，大数据作为一种资产，其所有权、使用权等问题还未有明确的法律规范，这就导致大数据在城市治理领域的潜力以及其社会效益得不到充分发挥。很多企业、城市热忱于大数据基础设施的开发建设，却连大数据是什么，能做什么，不能做什么都说不出个所以然。此外，由于定义的漏洞，一些组织通过对数据的垄断肆意操纵城市服务供给，导致数据鸿沟、数据不公等问题的出现，影响城市治理水平的提升。

2. 大数据改善决策效率和质量

大数据对决策效率和质量的积极作用来自于大数据的分析和预测能力。城市治理作为一种公共决策往往是"渐进式"决策，由于决策信息的不充分、决策环境的动态变化、决策时间有限，城市问题错综复杂，一次性城市治理方案不可能解决现有问题，更何况问题往往与解决方案相伴而生，公共决策是需要以渐进的方式不断完善的。[①] 大数据技术通过全样本采集，将动态分析和静态分析相结合，利用数据模型将社会"镜像化"，关注于速度与效率而非精确性，使得决策者可以获得实时的决策信息，快速制定解决方案，全程追踪政策效果和公众的政策偏好，不断完善公共决策。

大数据在改变人们生产生活方式的同时，也提供了我们深刻理解人类行为的机会。通过对行为、喜好、需求数据的识别和分析，政府和企业能够更加了解他们的服务对象，并及时回应城市需求。此外，现代城市治理是基于协商和共识的，大数据时代的开放性和包容性有利于不同类型规则之间的调试和整合，提供了协商的机遇和空间，提升了共识达成和持续生产的可能性，对于决策的

---

① 胡亚谦. 大数据预测能力对公共决策的影响[J]. 东北大学学报（社会科学版），2016，18(3): 281-287.

形成和执行起到了润滑剂的作用。通过数据链接政府、市场、社会三大治理领域和三大治理主体，增进各自在公共的、私人的、社会的服务供给上的预见性、准确性和回应性。[①]

但是，随着大数据技术理性的膨胀和扩张，社会被数据化的同时可能存在人文关怀和伦理价值被排斥的现象，造成大数据技术异化。同时，个体也面临消失的风险。正如王勇和朱婉菁所说，"个体既是数据的终端，也是数据的起点和数据链条的链接点"[①]，公民在强大的"数据收集机器"面前无法设防，关涉隐私安全、意识形态操纵、公平正义等方面的问题日益凸显，依赖于数据的决策容易忽略数据背后的个体。我们应该正确对待大数据的作用和风险，坚持治理理念、人本理念，避免数据专政。

3. 大数据创新可持续发展方式

新的前沿的技术正掀起一场数据革命，使政府、私人企业、研究者、市民都可以通过实时的、颗粒状的数据来监测发展目标实现的进程，激励可持续发展行动。[②]

联合国政府间气候变化专门委员会《IPCC全球升温1.5摄氏度特别报告》指出，到2030年需要把人类造成的二氧化碳排放在2010年的基础上降低45%，到2050年前后达到净零排放，才可以保障全球升温稳定在1.5摄氏度，这意味着每个国家必须尽快实现社会各个领域的低碳转型，包括土地利用、能源、工业、建筑、交通、城市等。[③]世界卫生组织根据108个国家4300个城市和居民点的数据推算，全世界9/10的人口呼吸着受到污染的空气。面临地球生态环境恶化带来的生存压力，大数据在应对气候变化的运动中异军突起，尤其是监测二氧化碳排放和能源消费的传感器在生产生活中应用颇广。

此外，作为城市治理主体之一，社会企业也日益关注于企业行为对环境的影响。Google建立了关于建筑材料的构成及其环境影响的数据库——Portico，

① 王勇，朱婉菁. "大数据"驱动的"数据化国家治理"研究——"以人民为中心"视角[J]. 电子政务，2018，6：32-42.

② https://development.asia/explainer/future-data-today.

③ https://www.worldbank.org/en/news/feature/2018/12/21/year-in-review-2018-in-14-charts .

这个数据库早期用于Google自己的建设项目，为项目的所有者、建筑师、工程师、承包商提供了合作、研究、使用健康建筑材料的机会，以减小企业行为的环境外溢性影响。Portico数据库后来向公众开放，帮助用户寻找和对比健康的建筑材料、审查建筑材料所产生的环境危害。[①]

利用大数据还可以帮助建筑节能。西雅图与微软旗下公司的一个项目——"西雅图城市之光"，通过采用云技术、预测软件和预测分析工具来实现跨越四个城区包含数百个数据集的建筑能源管理的智能化。云基础设施可以帮助工程师将来源于不同机器的大型数据集相互关联，比如在能源使用效率数据与天气信息或者其他影响建筑能源使用的信息之间建立相关关系，[②] 从而制定可行的节能措施。

数据驱动的城市治理是全球趋势。随着具有强烈外溢性的城市问题对全球各个国家的生存发展带来威胁，城市治理的全球化趋势将会越来越明显，城市运行数据的开放与共享对于全球治理具有重要意义。城市治理或许将不再是一个国家的内部责任，而是实现人类共同体利益的共同责任（图2-2）。

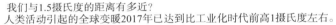

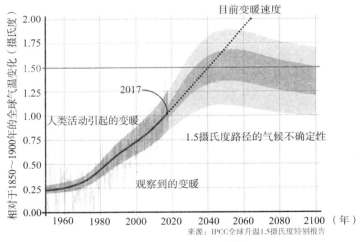

图2-2　全球气候变暖趋势

① Larry Kiloy . 2016. Healthy building network and Google announce Protico，a first-of-its-kind building materials analysis and decision-making tool．[2016-10-05]．https://healthybuilding.net/blog/221-healthy-building-network-and-google-announce-portico-a-first-of-its-kind-building-materials-analysis-and-decision-making-tool.

② https://gcn.com/Articles/2013/08/02/big-data-cities-seattle.aspx?Page=2. 2013.

4．大数据促进公众参与

公共参与不应只是政府决策的辩护策略或者为应付相关行政规定的手段，而是实行民主权利、监督政府行为、促进科学决策的有效途径。Whitaker将市民看成是公共服务的共同生产者，大数据为市民身份转化提供了契机，它在影响人们的价值观念和生活方式的同时，也赋予人们即时表达诉求、推动社会舆情发展的权利，正如Car-done所说，科学第四范式即基于数据的科学有助于实现直接民主或"自动化民主"，算法无意识地孕育了社会力量。

大数据时代，数据的重要性已经不言而喻，由于政府居于管理者的地位，掌握着大量的数据资源，充分利用好这些数据资源可以给社会带来巨大的社会和经济效益，然而这些数据仅仅政府利用是不能够充分挖掘其内在价值的。因此，将部分数据向社会公众开放是十分必要的。政府通过建设大数据开放服务平台，向社会公众开放原本政府没有开放的原始数据，有利于于政府本身或外界获取这部分数据资源，挖掘数据背后所蕴含的巨大价值。

吕晓东曾说，"市民的状态可看作是公共权利的状态"，[①] 从市民的社会生活脉动的分析中可以对公共权力的公众理解、使用和影响进行监测及评估。社交媒体作为大数据时代的新生代表之一，已被广泛地应用于政府与公众的互动当中，通过大数据技术处理过的社交痕迹可以用于公众满意度调查和政府工作的绩效考核。覆盖青岛市北区的"在市北"APP设定了民意调查专栏——"我有一票"，每一两周发布特定话题，邀请"在市北"用户进行投票，此投票窗口还被用户评选为"在市北"APP最受欢迎的功能。"在市北"APP作为市北区城市治理平台的补充，创新性地采用APP的方式邀请居民上报城市问题，拓宽了市民的上报渠道。随着参与用户数量的不断增加，APP的登录、访问和使用痕迹已成为政府制定和实施相关城市治理政策的数据来源。"参与让市北更美好"的首页标语也体现了青岛市市北区城市综合治理中心对公众参与和公众参与数据的重视，"在市北"APP已然成为市北区宣传和推动"共建共治共享"重要利器。公众参与大数据的生产和积累表明大数据时代下公众对于参与城市

---

① 吕晓东. 城市文化治理：让文化成为城市发展的灵魂[J]. 青年学报，2017，4：101-106.

治理的意愿和要求愈来愈高，公众话语权逐渐被放大，城市治理更加开放民主（图2-3）。

图2-3 "在市北"APP服务界面和"我有一票"界面

毋庸置疑，大数据带来了历史性机遇，让人们能够深入理解数字化信息，提升支持和保护人类社会的公共能力。但是需要注意的是，数据不能解决所有问题，数据是有缺陷的，大数据不能取代支撑工作的各种方法、工具和系统。大数据能够捕捉到的是主动或被动地在网络上做出表达或流露痕迹的公众需求，即为公众显性需求，[①] 而那些由于主观意识不足、客观条件不满足、网络表达能力欠缺的边缘群体的隐形需求逐渐在大数据的浪潮中被淹没。大数据技术似乎放大了公众显性需求的同时，也侵占了数字弱势群体表达利益诉求的

① 王勇，朱婉菁."大数据"驱动的"数据化国家治理"研究——"以人民为中心"视角[J]. 电子政务，2018，6：32-42.

空间。城市治理应更加注重"起点机会公平、过程统筹兼顾、成果收益共享"，避免"技术治理"的负面作用，真正做到以"善治"为导向促进实现"包容性治理"。①

第四节 探索方向——推动"被动应急"向"主动防范"转型

一、应急与预防

新型城镇化背景下，我国应急管理经历了重大考验，从2012年北京"7.21"特大暴雨事件，2014年上海外滩踩踏事件，2015年天津"812"特大火灾事故，到2017年"11·18"北京大兴西红门镇火灾事故，这些事件揭露出我国城市应急管理存在风险预警能力缺乏、防范手段缺乏等问题。

2018年3月13日，国务院机构改革方案提请十三届全国人大一次会议审议。方案提出，拟组建应急管理部，4月16日，国家应急管理部挂牌成立。应急管理部的组建意味着国家层面应急管理体制和机制改革的开始，标志着我国"一案三制"为核心的应急管理体系向全风险、全过程的公共安全综合治理的转变。②

从全球范围看，突发事件应急管理领域的工作模式正在发生根本性转变，就是从传统的应急处置转变为更加强调事前防灾和应急准备。改革中的新型应急预案体系与传统体系的本质区别在于，前者以风险防控预警为导向，后者以应急处置为导向。② 2007年8月30日第十届全国人民代表大会常务委员会

① 汪碧刚. 城市的温度与厚度——青岛市市北区城市治理现代化的实践与创新[M]. 北京：中国建筑工业出版社，2017.

② 王喜芳，刘霞. 以风险防控预警为导向的新型应急预案体系研究及其构建方法[J]. 上海交通大学学报（哲学社会科学版），2018，26(124)：65-72.

第二十九次会议通过的《中华人民共和国突发事件应对法》提出突发事件应对工作实行预防为主、预防与应急相结合的原则，提出建立突发事件风险评估体系，对可能发生的突发事件进行综合性评估，减少重大突发事件的发生，最大限度地减轻重大突发事件的影响。在2017年10月27日青岛市第十六届人民代表大会常务委员会第四次会议通过的《青岛市突发事件应对条例》要求市人民政府建立全市统一的突发事件应急平台体系，承担突发事件的监测监控、预测预警、信息报告、综合研判、辅助决策、指挥调度、信息发布、事后评估等功能。同时还要求市、区（市）人民政府及其有关部门、镇人民政府、街道办事处、居（村）民委员会，建立社会稳定风险评估和隐患排查制度，对易引发社会安全事件的矛盾纠纷，确定责任单位和人员，及时予以调处化解。对突发事件预警信息的发布也作出明确规定，发布内容必须包含突发事件类别、预警级别、可能影响范围、警示事项、应当采取的措施、发布机关等信息。①

正如吕晓东所说，"城市领导力是一个城市的品格、气质和号召力，是由预测力、决策力、执行力、评估力、响应力、影响力等诸多因素合成"，城市的应急管理能力和防范风险能力也包含在城市领导力之中，是一个现代化城市可持续发展，甚至其关乎存亡的基础保障。大数据对于应急管理的意义在于，大数据自动采集、动态整合、深度挖掘等技术能够更新城市风险摸排方式、危机监测方式、应急信息报送方式、应急决策方式，提升应急管理的事前防灾、事中响应、事后处置的能力。基于城市治理理论，城市应急管理也是一个系统工程，需要多部门协同作战。大数据技术通过对多源异构、类型多样、跨部门跨业务的数据的整合处理，实现对应急资源的自动化管理和配置，使其不再受制于地理位置、物理状态，② 而是能够按需按时调配，弥补应急管理的滞后性缺陷。此外，《中华人民共和国突发事件应对法》提出建立有效的社会动员机制，增强全

---

① 市北区政府应急管理办公室. 青岛市突发事件应对条例. [2018-03-06]. 2018.http://shibei.qingdao.gov.cn/n4447/n1651931/n1652051/n2610129/n2967537/180306142026987433.html.

② 周芳检，何振. 大数据时代城市公共安全应急管理面临的挑战与应对[J]. 云南民族大学学报，2018，35(1): 117-123.

民的公共安全和防范风险的意识，提高全社会的避险救助能力。在打造共建共治共享的社会治理现代化体系的目标的指导下，发挥公众的治理主体地位，依靠公众的眼睛辅之以大数据技术来监测识别社会风险，扩宽公众参与全过程的应急管理渠道，将极大地补充应急资源，提升应急管理效率。

二、被动向主动的转型的关键在于预测预警

可以说，或者就目前而言，预测更像一门艺术，而非一门有着100%准确性的科学。大数据的预测能力来源于大数据的本质特征和信息优势，大数据巨量、真实、多样，加之大数据全样而非抽样的统计方法、对相关性而非因果关系的专注，使得数据挖掘趋于前端化。在城市公共服务方面，大数据分析能够预测公共服务需求的变化趋势，有利于精准对接公共服务供需；在应急管理方面，大数据分析能够实行有效的风险预测、预警及预控，消除潜在风险或者降低风险损失。

大数据时代的主动防范对应急管理提出的要求首先是流程再造。主动防范意味着风险是整个流程的起点，从风险预测开始，进行数据挖掘、相关关系分析、归纳模拟等，再现风险到危机的过程，[①] 并作出应对决策，林海文将其描述为"由因防果"的主动思维，通过把控源头、预防为先、全程治理，将风险经过重重过滤、把关、控制，化大为小直至灭亡。

主动防范表现在感知、分析和决策的自动化和动态化。基于强大的无线通信网络和宽带城域网络，凭借互通互联和强力渗透的互联网和物联网，依托遍布城市各个角落的环境监测传感器、视频监控设备、社交互动媒体等，数据采集更加趋于甚至已经实现自动化和智能化。此外，"云计算"技术能够实时监测、收集、整理、清洗、转换不同数据源的数据，将巨量、异构、多样的信息快速集成到一起，重新生成数据集合，配合物联网、云储存等技术，数据整个生命周期的管理实现由被动向主动、静态向动态、手动向自动化的转变。这些都为

---

① 林海文. 大数据时代城市公共安全治理创新——兼论"智慧治理"〔J〕. 湖北第二师范学院学报，2018(1): 45-51.

基于大数据预测的主动防范奠定了基础。

大数据预测技术现已广泛应用于公共设施管理、交通管理、治安管理、灾害预警等领域。通过对传感器、计量设备、公交地铁刷卡、停车收费站、信号灯、交通视频摄像头、社交网站、移动基站的通信记录以及以往案件中犯罪嫌疑人的信息、政府掌握的基本信息、对社交网站中关键词的定位监控、卫星对某区域的定位观察等收集的数据的分析处理，实现对公共设施、路况、安全隐患、社会舆情等方面的实时监控，提前预测某一事件的时空变化趋势，并快速响应。[①] 预测模型是通过学习历史的与当前的行为和趋势，并将分析结果运用到不同的模型已生产出未来可预测性的结果。预测的基础是对现状和规律的把握，海量、动态、多样化的城市大数据和算法可以帮助治理者对城市现状及城市规律具体解析，并将其转化为可操作的政策体系和行动方案。

三、大数据预测在城市治理中的应用

大数据时代下，大数据技术对城市治理赋能，予以风险预警、动态监测、靶向治理等，促进城市治理行为的前端化、精准化、自动化。

芝加哥在城市体征大数据平台——Smart Data平台基础之上构建了"风网"（WindyGrid），这个系统是Smart Data的图形化接口和基于GIS的决策支持系统。风网的数据、地图、分析三者强大的结合能够揭示意外的联系，识别潜在风险，协同部门行动。通过将311热线、911热线、推特、公交定位信息整合，城市可以在某个特殊时间段如游行更好地管理交通和突发事件，大数据分析可以帮助管理者了解独立事件的串联式结果，例如有问题的街灯和新的交通特征，从而实现前端干预，将危机扼杀于摇篮。例如，在一个车库投诉事件发生后的7天内"风网"成功预测老鼠泛滥的问题，并在问题发生前就做好应急准备。[②] "风网"实现了对城市运行的全景全程掌控，保障了预测模型所

---

① 王忠，安智慧. 国外城市管理大数据应用典型案例及启示[J]. 现代情报，2016. 36(9)：168-172.

② MongoDB. Chicago Uses MongoDB to create a smarter and safer city. 2019. http://www.mongodb.com/customers/city-of-chicago .

需要的变量和案例的数量及规模，提升了预测的准确性，进而为应急管理部门的准备工作预留了充足的时间。科尔多瓦大学的研究者发明了更加准确的预测机器，采用基于集合的方法挑选预测模型所需案例，关注于案例的质量而非数量，从而减少案例的数量，不仅节省了计算力量，还减少了能源、时间、资金消耗。①

新加坡建立风险评估与扫描系统（RAHS），通过搜集并筛查大量数据，加以分析，创建模型，来预测可能出现的事件，并在新加坡政府机构内分享。RAHS解决方案中心制定了一套系统化的研究过程或步骤以帮助预测，包括环境扫描、迹象追踪识别、情感分析、定性研究、趋势分析、优先顺序决策、情景分析、数据融合、数字建模。RAHS还被用于分析Facebook、Twitter和其他社交媒体的帖子，评估国民情绪，预估可能出现的骚动。利用该系统应对各种社会和经济问题，包括政府采购、预算、经济预测、房地产市场研究等。②

预测性警务大数据预测技术服务于城市治理并已经成为成熟应用的一个重要领域。IBM与英国曼彻斯特公安部门合作，将大量的历史数据与道路网络地图、天气数据等信息关联，采用IBM的SPSS建模软件来预测犯罪，目前在预测和减少偷盗犯罪中取得良好效果，抢劫犯罪发生率下降12%，偷盗犯罪发生率下降21%，车辆盗窃发生率下降32%。③

在应对突发事件的实践中，预警信息的延迟和封闭往往导致应急处理过于被动、效率低下。广东省阳江市预警信息发布中心已初步与其他部门实现不同类型灾害的数据整合，同时借助多种传播渠道及时发布预警信息，建立了多灾种信息实时收集、多部门共享及多渠道发布的预警信息平台。阳江市预警中心一方面依托传统发布手段，如电视台、应急气象频道、应急气象电话

---

① Oscar, R et al. An ensemble-based method for the selection of Instances in the multi-target regression problem[J]. Integrated Computer-Aided Engineering, 2018, 25(4): 305-320.

② 大数据提升城市治理能力的国际经验及其启示.

③ Jen Clark. Facing the threat: Big Data and crime prevention. IBM. [2017-8-22]. https://www.ibm.com/blogs/internet-of-things/big-data-crime-prevention/

"121121"和农村大喇叭发送预警信息，同时也通过新媒体如手机客户端、网站、微博、微信、短信和电子显示屏等推出集天气预报、气象预警、天气实况于一体的智慧气象的灾害预警。广东省阳江市预警信息发布中心目前已完成了929个预警信息接收设备的安装，现在的预警信息发布更广、更快及更安全，5分钟之内能完成所有内部操作流程，旨在实现预警信息社会民众全覆盖，为全体民众提供及时与准确的服务。[①]

在利用大数据促进应急管理向主动防范转型的过程中，应该注重大数据在实现服务型政府的职能上的作用，提升政府为公众提供预警信息和应急咨询的服务能力。更加注重城市居民的预警防范意识，提高城市居民参与风险预测、预警、预控以及应急管理的主观能动性和能力，有效实现社会联动，从而提升城市社区弹性和自我复原力。

四、大数据预测的误区和盲点

大数据试图用"0""1"将复杂的人类社会简单化，在实现了社会的镜像化的同时也可能掩盖了部分真实的社会面貌，因为数据并不能直接对等于社会。2009年，通过对用2003～2007年关于流感的搜索数据的监测和分析，谷歌成功预测了2007～2008年甲型H1N1流感在美国的传播，但是2011～2013年谷歌的"流感趋势预测"工具过高地估计了流感疑似病例的占比，与美国疾控中心的真实数据相差一倍多。[②]究其原因，数据是在人、机器、环境等多重因素的动态交互下形成的，加之变量维度的激增对噪声积累、变量间伪相关性的影响，数据的假阳性状况时有发生。在数据爆炸的时代，确保数据的真实性是有难度的，数据失效最终带来的是决策的失效。

分析大量的数据能帮助发现程式化事实，例如明显反复出现的行为和模式。程式化事实不一定就是真理，但它们会给出一种可能性，即某种趋势上的偏差

① 周利敏，龙智光. 大数据时代的灾害预警创新——以阳江市突发事件预警信息发布中心为案例[J]. 武汉大学学报（哲学社会科学版），2017，70(3)：121-132.
② 秦磊，谢邦昌. 谷歌流感趋势的成功与失误[J]. 统计研究，2016，33(2)：107-110.

可能会发生。因此，它们成为异常检测的基础。[①] 这种事实是某段时间某个地点在特定情形下多种因素的相互交互下发生的化学反应，是动态变化的，同时具有隐性和显性的两个对立面。大数据能够捕捉到的是主动或被动地在网络上作出表达或流露痕迹的公众需求，即为公众显性需求，[②] 而那些由于主观意识不足、客观条件不满足、网络表达能力欠缺的边缘群体的隐性需求逐渐在大数据的浪潮中被淹没。虽然大数据技术追寻的是全样本统计，但是基于程序化事实的预测不能忽视隐性需求，大数据技术需要文化治理等柔性治理理念和手段来打磨其机械化、程序化的特性。换句话说，基于大数据的城市治理应该是以人为本的，是以城市中每个人的幸福为根本目标的。

　　了解地区文化背景对于识别异常、分析数据至关重要。世界各地不同的文化习俗差异必然延伸到数字世界，因此在使用大数据时有一个深刻的人群（民族）维度。不同的人群以不同的方式使用服务，并在如何公开交流他们的生活方面有不同的习俗和规范，由此逐渐形成一个地区自己的数据开放和使用习惯。对于"异常""风险"的含义、评估标准、重视程度和回应需求，不同地区有不同的理解和定义，生活在不同的文化环境中的人对于自己的生活被追踪的态度也许与城市治理者不同。在进行行为监测、风险研判和风险回应时，了解地方文化和客观环境，尊重不同地区的数据开放和使用习俗是提升大数据预测的准确性、塑造大数据的伦理价值、维护大数据时代的社会公平的基础工作。

第五节　小结

　　大数据已经融入了居民日常生活。

---

① 联合国"全球脉动计划". 大数据开发：机遇与挑战. 2012.

② 王勇，朱婉菁."大数据"驱动的"数据化国家治理"研究——"以人民为中心"视角[J]. 电子政务，2018，(6)：32-42.

各部门之间各自为政，数据未能实现融合，形成了数据孤岛现象。数据治理为政府工作的决策者和执行者提供了俯瞰多目标的全局视角和指导行动的评估标准。

传统的政府治理模式中，科层制体制下信息交流不畅、效率低下、管理滞后，大数据打破了部门之间的信息壁垒，促进部门之间的协作。实现了社会治理的集约化、网络化和科学化。城乡差异、环境问题、养老保障等问题加剧了政府治理的难度，危机冲突事件频繁发生。大数据的采集、分析、预测、判断、整合能力，将复杂的社会运行体系以数据化、可视化场景模拟出来，关注民情民意、洞察居民诉求、进行社会风险预警，对社会趋势进行仿真模拟以发现事物变化规律、提出应对机制、评估应对效果、提升政府治理有效性。

大数据服务于城市治理的机遇孕育在大数据促进互联互通、创新可持续发展的方式、改善决策的效率和质量、促进公众参与之中。

随着时代的发展，实现城市治理精细化已成为人民群众的迫切需要。在全面深化改革的新形势下，城市治理领域面临前所未有的机遇和挑战，青岛市北区党委政府顺应形势变化，深化城市治理体制改革，以满足人民群众需要为核心，牢固树立城市治理"核心是人"的理念，不断提高人民群众的获得感、安全感和幸福感。坚持以提高公共服务能力作为工作的出发点，寓城市治理于公共服务之中，通过提高办事效率、缩短服务半径、推广信息应用、推进综合执法等措施，不断完善"大服务"工作机制和便民服务"零距离"目标，回应人民群众最关心、最直接和最现实的利益诉求，初步实现了从"消极管控"到"积极治理"的转变。在推进城市治理精细化过程中，找准了基层社区城市治理精细化这个难点和突破口，大刀阔斧地推进镇街体制改革，充实基层力量、促进职能下放，把各类资源、管理和服务下沉到基层，解决了服务管理"最后一公里"的问题。市北区利用现代信息技术推进城市治理精细化，充分表明"技术治理"在现代治理中的重要性。下一步将推进网格管理和信息技术的深度融合，推进网格管理与"互联网思维"和"云应用"的有机统一，以信息联通促进工作联动，"技术性"地化解城市治理难题。政府部门增强了社会治理和公共服务职能，主导作用进一步显现。各类市场组织作为城市治理的重要主体，承担了越来越多的城市治理责任。社会组织作为城市治理的重要载体，协同治理能力不断增强。青岛市市北区在促进不同城市治理主体合作治理方面采取了大量切实有效的措施，共建共治共享的城市治理格局正在建立和完善。

大数据的定义与法律界定、数据专政、技术缺陷、负外部性等问题警示我们要正确对待大数据技术在城市治理中的作用。

尽管大数据有诸多优点，其有待完善之处也值得一提。尽管大数据的发展迈入了新的阶段，但仍然面临三组对立关系。分别是抽取样本与全样本的取舍、数据利用效率与数据结果精确度的取舍、因果关系与相关关系的取舍。统计学中可采用多种方式抽取有限样本，大数据时代下抽样方式发生转变，使得获取全样本成为可能。大数据的重要性体现在数据的容量大和类型多，多源异构数据和大规模的数据集是大数据发挥作用的重中之重，因此大数据时代追求全样本而非抽取样本。追求数据利用效率而非数据结果精确度，追求数据的相关关系而非因果关系。具体而言，盲目的追求数据分析的精确度，例如将精确度结果由98％提升至99％，需要技术上的推陈出新和降低数据的利用效率。于海量数据而言，98％的精确度能够良好地解释现象且仅需较少的技术手段，追求数据利用效率是基于整体效益的考量，并非数据结果精确度不重要，而是指数据结果精确度达到统计认可程度后无需盲目追求精确度的提高。与此类似的是，数据分析能够揭示数据之间的相关关系和因果关系，因果关系对于现象的解释力度强于相关关系，分析相关关系比分析因果关系能够成倍地节省算力和减少耗时，因此追求数据的相关关系而非因果关系是在当前技术环境下的有益实践。随着大数据的不断发展，大数据面临的挑战也会逐步迎刃而解，大数据将发挥出更多作用。

第三章

城市治理大数据
采集分析机制

通过研究、分析大数据来为城市治理提供决策的首要前提是拥有大数据，如果没有大数据，智慧城市本身也将会是无源之水。而获取大数据的方式目前主要有两种：一是自己采集和汇聚数据，二是通过其他渠道获取第三方采集、整理的数据。其中政府、银行、电商、搜索引擎公司和通信运营商等由于具备完备的业务系统，已经积累了大量相关的业务数据，天然具备了从事大数据分析的资源和条件。但是，由于城市治理大数据涉及城市生活的方方面面，为了使决策更加的精准和全面，有时政府还需要向通信运营商、电商和搜索引擎公司等购买数据。

由于城市治理本身的复杂性，城市治理大数据的采集方式同样也是各种各样，有些数据是通过互联网端的服务自动统计汇聚的，如网站的点击流数据、用户行为数据；而有些数据是通过卫星、监控摄像头、各种传感器等硬件设备自动汇聚的，如城市的遥感数据、交通数据、人流数据；还有一些数据是通过半自动或人工统计汇聚的，如人口普查数据、政府统计数据、税务数据等。本章的第一节将介绍相关的大数据采集架构和数据采集工具，使读者对支持大数据的信息收集平台的工作原理有一个全面的了解。

实际工程中通过各种渠道收集的数据可能是异构的，例如收集不同信息的软件可能是不同开发商开发，其中数据的格式、定义和内容也会有很大不同；而且收集的数据中可能含有各种类型的"脏数据"。如何把存在差异的各领域数据汇聚到一起，实现城市治理大数据的集中，并清洗掉其中的"脏数据"，使数据达到能进行数据挖掘的标准，这就涉及对数据的理解、清理、变换、集成，本章第二节将重点介绍各种数据预处理的相关技术。经过集成化处理的城市治理大数据是大容量、多种类的大数据，分析数据是提取关键信息、发现知识、预测未来趋势的关键步骤，本章第三节将初步探讨如何对经过采集和预处理的大数据进行探索分析，并介绍相关的模型分析技术和推断分析技术。

第一节　数据的采集机制

一、数据的来源及类型

互联网的高速发展使大数据以前所未有的速度改变着人们认识和探索世界的方法，也带来了商业、社会、科研、军事、文化等领域的深刻变革。城市居民作为城市生活的主体，当对居民的城市生活进行了数据化处理之后，就会变成各种类型的大数据，涉及城市治理的方方面面。根据大数据的来源和应用不同，可将其分成以下四类。

1. 政府大数据

政府作为社会公共服务的提供者在长期的工作中积累了海量的原始数据。政府不仅掌握着住房、交通等公共空间的公共大数据，拥有着天气、环境、水电等诸多与生产活动相关的生活大数据，还管理着科研、经济、医疗、教育等公益性质的服务大数据。如果能将政府掌握的各种数据源进行统一的整合和分析，不仅可以引导大数据的合理流动与科学治理，还可以将智慧治理概念融入现代化城市及乡村的治理体系之中，催生出巨大的社会效益。目前我国约有超过400多个国内城市在逐步逐级地建设智慧城市，这一方面反映出政府对大数据应用的迫切需求，也反映出了城市治理领域大数据研究的巨大社会价值。目前政府大数据应用的需求主要包含以下三大方面：一是基于政府数据收集的优势，推进政府信息公开和数据开放；二是基于城市物联网数据，对城市基础设施、交通管理、公共安全等方面进行智能化分析和管理；三是基于公众或者企业的行为分析，分析和预测经济形势、社会舆情、公共服务质量、公共安全监管水平、行政效能等。

2. 企业大数据

与城市治理有关的大数据不止产生于公共服务领域，在与城市居民息息相关的生产经营以及商务活动之中，也每时每刻都在产生着海量数据。大数据作为企业决策的重要支撑，从产品的生产到实现增值利润，从节约经营成本到开拓新型市场，从节约经营成本到提高售后质量，大数据分析无不扮演着重要的角色。目前来说企业大数据在规模上仅次于政府大数据，其涉及范围较政府大数据更加广泛，可以为政府大数据提供重要的数据支撑。目前企业大数据应用的共性需求包括：客户分析、绩效分析和风险评估，其目标都集中于满足以客户为中心的目标实现，改善用户体验，提高自身工作效率和降低经营风险，这在理念上与城市治理有很多相似之处，因此目前已有很多企业大数据应用的成熟方案被应用到城市治理领域。

3. 市场大数据

单一的企业虽然能在生产经营中积累大量数据，但传统的孤岛式内部知识挖掘仍具有一定的局限性，随着互联网技术的快速发展，企业间数据的交流也日趋频繁。当企业级的大数据实现了行业内的汇总与整合之后，通过对整体行业海量数据的分析和挖掘，可以对客户及市场有更加深入和整体的了解，产生巨大的市场价值，此时的大数据由单纯的企业大数据变为市场大数据。市场大数据不仅为企业创造价值，对于政府来说同样是意义重大。通过对市场信息的整合与分析，政府在制定城市治理决策时能正确地把握住本地市场经济的脉搏，在保证民生的同时实现经济增长的最大化。

4. 个人数据

以上三种大数据类型是从宏观角度对大数据进行的分类，从微观层面来讲，个人大数据已渗透到公民生活的每一个领域，并改变着每一个人的生活。个人数据的收集方式也是多种多样，从智能穿戴设备实时收集的个人的健康、运动数据到使用电商APP收集到的购物信息，从支付APP收集到的个人金融信息到网约车APP收集到的个人交通信息，可以说个人大数据已经可以大体反映出一个人的性格和行为习惯。

二、数据采集技术

充足的数据量是城市治理大数据战略建设的基础。在数据量爆炸式增长的今天，数据的"量"已不是问题，如何实时、高效地从海量数据中采集到符合需求的数据是我们要面临的第一个难题。随着近几年计算机硬件技术的发展，特别是分布式存储、计算平台的广泛应用为我们提供了一个高效的解决方案。在实际的数据采集过程中，我们首先会使用ETL（Extract-Transform-Load）工具将分布的、异构数据源中不同种类或结构的数据抽取到中间层，然后对汇聚的数据进行清洗、转换、集成、分类，之后再分别加载到对应的存储系统中，如数据仓库或数据集市中，最后再通过联机分析处理进行数据挖掘和知识发现。

为了实现能对高速产生的海量数据进行实时分析，在选择数据采集工具时也应选择分布式架构、支持流处理的系统。目前主流的数据采集工具有：Hadoop的Chukwa，Cloudera的Flume，LinkedIn的Kafka，Facebook的Scribe。这些数据采集工具均采用分布式架构，并能满足每秒百兆的日志数据采集和传输需求，在各个领域中都有着广泛的应用，下面将对上述主数据采集工具进行详细介绍。

1. Hadoop Chukwa

Chukwa是一个开源的用于监控大型分布式系统的数据收集系统，它是一个构建于Hadoop的HDFS和 MapReduce框架之上的系统。Chukwa 提供了很多模块以支持Hadoop集群日志分析，此外它还包含了一个强大和灵活的工具集，可用于展示、监控和分析已收集的数据。Chukwa旨在为分布式数据收集和大数据处理提供一个灵活、强大的平台，这个平台不仅支持传统的存储技术，而且能够与时俱进地利用更新的存储技术（比如HDFS、HBase等）。为了保持这种灵活性，Chukwa被设计成收集和处理层级的管道线，在各个层级之间有非常明确和狭窄的界面。[①] 图3-1为Chukwa架构示意图。

Chukwa有以下5个主要组成部分：

（1）Agents：负责采集最原始的数据，并发送给 Collectors。

（2）Adaptor：直接采集数据的接口和工具，一个Agent可以管理多个Adaptor的数据采集。

---

① Chukwa: http://incubator.apache.org/chukwa/.

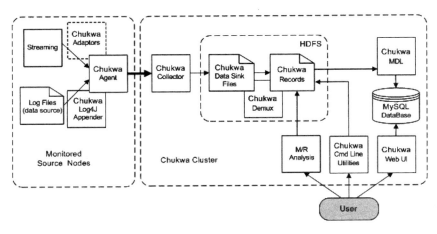

图3-1　Chukwa采集架构

（3）Collectors：负责收集Agents收送来的数据，并定时写入集群中。

（4）MapReduce job：定时启动，负责把集群中的数据分类、排序、去重和合并。

（5）HICC：负责数据的展示。

2. Facebook Scribe

Scribe是Facebook公司开发的开源的日志收集系统，在Facebook内部已经得到大量的应用。Scribe是基于一个使用非阻断C＋＋服务器的thrift服务的实现，它能够从各种日志源上收集日志，存储到一个中央存储系统（可以是NFS、HDFS分布式文件系统等）上，以便于进行集中统计分析处理。它为日志的"分布式收集，统一处理"提供了一个可扩展的、高容错的方案。[①] Scribe的架构如图3-2所示。

Scribe的总体结构分为三部分，日志服务器、中心服务器和存储服务器。

（1）日志服务器：为了收集日志，每一台用户业务服务器上都会部署一个Scribe客户端，它包含两个模块：agent和local_server。其中agent的作用就是读取本地目录下的日志文件，并将数据写到本地的local_server，然后

① Scribe：https://github.com/facebook/scribe.

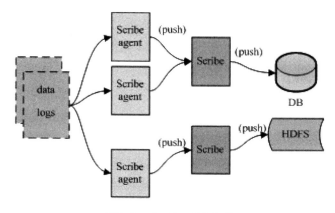

图3-2　Scribe采集架构

local_server通过zookeeper定位到center_server，并将数据发送给远端的center_server。

（2）中心服务器：center_server其实和local_server是同一套程序，只是配置文件不一样，它们通过thrift进行通信。center_server收到数据后，根据配置将各个category的数据发向不同的方向，比如写到HDFS、发到Kafka集群等。

（3）存储服务器：日志被收集到存储服务器以后，就可以进行离线/实时的统计分析了。比如，HDFS是用来永久存储日志，并给MapReduce提供离线数据的；Kafka则是给Storm集群提供实时数据流，以实时地统计分析。在Scribe中传输的每个基本数据单元都包含一个category和一个message，category作为message的标识符，用于给message分类，以避免数据在传输过程中混淆在一起。通过图3-2的传输结构，我们通过可以采用Scribe将各个设备上收集的日志，统一传输至文件存储系统中以进行后续的计算或者分析。

3. LinkedIn的Kafka

Kafka起初是由LinkedIn公司开发的一个分布式的消息系统，后成Apache的一部分，它使用Scala语言编写，适合异构集群，以可水平扩展和保证高数据吞吐率而被广泛使用。目前越来越多的开源分布式处理系统如Cloudera、Apache Storm、Spark等都支持与Kafka集成。Kafka凭借着自身的优势，越来越受到互联网企业的青睐，目前许多电商也采用Kafka作为其内部核心消息引擎。Kafka作为一个商业级消息中间件，在保证消息可靠性方面有着极强的技术优势。[①] 其系统架构如图3-3所示。

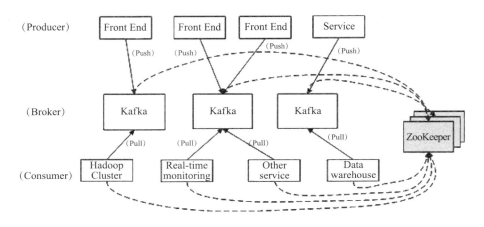

图3-3　Kafka采集处理架构

如图3-3所示，一个典型的Kafka体系架构包括若干Producer（可以是服务器日志、业务数据、页面前端产生的page view等），若干Broker（Kafka支持水平扩展，一般Broker数量越多，集群吞吐率越高），若干Consumer（Group），以及一个Zookeeper集群。Kafka通过Zookeeper管理集群配置，选举leader，以及在Consumer group发生变化时进行rebalance。Kafka实际上是一个消息发布订阅系统，Producer向某个topic发布消息，而Consumer订阅某个topic的消息，进而一旦有新的关于某个topic的消息，Broker会传递给订阅它的所有Consumer。在kafka中，消息是按topic组织的，而每个topic又会分为多个partition，这样便于管理数据和进行负载均衡。同时，它也使用了Zookeeper进行负载均衡。

4. Cloudera的Flume

Flume最早是Cloudera提供的日志收集系统，目前是Apache下的一个孵

---

① Kafka：http://sna-projects.com/kafka/.

化项目。Flume 是一种分布式的、可靠的和高可用的海量日志聚合的系统，主要用于高效地收集、聚合和移动大量来自不同来源的日志数据到一个集中的数据存储区。Flume的使用不仅限于日志的数据聚合。由于数据源是可定制的，Flume可以用于传输大量的事件数据，包括但不限于网络流量数据、数字媒体生成的数据、电子邮件消息和几乎任何可能的数据源。[①] Flume的系统架构如图3-4所示。

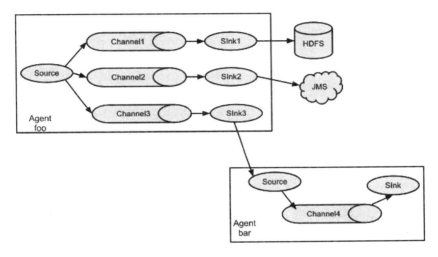

图3-4　Flume采集架构

Flume的核心就是一个agent，agent里面包含3个核心的组件：Source、Channel、Sink，它们三者的关系类似生产者、仓库、消费者的架构。其中Source组件是专门用来收集数据的，可以处理各种类型、各种格式的日志数据；Channel组件的作用是将Source组件把收集起来的数据，临时存放在Channel中，即对采集到的数据进行简单的缓存；Sink组件是用于把数据发送到目的地的，如HDFS，HBase，甚至是另外一个Source。Flume的神奇之处在于Flume可以支持多级Flume的Agent，即Flume可以定义多路或者复用的拓扑架构，例如Sink可以将数据写到下一个Agent的Source中，这样的话就

---

① Flume: https://github.com/cloudera/flume/.

可以连成串了，可以整体处理数据。在了解Flume的基本原理之后，Flume的用法也相对比较简单：首先书写一个配置文件，在配置文件当中描述Aource、Channel与Sink的具体实现，而后运行一个Agent实例，在运行Agent实例的过程中会读取配置文件的内容，这样Flume就会采集到数据。

三、数据采集内容

随着数据生成方式不断多样化，数据产生的途径不断增加，数据的类型也不断复杂化。从原始的文本、图片形式，到如今的媒体、影像技术都成为信息传播的新形式。在一定程度上丰富了人们的生活，扩展了人们的信息来源，但同时也造成了无用信息泛滥，信息品质良莠不齐等现象的发生。这些缺点给信息的处理、鉴别、收集造成很大程度的困扰。传统的数据处理方法在当今时代背景之下已经失去其用武之地。而如何快速且有效地采集网络大数据成了当今时代的核心问题。

城市网络大数据根据来源基本可以分为两类：一类是自动产生的；另一类是用户主动贡献的。自动产生的数据是由系统或设备所固有的、自动的功能产生的。如：通过数码设备产生的数据，人们浏览网页留下的记录数据，传感器产生的监测数据，通过扫描二维码、条形码等产生的支付数据等。用过主动贡献的数据包括：用户在自媒体上、社交网站上发表的评论、图片以及视频等数据，由用户挖掘并贡献的众包数据等。

但是网络大数据的采集无论如何变化都应该始终围绕三个核心问题。第一，网络大数据的采集应该具有一致性。不同工作人员所采集的数据必须具有一致性，用以防止数据的混杂。第二，网络大数据的采集应该具有正确性。数据的正确性是一切工作的核心，也是工作能否继续的前提更是保障工作正确运行的关键。数据来源必须明确，数据采集过程必须准确无误。第三，网络大数据的采集应该具有完整性。对于采集数据者来说理应拥有实事求是的态度，不应该抱有个人观点，更不应该随意篡改数据或不完整地采集大数据，但是对于机器采集数据达到此要求而言，则要求采集工作高精度运行。

1. 城市人口流动大数据的采集

伴随着我国经济发展和城市化进程的加快，城市流动人口的数量逐年上升，规模也逐年扩大，而流动人口带来的社会问题也逐年增多，流动人口信息的采集和管理成为每个城市亟待解决的问题。

传统的人口流动数据采集方式主要依靠手工填报和人工采集，其缺点很明显：一方面，信息的实时性和准确性不够；另一方面，后续的数据汇总和整理要耗费大量的人力物力，此外，在实际工作中，也会因数据采集涉及个人隐私等问题而引发矛盾和冲突。而通过政府牵头，采用大数据技术来进行数据采集，则可以大幅度提高数据采集的准确性和及时性，缓解矛盾，提高效率。

具体做法是政府牵头各职能部门，按照人口需求进行各部门职能、业务梳理并进行科学设计，分步整合现有业务数据及业务系统。如教育主管部门主要负责对流动人口中适龄学生进行信息采集和管理，农业主管部门负责对农村外流人口的统计，公安部门负责对16岁以上的人群信息进行登记和统计，以实现流动人口信息的采集、更新、整合和共享应用。除了分部门采集管理之外，将流动人口管理和出租房屋管理体制相结合，成立城市流动人口和出租房屋管理机构，也是采集城市人口流动信息的一大手段。通过采集出租房屋的信息，可以大致掌握城市流动人口的信息，并建立流动人口数据库，可以更好地管理和运用流动人口数据，以便政府更好地实施管理和提供服务。

2. 城市交通信息采集

城市的交通信息数据包括车辆信息、实时路况信息、基础设施信息、系统共享信息等，与生产生活关系密切，能够侧面反映出经济状况。得益于物联网的快速发展，城市交通运输业较早地运用了大数据，属于比较领先的行业。物联网技术、发达的互联网信息及行政记录共享可以为交通运输政府统计获取及时数据提供渠道。

不同类型的交通信息，采集方式也有所不同：针对车辆的静态信息，既可以通过人工方式进行采集处理，也可以通过物联网机械对一些交通基础设施进行航拍图片，再通过图像识别技术对各项内容进行信息技术处理，通过自动化的方式进行管理优化。针对车辆的动态信息，因为其数量庞大且实时更新，就要通过信息数据的采集、信息数据的传输以及信息数据的存储实现。常用的采集方式有感应线圈技术手段、摄像机视频采集技术手段等方式。目前最先进的技术是通过GPS技术与RFC技术可以对信息进行采集处理，对其进行智能化的匹配分析，可以RFID技术为基础，为车辆设计带有电子标签的卡片，对其进行标识处理，此编码是唯一且不可变的，再利用RFID读写器输入静态信息；通过GPS车载设备，对车辆的位置、速度等信息内容进行动态的信息采集，通过无线通信技术，对车辆信息进行存储管理。针对实时路况信息。在实践中，可以通过不同的方式与手段获得路况信息。例如，可以通过传感器技术收集处理车道车辆的频率，综合实际状况精准判断分析道路车流的具体密度信息，也可以综合应用卫星技术对天气状况、能见度等信息进行系统的监督；利用网络技术手段收集整理各种信息；利用一些物联网技术手段，如GIS技术、视频及图像处理技术了解车辆的动态信息，提供可视化的路况信息资源，对其进行智能化的识别分析。

3. 网络舆情信息采集

随着互联网和移动设备的普及，截至2018年6月30日，我国网民规模达8.02亿人，普及率为57.7%。其中，手机网民规模已达7.88亿人，网民通过手机接入互联网的比例高达98.3%。网民大众化、手机智能化、网络上每时每刻都有海量的舆情信息产生。其既有积极的一面，但也有消极的影响。网络舆情一方面可以使政府及时了解民声，听取民意，表达网民的态度和诉求；另一方面，由于网络评论的门槛低，网民素质参差不齐，虚假甚至涉及人身攻击的信息也不在少数，造成了社会危害。面对海量的网络舆情信息，合理运用大数据技术对信息进行采集、挖掘、可视化处理，能够为政府治理和服务提供有益的帮助（图3-5）。

第一步是对相关数据源进行采集，如微博、微信以及其他自媒体等平台，目前常用的数据采集技术有：网站定向采集技术、网络垂直搜索技术、网络爬虫技术、需求配置采集技术和动态网、深度网采集技术。然后对采集来的数据进行清洗，去除噪声。

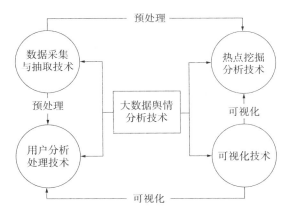

图3-5　网络舆情信息采集过程

　　第二步是进行热点话题的挖掘，先后利用主题特征提取技术和热点识别技术，在对舆情数据进行主题特征提取的基础上，通过聚类算法将主题集压缩成一个个热门话题集，或通过分类算法根据主题集的特征对主题进行分类得到与监测主题相关的舆情信息。在发现热点之后，利用灰度预测、小波变换、朴素贝叶斯算法、时间序列分析等技术对热点进行跟踪，预测舆情发展趋势。

　　第三步是用户分析处理，利用聚类算法对评论进行处理，计算语句的感情倾向，对用户角色进行分类，形成用户画像。

　　第四步是进行可视化，利用标签云、历史流等可视化技术将大数据所采集和分析得来的结果以文本图标图形等方式展现给用户。

四、数据质量管理

　　目前很多专家认为，大数据的4V特性有必要扩展到5V，即加入Veracity，在关注数据"量"的同时，对数据的"质"提出了更高的要求，就如同建筑工程讲求施工质量，没有质量的工程是不可以信赖的。在大数据领域，数据的质量往往决定着大数据应用的质量。质量好的数据有三个属性：唯一性、连续性、一致性，在进行数据挖掘之前需要从这三个层面对数据进行检验。

　　目前大数据本身的特点对传统的质量管理方法提出了许多新的挑战，首先是传统的数据质量算法如果不经过优化，其性能很难适应大体量数据的计算要求；其次传统的数据质量算法大多是基于关系数据的，而大数据本身的特点就是非结构化；最后，大数据采集技术的高速发展对质量处理速度的要求也提出了更高的要求，如果不能及时地对数据质量进行处理，往往会积累出一系列的问题。

目前业界经常采用的数据质量管理措施包含以下几个方面：[①]

（1）为了提高数据的准确性，采用数据平衡计分卡、仪表盘等监控和纠正数据质量问题。

（2）进行数据分类（Profiling），不同级别采取不同的质量策略。

（3）数据清洗、匹配和去重，提高预处理阶段的数据质量。

（4）为保证数据的一致性，采用元数据管理和主数据管理，建立数据谱系、数据字典和相关的业务术语表。

（5）为了保证数据的完备性，采取复制、备份、去重等措施对数据进行保护。同时加强数据的安全防范，采用加密、访问权限控制等措施提高安全等级。

（6）为了保证数据的可访问性，对结构化、非结构化数据提供高效的访问能力，集成对历史数据、主机数据、数据库数据、互联网数据的访问能力。

（7）为保证数据的及时性，采用高效的分布式计算、流计算、内存计算来实现高效处理。

（8）为了提高数据的可用性，建立分布式的容错机制、数据联盟或者实时分区，提高数据的可靠性。

五、数据存储

在信息社会，信息可以划分为两大类：一类信息能够用数据或统一的结构加以表示，我们称之为结构化数据，如数字、符号；而另一类信息无法用数字或统一的结构表示，如文本、图像、声音、网页等，我们称之为非结构化数据。

---

① 宗威，吴锋. 大数据时代下数据质量的挑战[J]. 西安交通大学学报（社会科学版），2013(5): 38-43.

结构化数据也称做行数据，是由二维表结构来逻辑表达和实现的数据，严格地遵循数据格式与长度规范，主要通过关系型数据库进行存储和管理。但随着计算机、互联网和数字媒体等的进一步普及，以文本、图形、图像、音频、视频等非结构化数据为主的信息急剧增加，据IDC的一项调查报告中指出：企业中80%的数据都是非结构化数据，这些数据每年都按指数增长60%。面对如此巨大的信息海洋，特别是非结构化数据信息，如何存储、查询、分析、挖掘和利用这些海量信息资源就显得尤为关键。目前应用比较广泛的数据存储方案有传统的结构化存储、基于NoSQL的非结构化存储和基于NewSQL的新结构化存储。下面将简单介绍以下这三种存储技术。

1. 结构化数据存储

结构化存储方案一般是通过关系型数据库RDBMS（Relational Database Management System）来实现的。关系数据库指的是将数据集组织成离散的表，这些表通过公共数据字段相互关联，目前传统的关系型数据库存储的都是结构化数据。传统的关系型数据库具有不错的性能，高稳定型，久经历史考验，而且使用简单，功能强大，在长期的应用中也积累了大量的成功案例。目前广泛应用的关系型数据库有：Oracle Datebase、MySQL、SQL Server和DB2等。

（1）Oracle Datebase

Oracle Database，简称Oracle，是甲骨文公司的一款关系数据库管理系统，是目前最流行的客户/服务器（CLIENT/SERVER）或B/S体系结构的数据库之一。Oracle数据库是目前世界上使用最为广泛的数据库管理系统，作为一个通用的数据库系统，它具有完整的数据管理功能；作为一个关系数据库，它是一个完备关系的产品；作为分布式数据库，它实现了分布式处理功能。

Oracle数据库最新版本为Oracle Database 12c。Oracle数据库12c引入了一个新的多承租方架构，使用该架构可轻松部署和管理数据库云。此外，一些创新特性可最大限度地提高资源使用率和灵活性，如Oracle Multitenant可快速整合多个数据库，而Automatic Data Optimization和Heat Map能以更高的密度压缩数据和对数据分层。这使得Oracle数据库12c成为私有云和公有云部署的理想平台。

（2）MySQL

MySQL是一个关系型数据库管理系统，由瑞典的MySQL AB公司开发，目前属于 Oracle 旗下产品。MySQL是最流行的关系型数据库管理系统之一，特别是在 WEB 应用领域，MySQL是最好的 RDBMS 应用软件。

MySQL是一种关系数据库管理系统，关系数据库将数据保存在不同的表中，而不是将所有数据放在一个大仓库内，这样就增加了速度并提高了灵活性。MySQL所使用的SQL语言是用于访问数据库的最常用标准化语言。MySQL 软件采用了双授权政策，分为社区版和商业版，由于其体积小、速度快、总体拥有成本低，尤其是开放源码这一特点，一般中小型网站的开发都选择 MySQL 作为网站数据库。

（3）SQL Server

SQL Server是Microsoft 公司推出的关系型数据库管理系统。SQL Server 是一个全面的数据库平台，使用集成的商业智能（BI）工具提供了企业级的数据管理。Microsoft SQL Server数据库引擎为关系型数据和结构化数据提供了更安全可靠的存储功能，可以构建和管理用于业务的高可用和高性能的数据应用程序。

SQL Server作为一种应用广泛的数据库管理系统，具有许多显著的优点：易用性、适合分布式组织的可伸缩性、用于决策支持的数据仓库功能、与许多其他服务器软件紧密关联的集成性、良好的性价比等。此外SQL Server是一个具备完全Web支持的数据库产品，提供了对可扩展标记语言（XML）的核心支持以及在Internet上和防火墙外进行查询的能力。对于一款数据库管理系统、性能、可伸缩性及可靠性是基本要求，而进入市场时间也非常关键，SQL Server作为一款进入市场非常早的产品，在许多行业中已有了广泛的应用。

（4）DB2

IBM DB2是美国IBM公司开发的一套关系型数据库管理系统，它主要的运行环境为UNIX（包括IBM自家的AIX）、Linux、IBM i（旧称OS/400）、z/OS，以及Windows服务器版本。

DB2主要应用于大型数据库系统，具有较好的可伸缩性，可支持从大型机到单用户环境，应用于所有常见的服务器操作系统平台下。DB2提供了高层次的数据利用性、完整性、安全性、可恢复性，以及小规模到大规模应用程序的执行能力，具有与平台相关的基本功能和SQL命令。DB2采用了数据分级技术，能够使大型机数据很方便地下载到LAN数据库服务器，使得客户机/服务器用户和基于LAN的应用程序可以访问大型机数据，并使数据库本地化及远程连接透明化。DB2以拥有一个非常完备的查询优化器而著称，其外部连接改善了查询性能，并支持多任务并行查询。DB2具有很好的网络支持能力，每个子系统可以连接十几万个分布式用户，可同时激活上千个活动线程，对大型分布式应用系统尤为适用。

2. 基于NoSQL的非结构化数据存储

传统关系数据库主要面向事务处理和数据分析应用领域，擅长解决结构化数据管理问题，在管理非结构化数据方面存在某些先天不足之处，尤其在处理海量非结构化信息时更是面临巨大挑战。[①] 为了解决非结构化数据的存储、并发计算和扩展能力，出现了许多非结构化数据管理系统，其中最流行的是基于NoSQL的非结构化数据管理系统，如Google的BigTable和Apache的Hbase。

（1）BigTable

BigTable是Google设计的分布式数据存储系统，用来处理海量的数据的一种非关系型的数据库。BigTable是非关系型数据库，是一个稀疏的、分布式的、持久化存储的多维度排序Map。BigTable已经实现了以下的几个目标：适用性广泛、可扩展、高性能和高可用性，其设计目的是快速且可靠地处理PB级别的数据，并且能够部署到上千台机器上。

很多方面，BigTable和数据库很类似：它使用了很多其他数据库的实现策略，并行数据库和内存数据库已经具备可扩展性和高性能，但是BigTable提供了一个和这些系统完全不同的接口。BigTable不支持完整的关系数据模型；与

---

① Jing H, Haihong E, Guan L, et al. Survey on NoSQL database[C]// International Conference on Pervasive Computing & Applications, 2011.

之相反，BigTable为客户提供了简单的数据模型，利用这个模型，客户可以动态控制数据的分布和格式，用户也可以自己推测底层存储数据的位置相关性。BigTable将存储的数据都视为字符串，但是BigTable本身不去解析这些字符串，客户程序通常会在把各种结构化或者半结构化的数据串行化到这些字符串里。通过仔细选择数据的模式，客户可以控制数据的位置相关性。

（2）Hbase

Hbase（Hadoop Database）是一个高可靠性、高性能、面向列、可伸缩、实时读写的分布式数据库。Hbase的诞生来源于对上文介绍的Google BigTable，开始时只是一个模仿Google BigTable功能的开源项目。例如Google BigTable使用GFS作为其文件存储系统，Hbase使用Hadoop HDFS作为其文件存储系统；Google运行MapReduce来处理BigTable中的海量数据，HBase同样利用Hadoop MapReduce来处理HBase中的海量数据；Google BigTable利用Chubby作为协同服务，HBase利用Zookeeper作为对应。[①]

Hbase基于BigTable的功能进行了以下几点改进：

1）Hbase是面向列存储的非关系型数据库，采用基于"二级多列索引"的查询机制，能够更快地定位到要使用的数据。

2）HBase利用Hadoop HDFS作为其文件存储系统，Hadoop HDFS为HBase提供了高可靠性的底层存储支持，可以实现大规模的数据存储并保持系统的可扩展性。

3）Hadoop Pig和Hive还为HBase提供了高层语言支持，使得在HBase上进行数据统计处理变得非常简单。Sqoop则为HBase提供了方便的RDBMS数据导入功能，使得传统数据库数据向HBase中迁移变得非常方便。

4）Hbase支持数百个以上节点的集群部署，同时支持以增加节点的方式满足业务高峰需求。同时Hbase可以运行于廉价的硬件上，能够极大地节约运行成本。

5）Hbase作为一款开源软件，可以针对具体业务场景进行重写和改进，使之能适应更加苛刻的个性化业务场景。

---

① George L．HBase[M]．南京：东南大学出版社，2012．

基于上述优点，Hbase一经问世就获得了业内广泛的关注与应用，取得了极高的评价。目前Hbase已经成为Apache软件基金会下面的顶级项目。

3. 基于NewSQL的新结构化存储

NewSQL是对各种新的可扩展/高性能数据库的简称，NewSQL可以说是传统的RDBMS与NoSQL技术结合之下的产物，这类数据库不仅具有NoSQL对海量数据的存储管理能力，还保持了传统RDBMS支持ACID和SQL等特性。

NewSQL概念几乎是紧跟着NoSQL之后变得火热，短短几年间已有多家著名企业推出了自己的NewSQL系统。NewSQL系统虽然在内部结构变化很大，但是它们有两个显著的共同特点：它们都支持关系数据模型，并且它们都使用SQL作为其主要的接口。目前广泛应用的NewSQL系统大致分三类：

（1）第一类型的NewSQL系统是全新的数据库平台，它们均采取了不同的设计方法。比较主流的一类设计方法是数据库工作在一个分布式集群的节点上，其中每个节点拥有一个数据子集。SQL查询被分成查询片段发送给自己所在的数据的节点上执行。这些数据库可以通过添加额外的节点来线性扩展。现有的这类数据库有：Google Spanner、VoltDB、Clustrix、NuoDB。

（2）第二类是高度优化的SQL存储引擎。这些系统提供了MySQL相同的编程接口，但扩展性比内置的引擎InnoDB更好。这类数据库系统有：TokuDB、MemSQL。

（3）第三类系统提供了分片的中间件层，数据库自动分割在多个节点运行。这类数据库包括：ScaleBase、dbShards、Scalearc。

六、数据交互及传输

Apache框架Hadoop是目前应用最广泛的分布式计算环境，主要用来处理大数据。通过上文的介绍我们可以了解到，由目前多数使用Hadoop平台处理大数据业务的企业，仍有大量的数据存储在传统的关系型数据库（RDBMS）中。由于缺乏工具的支持，对Hadoop和传统数据库系统中的数据进行相互传输是一件十分困难的事情。基于前两个方面的考虑，亟需一个在RDBMS与Hadoop之间进行数据传输的项目，Apache的Sqoop项目因此应运而生。[①]

Sqoop是一个用来将Hadoop和关系型数据库中的数据相互转移的工具，可以将一个关系型数据库（例如：MySQL、Oracle、Postgre等）中的数据导进到Hadoop的HDFS中，也可以将HDFS的数据导进到关系型数据库中。此外对于某些NoSQL数据库Sqoop也提供了连接器。Sqoop在数据传输方面具有以下优点：

（1）Sqoop使用元数据模型来判断数据类型并在数据从数据源转移到Hadoop时确保类型安全的数据处理。Sqoop既可以自动根据数据库中的类型转换到Hadoop中，也可以根据用户需求自定义它们之间的映射关系。

（2）Sqoop专为大数据批量传输设计，其核心设计思想是利用MapReduce技术来加快数据传输速度，它能够分割数据集并创建Hadoop任务来处理每个区块。

（3）Sqoop可以高效、可控地利用资源，可以通过调整任务数来控制任务的并发度。另外它还可以配置数据库的访问时间等。

第二节　数据预处理机制

一、数据预处理原理

在实际的项目中，采集到的在真实数据中可能包含了大量的缺失值，也可能包含大量的噪声，也可能存在大量因为人工录入错误导致的数据异常点，这些都非常不利于使用算法模型对数据进行训练。为解决这个问题，在进行数据分析挖掘之前我们需要对采集到的数据进行数据预处理。数据预处理（Data

---

① Vohra D . Apache Sqoop[J]. 2016.

Preprocessing）是指对各种脏数据进行对应方式的处理，得到标准的、干净的、连续的数据，提供给数据统计、数据挖掘等使用。数据预处理的常见方法包括数据清洗、数据集成和数据转换，[1]下面将分别介绍这三种方法的基本原理。

1. 数据清洗

数据清洗（Data cleaning）是对数据进行重新审查和校验的过程，其内容包括删除原始数据集中的无关数据、重复数据，平滑噪声数据，筛选掉与挖掘主题无关的数据，处理缺失值、异常值。其中填充缺失值和光滑噪声数据是数据清洗中最主要的工作。

数据缺失是大型数据库中的一个常见问题，从统计学上讲，缺失的数据可能会产生有偏估计，从而使样本数据不能很好地代表总体，因此如何填充缺失值显得尤为重要。常见的处理数据缺失的方法分为以下三种：

（1）删除法

删除法是最简单的缺失值处理方法，根据数据处理的不同角度可分为删除观测样本、删除变量两种。

（2）替换法

替换法也是一种常用的缺失值处理方法，变量按属性可分为数值型和非数值型，二者的处理办法不同：如果缺失值所在变量为数值型，一般用该变量在其他所有对象的取值的均值来替换变量的缺失值；如果为非数值型变量，则使用该变量其他全部有效观测值的中位数或者众数进行替换。

（3）插补法

删除法虽然简单易行，但会存在信息浪费的问题且数据结构会发生变动，以致最后得到有偏的统计结果，替换法也有类似的问题。在面对缺失值问题时，插补法是利用回归模型生成插补值或者从一个包含缺失值的数据集中生成一组完整的数据，如此进行多次，从而产生缺失值的一个随机样本作为插补值。[2]

噪声（Noise）是变量自带的随机误差，噪声在大型数据库中同样非常常

---

① 刘鹏. 大数据[M]. 北京: 电子工业出版社, 2017.

② Kimball R, Caserta J . The Data Warehouse ETL Toolkit: Practical Techniques for Extracting, Cleaning, Conforming and Delivering Data[M]. John Wiley & Sons, 2004.

见，在处理噪声数据之前首先需要对噪声进行识别，一般多采用单变量散点图或是箱形图来达到目的，即远离正常值范围的点即视为噪声值。常见的数据光滑技术包含以下两种：

（1）分箱法

分箱法是一种常见的数据光滑技术，分箱法即通过数据周围的值（临近值）来光滑有序数据值，首先，将数据排序，其次将数据分入等频的箱中，最后将箱中的值统一替换成同样的指标值。由于分箱方法只是考虑近邻的值，因此是局部光滑。

（2）回归法

回归法是通过各函数拟合数据来光滑数据，运用一元线性回归或多元线性回归，拟合出一条线或多维平面，进而使得噪声数据可以被光滑的线或面代替。使用线性回归既可以找出拟合两个属性的最佳直线，也可以使用多元线性回归将多个属性拟合到多维曲面。

2．数据集成

数据集成是要将互相关联的分布式异构数据源集成到一起，使用户能够以透明的方式访问这些数据源。数据集成可以维护数据源整体上的数据一致性，提高信息共享利用的效率，使用户无需关心如何实现对异构数据源数据的访问，只关心以何种方式访问何种数据。[①] 数据集成方法主要包含以下几种：

（1）模式集成法

模式集成法即在构建集成系统时将各数据源的数据视图集成为全局模式，使用户能够按照全局模式透明地访问各数据源的数据。全局模式定义了数据源共享数据的结构、语义及操作等，因此用户可以在全局模式的基础上提交请求，可由数据集成系统转换成各个数据源在本地数据视图基础上能够执行的请求。联邦数据库和中间件集成方法是现有的两种典型的模式集成方法。

（2）数据复制法

数据复制法是将各个数据源的数据复制到与其相关的其他数据源上，并维

---

① https://blog.csdn.net/weixin_42029738/article/details/80273433.

护数据源整体上的数据一致性、提高信息共享利用的效率。最典型的数据复制方法是构建数据仓库，该方法是将各个数据源的数据复制到同一处数据仓库，用户可以像访问普通数据库一样直接访问数据仓库。

（3）综合性集成法

模式集成法为用户提供了全局数据视图及统一的访问接口，但实际上该方法并没实现数据源间的数据集成，用户使用时经常需要访问多个数据源，因此该方法对系统的网络性能有较高的要求。数据复制方法可以实现数据源间的数据集成，用户使用时仅需访问某个数据源或少量的几个数据源，这大大提高系统处理用户请求的效率；但实际工作中数据复制通常存在延时，因此很难保障数据源之间数据的实时一致性。为了解决两种方法的局限性，人们通常将这两种方法综合使用，即所谓的综合法。综合法即保留了模式集成法的虚拟的数据模式视图，同时又支持对数据源间常用的数据进行复制。当处理简单的数据访问时，系统可以将数据复制到本地数据源或单一数据源上实现数据的快速访问；当处理复杂的数据访问时，则使用虚拟视图的方法与各个数据源进行交互。

3. 数据转换

数据经过集成、清理与规约等步骤后，我们很可能要将数据进行标准化、离散化、分层化。这些方法有些能够提高模型拟合的程度，有些能够使得原始属性被更抽象或更高层次的概念代替。这些方法统一可以称为数据转换（Data Transform）。[①] 数据转换主要是为之后的数据挖掘做准备，使处理好的数据形式适用于数据挖掘算法。

数据转换的方法有下面三种：

（1）数据标准化（Data Standardization）：将数据按比例缩放，使数据都落在一个特定的区间。数据标准化的目的是避免数据量级对模型的训练造成影响。

（2）数据离散化（Data Discretization）：将数据用区间或者类别的概念替换。

---

① https://blog.csdn.net/raymond_lan/article/details/80302870.

（3）数据泛化（Data Generalization）：将底层数据抽象到更高的概念层，数据泛化起源与属性的概念分层。数据泛化就是将数据的分层结构进行定义，把最底层粒度的数据不断抽象化。

二、数据预处理技术

在介绍数据预处理技术之前，我们首先要引入数据仓库这一概念。数据仓库可以理解为是一个面向主题的（Subject Oriented）、集成的（Integrate）、相对稳定的（Non-Volatile）、反映历史变化（Time Variant）的数据集合，数据仓库技术是为了有效地把操作型数据集成到统一的环境中以提供决策型数据访问的各种技术和模块的总称。[①] 所做的一切都是为了让用户更快更方便查询所需要的信息，提供决策支持。

ETL（Extract-Transform-Load）技术是构建数据仓库的基础，同时ETL技术也贯穿整个数据预处理的过程。ETL从字面上可以理解为描述将数据从来源端经过抽取（extract）、交互转换（transform）、加载（load）至目的端的过程。具体流程可以简单地概括为：用户从数据源抽取出所需的数据，经过数据清洗，最终按照预先定义好的数据仓库模型，将数据加载到数据仓库中去。

目前在一个完整的数据挖掘工程中，整个数据处理流程要花费整个项目60%～80%的时间，而且数据处理的时效性、准确性将直接影响数据的分析的结果，因此可以说ETL的效率决定了整个工程的效率，如何采用恰当的工具进行高效的ETL处理已成为许多企业和政府机构研究的目标。目前可以实现ETL功能的工具有多种，主要可以分为两种：第一种为以Kettle、Talend、Informatica为代表的传统ETL工具，第二种为以Hive、Spark等分布式计算工具来实现ETL功能。传统的ETL工具大多具有可视化界面，易于操作，但由于底层功能已封装的比较完善，无法对特定的数据进行优化，其性能已逐渐满足不了海量的数据的实时处理，因此传统ETL工具目前主要的应用领域还是中

---

① https://blog.csdn.net/Orange_Spotty_Cat/article/details/81563538.

小型数据库。近些年，以MapReduce为代表的并行处理技术的出现为大数据并行处理带来了巨大的革命性影响，基于MapReduce技术的Hive、Spark已成为大型数据库进行数据预处理的首选。下面将简单介绍下这两种基于分布式计算框架的ETL技术。

1. Hive

Hive是建立在 Hadoop 上的数据仓库基础构架。它提供了一系列的工具，可以用来进行数据提取转化加载（ETL），这是一种可以存储、查询和分析存储在 Hadoop中的大规模数据的机制。Hive可以将结构化的数据文件映射为一张数据库表，它使用类SQL的HiveQL语言实现数据查询，它将用户的HiveQL语句通过解释器转换为MapReduce 作业提交到Hadoop 集群上，Hadoop监控作业执行过程，然后返回作业执行结果给用户。同时，Hive也允许熟悉MapReduce 开发者的开发插入式的MapReduce脚本来处理内建的mapper和reducer无法完成的复杂的分析工作。

由于Hive 架构于Hadoop 之上，它继承了Hadoop处理静态批处理任务的优点：Hadoop的分布式架构，将大数据处理引擎尽可能地靠近存储，对例如像ETL这样的批处理操作相对合适，因为类似这样操作的批处理结果可以直接走向存储。Hadoop的MapReduce功能实现了将单个任务打碎，并将碎片任务（Map）发送到多个节点上，之后再以单个数据集的形式加载（Reduce）到数据仓库里。[①] 但由于整个MapReduce过程通常都有较高的延迟并且在作业提交和调度的时候需要大量的开销，Hive 并不能够在大规模数据集上实现低延迟的快速查询，因此，Hive 并不适合那些需要低延迟的应用，如联机事务处理（OLTP），Hive 的最佳使用场合是大数据集的批处理作业，如网络日志分析等。在Spark广泛应用之前，Hive可以说是应用最广的分布式ETL技术，特别是在涉及离线数据领域，如早期的阿里的云梯就是利用Hive的特性来进行数据处理。

2. Spark

Spark于2009年诞生于伯克利大学的AMPLab实验室。最早Spark只是一

---

① 连玉明. 中国大数据[M]. 北京：当代中国出版社，2014.

个类Hadoop MapReduce的实验性的项目，属于轻量级的框架。2013年，Spark成为Apache基金会下的项目，进入高速发展期，大量的公司开始重点部署或者使用Spark来替代MapReduce、Hive、Storm等传统的大数据计算框架。

从架构上来看Spark是基于内存计算的准Mapreduce，它拥有Hadoop MapReduce所具有的优点，同时又对MapReduce的架构进行了优化，例如MapReduce和Spark RDD都可以实现编写离线批处理程序，但使用Spark RDD编写的运行速度是MapReduce的数倍，具有明显的速度优势；在数据挖掘与机器学习等需要大量迭代运算的领域，使用Spark运行的速度同样优于MapReduce。这是由于MapReduce的计算模型略显死板，任何操作都必须经过map-reduce过程，这样也必须经过shuffle过程。而MapReduce的shuffle过程是最消耗性能的，因为shuffle中间的过程必须基于磁盘来读写。[1]而Spark主要是基于内存进行计算（shuffle操作虽然也要基于磁盘，但数量较少），因此运行速度能大大提升。

Spark SQL是Spark中用于处理结构化数据的模块，在实际工程中一般使用Spark SQL进行数据清洗。Spark SQL最早起源于Shark，Shark作为一款基于Hive的SQL-on-Hadoop工具，在Hive的基础上做了大量的性能优化，但Shark对于Hive的依赖太多，如采用Hive的语法解析器、查询优化器等，这制约了Spark各个组件的相互集成。[2]为了解决这些问题，Spark SQL应运而生。Spark SQL相较于Hive查询引擎最大的优点，就是运行速度能大大提高。这是因为同样的SQL语句，由于Hive的查询引擎底层基于MapReduce，必须经过shuffle过程读取磁盘，因此速度是非常缓慢的。而Spark SQL由于其底层基于Spark自身内存的特点，因此速度达到了Hive查询引擎的数倍以上。Spark SQL相较于Hive的另外一个优点，就是支持大量不同的数据源，包括hive、json、parquet、jdbc等。此外，Spark SQL由于身处Spark技术体系内，因

① 　https://blog.csdn.net/qq_42107047/article/details/80239094.
② 　Engle C，Lupher A，Xin R，et al. Shark: fast data analysis using coarse-grained distributed memory[C]// Acm Sigmod International Conference on Management of Data. ACM，2012.

此可以与Spark的其他组件无缝整合使用，配合起来实现许多复杂的功能。

尽管Spark相较于Hadoop在许多方面具有技术优势，但Spark的出现并非是要取代Hadoop。目前Spark还只是大数据领域的新起的新秀，功能上还不够完善，许多的Hadoop支持的高级特性，Spark还不能不支持，实际上Spark对Hadoop进行了高度的集成，在实际项目中两者可以完美的配合使用，使用Hadoop的HDFS、Hive、HBase负责存储，YARN负责资源调度；使用Spark进行复杂大数据计算已经成为一种非常成熟的解决方案。

第三节　数据分析机制

一、数据探索

通过上一节的介绍我们可以了解到，采集来的原始数据经过数据预处理之后得到标准的、干净的、连续的数据，这就是可供数据统计、数据挖掘等使用的数据样本。但是在实际工程中，对经过预处理的数据样本进行数据挖掘工作之前，我们还需思考以下几个问题：样本是否恰当、充足、合适？样本数据是否是有价值、有研究意义的？什么样的模型建出来是有价值的，现有的样本是否能支撑模型？如果没有弄清楚这些问题就开始建模分析，很有可能从一开始就走错了方向，无法得到预期的结果或者得到的结论毫无价值。

为解决这些问题，数据探索的概念被引入到数据挖掘之中。数据探索是在获取具有较为良好的样本后，对样本数据进行解释性的分析工作，它是数据挖掘较为前期的部分。[①] 可以说数据探索是链接前期数据准备工作与后期数据建模工作的桥梁，是数据挖掘中必不可少的一环。合理、全面的数据探索能为后续

---

① 　霍格英等. 探索性数据分析［M］. 北京: 中国统计出版社, 1998.

的数据挖掘与数据建模工作打下坚实的基础，能显著提高模型的准确率。

数据探索并不需要应用复杂的模型算法，相反，它更偏重于定义数据的本质、描述数据的形态特征并解释数据的相关性，实际应用中通常采用数学上的数理统计方法与模型，来解释数据的表象特征与相关关系。因此目前数据探索的方法可以分为两类：数据描述法和数理统计法，下面将简单介绍这两种方法。

1. 数据描述法

数据描述法是最简单、最容易理解的数据探索方法。我们可以通过图表或数学方法，对数据资料进行整理、分析，并对数据的分布状态、数字特征和随机变量之间关系进行直观估计和描述。

数据描述包括三部分内容：集中趋势的测度、离散程度的测度和分布形态的测度。通常情况下我们可以通过观察数据样本的众值、均值、中位数、极值、方差和曲线形状来获得对数据的分布、趋势的直观了解。

2. 数理统计法

数理统计法即用统计学的语言去论证数据的规律，可以通俗地理解为使用统计学的方法去研究数据，进而对整个样本数据的形态有完整的描述。常用的数理统计法包括：

（1）假设检验：分析样本指标与总体指标间是否存在显著性差异。

（2）方差分析：用于两个以及两个以上样本均数差别的显著性检验。

（3）相关分析：探索数据之间的正相关、负相关关系。

（4）回归分析：探索数据之间的因果关系或依赖关系。

（5）因子分析：从变量群中提取共性因子的统计技术。

数理统计法最大的优点是能深入地探究数据之间的关系与内部联系，这可以为之后的模型的选择、算法的选择以及模型的评估创造良好的前提条件。

二、模型分析

大数据分析模型按照定义角度的不同可以分为多种类型，例如针对某个业务场景而定义的，用于解决问题的一些模型，我们可以称之为业务模型，而从数据科学角度定义的，例如数据挖掘、机器学习、人工智能等类型的模型，我们称之为数据模型。而在讨论这些实际应用的模型之前，本节将首先介绍数据挖掘的概念与CRISP-DM（cross-industry standard process for data mining，跨行业数据挖掘标准流程）模型，使读者能对数据挖掘和分析的整个流程有一个系统的理解。

　　数据挖掘是利用业务知识从数据中发现和解释知识（或称为模式）的过程，这种知识是以自然或者人工形式创造的新知识，可以说数据挖掘是城市治理大数据分析的核心所在。传统的数据挖掘理论主要包含以下两方面：一是来自统计学的抽样、估计和假设检验理论；二是人工智能、模式识别和机器学习的搜索算法、建模技术和学习理论。近几年随着计算机技术的高速发展，数据挖掘技术也进入飞速发展期，数据挖掘也迅速地接纳了来自其他领域的思想，这些领域包括最优化、进化计算、信息论、信号处理、可视化和信息检索。特别地，源于高性能（并行）计算的技术和分布式存储技术为数据挖掘技术注入了全新的活力，使数据挖掘技术的应用和发展上升到一个全新的层次。

　　虽然数据挖掘的技术在日新月异的发展，但其核心指导模型却始终保持不变，始终遵循知识发现（KDD，Knowledge Discovery in Database）的相关模型，其中CRISP-DM 模型的应用最为广泛。CRISP-DM 模型是KDD模型的一种，它是由戴姆勒-克莱斯勒、SPSS和NCR的分析人员共同开发的。CRISP提供了一种开放的、可自由使用的数据挖掘标准过程，使数据挖掘适合于商业或研究单位的问题求解策略。[①] 通过近几年的发展，CRISP-DM模型在各种KDD过程模型中占据领先位置，最新统计表明，50%以上的数据挖掘工具采用的都是CRISP-DM的数据挖掘流程。如图3-6所示，CRISP-DM 模型将数据挖掘的整个生命周期分成了6个不同的，但顺序并非完全不变的阶段，它们分别是：商业理解、数据理解、数据准备、建立模型、模型评估和模型发布。下面将结合数据挖掘在城市治理领域的应用，对这6个过程进行简单介绍。

① Harding J A，Shahbaz M，Kusiak A．Data Mining in Manufacturing：A Review[M]．Data Mining in Manufacturing. VDM Verlag Dr. Müller，2006.

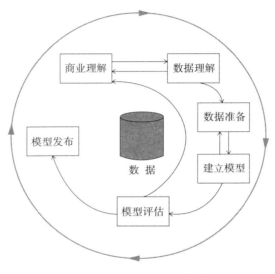

图3-6　CRISP-DM 模型

1. 商业理解

商业理解阶段的主要任务是通过对业务的研究和理解，将具体的业务需求转化为数据挖掘主题，并制定数据挖掘计划。在城市治理领域，要从城市治理的角度对各个部门的需求进行理解，并把业务需求的理解转化为数据挖掘的定义，拟定达成业务目标的初步方案。具体包括治理背景分析、治理成功标准的确定、形势评估、获得社会资源清单、评估成本和收益、评估风险和意外、初步理解行业术语等。

2. 数据理解

数据理解阶段包含了以下步骤：首先收集数据，找出可能的影响主题的因素，确定这些影响因素的数据载体、数据体现形式和数据存储位置。对数据进行初步理解，简单描述数据并探究数据意义。最后再分析数据中潜藏的信息和知识，提出拟用数据加以验证的假设。

3. 数据的准备

数据准备是将前面找到的数据进行变换、组合成数据挖掘工具软件要求格式，也就是说数据准备阶段要从原始数据中形成作为建模分析对象的最终数据集，数据准备阶段的具体工作主要包括数据制表、记录处理、变量选择、数据转换、数据格式化和数据清理等，各项工作并不需要预先规定好执行顺序，而且数据准备工作还有可能多次执行。[①]

4. 建立模型

建立模型是基于合适的数学模型，采用软件编程的方式对处理好的数据表进行挖掘，找出其中隐藏的知识和规律。目前应用比较广泛的模型有以K-means算法为代表的聚类模型，以Apriori、FP-growth算法为代表的关联模型，以朴素贝叶斯、决策树、随机森林算法为代表的回归分类模型，还有近几年非常火爆的，以深度学习、强化学习为代表的机器学习模型。

对同样的业务问题和数据集合，可能有多种数据挖掘技术方法可供选用，在选择算法时应选择提升度高、置信度高、简单而易于总结业务、政策和建议的数据挖掘技术方法。在实际应用中，机器学习算法在大数据领域相较于传统数据挖掘算法有明显的性能优势，特别是在非结构化数据领域，比如目前对海量图片、语音数据的处理，深度学习领域的卷积神经网络模型（CNN）和长短时记忆神经网络模型（LSTM）都有着非常不错的表现，因此在对大量的非结构化数据进行处理时，应优先选择机器学习的相关算法。由于城市治理是涉及多领域、多学科的综合性问题，其涉及的数据种类更是较一般的商业问题更加复杂，因此更应该在基于充分数据研究的基础上选择合适的模型。目前在实际工程中，通常把城市治理大数据的分析模型按业务的性质分为时间序列模型和空间序列模型，并在分析具体问题时将二者相结合，在下一章中将对相关模型进行详细介绍。

5. 模型评估

模型评估是在进行最终的模型部署之前，从业务角度和统计角度进行模型结论的评估。模型评估的检查范围涉及整个建模过程，以确保模型没有错误，检查是否达到业务的需求。对于城市治理来说，建立模型本身并不是数据挖掘的目标，虽然模型可以反映数据背后隐藏的信息和知识，但数据挖掘的根本目

---

① https://blog.csdn.net/qq_36387683/article/details/82932680.

标是将信息和知识以某种方式组织和呈现出来，并用来改善城市治理的运行效率。模型的评估可能需要不断地根据评估的结果不断完善数据和修改模型，以期望达到研究目标。

6. 模型发布

模型发布又称为模型部署，即将经过验证的模型投入到实际应用。在城市治理相关的数据挖掘工作中，根据不同的政府或企业的业务需求，模型发布的具体工作可能是简单的提交数据挖掘报告，也可能是将模型集成到政府或企业的核心运营系统中去。

三、推断分析

如今城市生活已是一个巨大的数据生产机器，从每个人的日常生活到整个社会的生产生活，无不都在直接或间接地生产数据。当这些数据积累到一定量时，无论是对硬件设备的需求还是对模型算法的效率都提出了严峻的挑战；在实际的工程中，还存在着某些与最终决策相关性很大的数据很难通过现有技术条件完全采集的情况。为解决这些问题我们需要引入推断分析这一概念，将采集到的数据或者命题本身进行简化，使它们更易于理解，能够以一种更简明扼要的方式概述世界运行的规律，能够易于使用数学对其进行建模。

统计推断是通过样本推断总体的统计方法，它是根据带随机性的观测数据（样本）以及问题的条件和假定（模型），而对未知事物作出的，以概率形式表述的推断。统计推断是从总体中抽取部分样本，通过对抽取部分所得到的带有随机性的数据进行合理的分析，进而对总体作出科学的判断，它是伴随着一定概率的推测。[①] 在时下流行的关于大数据的讨论中，主流的解决方案都是要采用基于Hadoop的分布式技术去解决海量数据带来的工程及计算问题，却忽略了采样这种传统的手段也同样能够提高效率。事实上，政府和企业许多软件工程师及数据科学家都用到采样来处理大数据。在实际工程中判断是否采用

---

① （美）Rachel Schutt, Cathy O'Neil. 数据科学实战[M]. 冯凌秉，王群锋译. 北京：人民邮电出版社，2015.

取样要根据项目的需求：比如，作问题的分析或推断，通常只需要部分的数据就可以了；如果要描述和展示一个问题的具体信息，就需要问题涉及的所有数据。

统计推断的基本问题可以分为两大类：一类是参数估计问题；另一类是假设检验问题。例如，在城市的一个社区内群众使用公共交通的数据构成一个整体，通常认为每个使用交通工具的次数是服从正态分布的，但不知道这个总体的均值。实际工程中可以随机抽取部分群众做抽样调查，用这些数据来估计整个社区群众使用公共交通的平均次数，这就是一种推断形式，即参数估计；如果感兴趣的问题是"每周平均使用公共交通的次数是否超过5次"，这就需要通过使用样本来检验此命题是否成立，这也是一种推断形式，即假设检验。

然而，在实际的工程中随机抽样问题可不像看起来那么简单，接下来将通过一个简单的例子和相应的解决方案来介绍大数据的随机采样问题。假设我们需要从 N 个元素中随机抽取 k 个元素，其中 N 无法确定。这种应用的场景一般是在数据流的情况下，比如网站的实时数据、各种传感器和监控摄像实时采集到的数据。由于数据只能被读取一次，而且数据量很大，并不能全部保存，因此数据量 N 是无法在抽样开始时确定的，但又要保持采样的随机性，于是有了这个问题：如何在这种情况下随机采样到能反应样本实际特性的数据呢？

解决这类问题比较好的解决方案是蓄水池抽样（reservoid sampling）算法。蓄水池抽样的主要思想就是保持一个集合（这个集合中的每个数字出现），作为蓄水池，依次遍历所有数据的时候以一定概率替换这个蓄水池中的数字，即开始时把前 k 个元素都放到水池中，然后对之后的第 i 个元素，以 k/i 的概率替换掉这个水池中的某一个元素，进而实现每个水池中的元素出现概率都是相等的。目前随着统计学和计算机科学的高速发展，越来越多科学高效的采样算法已被应用到实际工程中，例如马尔可夫链与蒙特卡洛算法（Markov Chain Monte Carlo，MCMC）、SMOTE（Synthetic Minority Oversampling Technique）算法、随机抽样一致算法（Random sample consensus，RANSAC）等，都在不同的采样问题中有着优异的性能表现。

第四节   安全隐私

正如上文所介绍的，目前全球的大数据产业已进入高速发展期，以非关系型数据库、分布式并行计算以及机器学习、深度挖掘等为代表的新技术在飞速演进，已在许多领域中都发挥了重要的作用。在国家层面上，大数据逐步成为国家的基础战略资源和社会基础生产要素，发展大数据技术已成为我国的国家战略；在个人层面上，大数据已渗透到个人生活的每一个角落，并逐渐改变着每一个人的工作、生活和思维方式。然而目前大数据安全问题已变得日益突出，大数据因其蕴藏的巨大价值和集中化的存储管理模式成为网络攻击的重点目标，针对大数据的勒索攻击和数据泄露问题日趋严重，全球大数据安全事件呈频发态势。没有安全，发展就是空谈，大数据安全作为大数据技术发展的前提和保障，目前已成为学术界与工业界的研究热点。

习近平主席在中共中央政治局就实施国家大数据战略第二次集体学习时指出，要切实保障国家数据安全，加强关键信息基础设施安全保护，强化国家关键数据资源保护能力，增强数据安全预警和溯源能力。这要求我们在实际项目中，能够深刻认识到大数据安全的重要性和紧迫性，不断学习和发展新的安全技术，积极应对复杂严峻的安全风险。通过第三章的介绍我们可以了解到，应用于城市治理的大数据多为政府和企业采集的数据，其中许多数据涉及政府保密信息和居民的个人隐私，因此安全隐私的保护在搭建城市治理大数据平台时显得尤为重要。在大数据应用场景下，数据利用和隐私保护是天然矛盾的两端，如何实现这两者的良好平衡，什么是解决大数据应用过程中隐私保护问题的理想技术是我们本节探索的目标，本节将分别从数据平台安全、数据安全和个人隐私安全三个方面，对城市治理大数据平台所面临的安全威胁以及相应的安全保障技术进行简单的介绍。

一、大数据平台安全

大数据平台是实现大数据应用的硬件和软件基础。大数据平台的主要功能是实现数据的传输、存储和运算，其安全关系到整个项目是否能正常运行，因此需对其进行多层次、全方案安全加固和安全防护。

目前，Hadoop已经成为应用最广泛的大数据计算软件平台。Hadoop作为一款开源软件，在最初的设计中没有设计安全机制，也没有设计相关的安全模型。随着Hadoop的广泛应用，越权提交作业、修改权限、篡改数据等恶意行为不断出现，Hadoop开源社区才逐渐开始考虑安全需求，并相继加入了Kerberos认证、文件ACL访问控制、网络层加密等安全机制。[①] 这些安全功能的加入一定程度上解决了平台的安全问题，但Hadoop作为一款开源项目，在项目实施中缺乏严格的产品测试和安全管理制度，其本身仍存在一些安全漏洞。据统计从2013～2017年，Hadoop暴露出来的漏洞数量共计18个，其中有5个是关于信息泄露的漏洞。此外，Hadoop的相关安全功能必须通过对相关组件的配置来实现，随着大规模的分布式存储、计算的架构的广泛应用，相关的安全配置工作的难度大大提升，对安全运维人员的技术也提出了更高的要求，一旦配置出错，整个系统的运行就会受到影响。

为解决大数据平台的安全问题，Hadoop项目本身在不断进行自我完善，同时许多安全服务商也提出了基于Hadoop的商业化大数据平台安全解决方案，例如Cloudera公司的CDH（Cloudera Distribution Hadoop）、Hortenworks公司的HDP（Hortonworks Data Platform）、华为公司的FusionInsight等，这些方案已经具备了相当完善的安全机制。目前主流的商业化安全解决方案主要是针对以下几点作出了优化：

（1）通过专门的集中化的组件（如Manager、Ranger、Guardian）形成了大数据平台总体安全管理可视化，可以施行集中的系统运维和安全管理，同时通过可视化界面简化配置步骤。

---

① 陈玺，马修军，吕欣. Hadoop生态体系安全框架综述[J]. 信息安全研究，2016，2(8)：684-698.

（2）通过定制化的边界防护算法和身份认证算法，在简化登录认证机制的同时提高了身份认证的安全性。

（3）通过集中角色管理和批量授权等机制，降低集群管理的难度；同时通过基于角色或标签的访问控制策略，实现资源的细粒度管理。

（4）提供灵活的加密策略和秘钥存储方案，在数据传输过程及静态存储阶段都采取加密处理，可以实现对Hive、HBase的表或字段加密。

商业化大数据平台安全方案经过近十年的发展，在技术上已非常成熟，有众多部署实例，大量的运行在各种生产环境中。但由于其包含大量定制安全组件，针对特定的数据类型和需求进行设计，许多安全技术无法移植到其他平台，因此只有政府或企业的大型数据平台才采用此方案，对于已建好的其他数据平台多采用商业化通用安全组件进行加固。

通用安全组件易于部署和维护，适合对已建成的大数据系统进行安全加固，可以在不改变现有系统架构的前提下，解决大数据平台安全需求。通用安全组件是指第三方通过基于Hadoop平台二次开发的安全防护软件，多是以插件的形式集成到现有数据平台之中，其灵活性更强，方便与现有的安全机制集成。通用安全组件可以在Hadoop平台内部部署集中管理节点，负责整个平台的安全管理策略设置和下发，实现对大数据平台的用户和系统内组件的统一认证管理和集中授权管理。通用安全组件还可以实现对数据操作指令进行解析和拦截，在兼容Hadoop原有 Kerberos＋LDAP 认证机制的基础上，支持口令、手机、PKI等多因素组合认证方式，从而实现身份认证、访问控制、权限管理、边界安全等功能。此外通用安全组件可以提供数据库审计、数据库防火墙，以及数据库脱敏等数据库安全防护技术，可以显著地提高传统结构化数据库的安全等级。目前商用通用安全组件凭借其优异的安全性能和适中的成本，已大量部署在中小型数据平台。

二、数据存储安全

数据平台中存储的数据是政府和企业的核心数字资产，也是大数据安全的最终保护对象。目前对于海量数据存储，传统的安全扫描手段需要耗费过长的时间，安全防护的手段已经无法跟上数据增长的速度，大数据存储存在许多安全漏洞。近几年，针对大数据存储的攻击呈经常化、智能化、持续化的趋势，黑客们也开始利用大数据的技术来作为攻击手段，这也对大数据存储的安全提出了更高的要求。保证政府重要数据、企业机密数据以及用户个人隐私数据等敏感数据不发生外泄，是数据安全的首要需求。目前所采用的数据存储安全技术，一般是在整体数据视图可视化的基础上，设置分级分类的动态防护策略，降低安全风险的同时考虑减少对业务数据流动的干扰。对于传统的结构化的数据库，主要采用数据库审计、数据库防火墙，以及数据库脱敏等数据库安全防护技术；对于非结构化的数据库，主要采用数据泄露防护（Data Leakage Prevention，DLP）技术。

数据泄露防护DLP技术是通过一定的技术手段，防止企业的指定数据或信息资产以违反安全策略规定的形式流出企业的一种策略，是目前国际上最主流的信息安全和数据防护手段，它可以提供终端、网络、云端协同一体的敏感数据动态集中管控体系。传统的DLP技术主要是通过身份认证和加密控制以及使用日志的统计对内部文件进行控制，对敏感数据的违规使用和传输采取实时的发现、阻断与警告。[①] 为应对如今日益严峻的安全形势，近几年DLP技术逐步向智能化方向发展，例如引入自然语言处理、图片识别等深度学习技术实现敏感数据的自动识别；采用大数据分析技术对用户行为进行分析以发现潜在的危险源；采用同态加密和安全多方计算技术提高实时加密的安全等级。除了DLP技术之外，数据水印技术、数据溯源技术和访问控制技术也是近几年应用非常广泛的数据安全技术，接下来将对这三种技术进行简单的介绍。

数据水印技术（Digital Watermarking）是将标识信息以难以觉察的方式直接嵌入数据载体之中，但不影响原载体的使用的方法。数据水印技术最早应用于多媒体数据的版权保护，后来逐步推广到数据库领域。数据水印按水印的特性可以将数字水印分为鲁棒数字水印和易损数字水印两类。鲁棒数据水印

---

① Shabtai A，Elovici Y，Rokach L．A Survey of Data Leakage Detection and Prevention Solution[M]．Springer US，2012．

主要用来标注数据中嵌入创建者、所有者等信息。这种数字水印要求有很强的鲁棒性和安全性，除了要求在数据处理中能生存之外，还需能抵抗一些恶意攻击，基于这些特性，鲁棒数据水印多用于数据的溯源。与之相反，易损数据水印主要用于完整性保护，当数据发生改变时，相应的水印会发生相应的改变，从而可以鉴定原始数据是否被篡改，因此易损数据水印多用于数据的防伪。

习近平总书记2017年12月8日在主持中共中央政治局第二次集体学习时强调，要制定数据资源确权、开放、流通、交易相关制度，完善数据产权保护制度。这说明随着大数据应用日趋广泛，完善数据产权保护制度已刻不容缓。其中解决数据产权保护中的数据资源确权问题的核心就在于数据溯源技术。数据溯源技术也被称为数据起源，有追踪数据的起源和重现数据的历史状态之意，通过这项技术可以确定数据仓库中各项数据的来源，也可用于文件的恢复。目前数据溯源追踪的主要方法有标注法和反向查询法。标注法是一种简单且有效的数据溯源方法，它通过记录处理相关的信息来追溯数据的历史状态，即用标注的方式来记录原始数据的一些重要信息，并让标注和数据一起传播，通过查看目标数据的标注来获得数据的溯源。[①] 之前介绍的鲁棒数据水印就是标记法的一种。反向查询法也称逆置函数法，由于标注法应用于大数据集中的数据溯源时其性能存在局限性，反向查询法因此应运而生。反向查询法是通过逆向查询或构造逆向函数对查询求逆，即根据转换过程反向推导，由结果追溯到原数据的方法。

访问控制技术是指系统对用户身份及其所属的预先定义的策略组限制其使用数据资源能力的手段。访问控制技术在传统数据库领域已经是很成熟的技术，但是在大数据领域方面还有许多技术需要改进和提高。例如目前应用最广泛的基于权限的访问控制和基于角色的访问控制技术，当处于大数据场景下时，由于用户角色众多，用户需求更加多样化，很难以精细化和细粒度地控制每个角色的实际权限；此外，一个大数据系统中包含了许多子系统，各个子系统之间要共享收据，但各个子系统可能采用不同的访问权限控制方式，因此很难简化

---

① 明华，张勇，符小辉. 数据溯源技术综述[J]. 小型微型计算机系统，2012，33(9)：1917-1923.

控制策略和部署方案。目前访问控制技术在大数据安全领域已有着广泛的应用，例如在Hadoop生态系统中，HDFS、MapReduce、Hbase均采用基于POSIX权限访问控制和访问控制列表，Hive支持基于角色的访问控制，Hbase则支持基于标签的访问控制。

三、个人隐私安全

随着互联网技术的发展，大数据技术正逐渐改变着每一个人的工作、生活和思维方式。每个人都不再是一座孤岛，不管人们是否愿意，公民的个人数据在不经意中就会被某些机构和公司收集、交易和使用，个人数据的共享化及透明化已成为了不可阻挡的趋势。大数据时代的个人隐私安全也因此有了全新的定义：大数据时代的隐私保护不再是狭隘地保护个人隐私权，而是在个人信息收集、使用过程中保障数据主体的个人信息自决权利。[①] 在这种情况下，个人的数据都将作为大数据时代的一个齿轮，以另一种形式在推动着时代的进步。

大数据时代的一个显著特点就是可以通过数据分析，将用户的个人数据转化为有价值的资源。目前政府机构和企业都掌握着大量包含公民个人隐私的数据，无论是政府还是其他以服务为导向的公司，都可以以此为基础提供更优质的服务。但是人们在享受着大数据技术带来的便利的同时，还没有意识到大数据采集、处理、分析数据的方式和能力已经对传统个人隐私保护技术亦带来了严峻挑战。大数据超强的分析能力可能会导致传统的个人隐私保护技术失效，例如目前已经有黑客采用对多来源数据集进行关联分析和深度挖掘的方法，来复原已经经过匿名化处理的公民隐私数据。据统计，仅在2015年，因个人隐私泄露、诈骗信息等现象导致的社会经济损失就已达805亿元，这在时刻提醒着我们，公民隐私安全保护技术的演进与革新已经刻不容缓。

在众多的隐私安全保护技术中，数据脱敏技术发展最为成熟，是目前应用最广泛的隐私保护技术。数据脱敏（Data Masking），又称数据漂白、数据去

---

① 中国信息通信研究院安全研究所. 大数据安全白皮书. 2018.

隐私化或数据变形，是指对某些敏感信息按照一定的脱敏规则进行数据的变形，实现对个人敏感隐私数据的可靠保护。从概念上来看用户隐私数据脱敏与挖掘用户数据价值是两个互相冲突的矛盾体，彻底的数据脱敏，需要抹去全部的用户标识信息，使得数据潜在的分析价值大大降低；另一方面，完全保留用户隐私数据信息，可最大化数据的分析价值，同时导致用户隐私泄露的风险无法控制。① 因此大数据脱敏技术并不是要抹去所有的个人隐私数据，而是要实现以下几个目标：（1）数据泄露风险可控，采用并行、高效的脱敏算法对隐私数据进行脱敏，并建立相关的隐私数据泄露风险的衡量模型，能定性定量地分析发生隐私泄露的风险。（2）完善大数据平台的用户认证体系、权限管理体系，以及隐私数据不同保护级别的权限管理体系、加强对数据的管理，从根源上减少隐私泄漏的风险。（3）对数据的访问要保证可回溯，当发生数据泄露时，要保证能够通过审计日志找到泄漏源头。

　　数据匿名化技术是对大数据中结构化数据实现隐私保护的关键技术。数据匿名化技术可以实现根据具体情况有条件地发布部分数据，或者数据的部分属性内容，经过匿名化处理的数据无法用来与任何个人关联到一起。常用的匿名化算法有差分隐私法、K 匿名、L 多样性、分布式隐私保护法等。例如在谷歌的匿名化处理策略中，处理容易与特定的个人联系起来的元素时，会采用泛化技术来移除部分相关数据或者以常见取值代之，以实现K匿名效果；如果某数据集中的所有人都具有相同的敏感属性值，则采用L多样性法，来提高敏感值中的多样性程度；此外，谷歌还通过向数据中添加噪声的方式（差分隐私法）来隐藏用户的归属数据集。匿名化算法由于能够在数据发布环境下防止用户敏感数据被泄露，同时又能保证发布数据的真实性，是目前数据安全领域的研究热点之一，目前取得了丰富的研究成果。但是目前匿名化技术的应用还存在局限性，因为大多数匿名化算法都是基于关系型数据库设计，并不适用于关系型数据库中保存的类似于图片、文档等数据，目前在关系型数据库领域匿名算法的效率还需进一步提高。

---

① 陈天莹，陈剑锋. 大数据环境下的智能数据脱敏系统［J］. 通信技术，2016，49(7): 915-922.

第四章

城市治理大数据可视化模型
——以青岛市市北区为例

　　随着城市化进程的快速推进，城市的各种问题越来越凸显，如何化解这些城市问题成为难题。习近平总书记在十九大报告中提出，中国特色社会主义进入新时代，社会主要矛盾已经转化为人民日益增长的美好生活需要和不平衡不充分的发展之间的矛盾。十九大报告中明确指出：全面深化改革总目标是完善和发展中国特色社会主义制度、推进国家治理体系和治理能力现代化；打造共建共治共享的社会治理格局。加强社会治理制度建设，完善党委领导、政府负责、社会协同、公众参与、法治保障的社会治理体制，提高社会治理社会化、法治化、智能化、专业化水平。这为国家治理、社会治理体系有着特殊重要性的城市治理体系和治理能力现代化指明了方向。中央城市工作会议指出要"转变城市发展方式，完善城市治理体系，提高城市治理能力"。

　　作为多元主体共治行为，城市治理是指城市管理者为了实现社会发展目标，通过对城市中的资本、土地、劳动力、技术、信息、知识等生产要素进行整合，协同经济组织、政治组织、社会团体和公民一起，共同管理社会公共事务、推动经济和社会其他领域发展的过程。其重点包括服务、共享和融合三部分，即城市治理成效服务于包括政府、市民、社区组织、社会组织和企业等多元主体；城市治理的经验和数据等需要多方共享；城市治理过程中需要多元主体协同治理与融合。城市治理研究要解决的问题很多。首要重点的是需要更好地总结我国各地城市治理的不同模式。只有在对城市治理模式进行充分分析的基础上，才能更为有效地解决我国不同类型城市治理模式中面临的各种难题。

　　本章节以青岛市市北区为例，对其城市治理网格化大数据进行分析，包括青岛市市北区网格化数据简介、青岛市市北区城市治理网格化数据基础分析、青岛市市北区城市治理网格化数据演进模型、青岛市市北区大数据与城市治理问题分析及建议等4节内容，将大数据与城市治理结合，引入空间可视化和完善时间可视化，以期实现市北区城市治理数据要素的全掌握和实现城市治理问题管理的全周期，并以动态模型演进模式将城市治理网格化数据运转起来，实现城市治理大数据可视化、自动化，通过建立数据分析和预警机制，适时发布公众关注的城市治理政策解读、便民惠民服务信息及阶段性热点问题预警。本章选择青岛市市北区网格化城市治理数据进行分析，选取时间为2017年1月1

日～2018年12月31日，共包括1143631件数据。通过对数据的分析，以期更好地为市北区城市治理提供决策参考，寻找一些解决城市难题的路径及方法。

第一节 青岛市市北区大数据城市治理创新实践

市北区是青岛市主城区之一。西部濒临胶州湾，东部与崂山区为邻，北部与李沧区接壤，南部与市南区毗连。东西最大距离11.5公里，南北最大距离9.9公里，海岸线长17.83公里，总面积65.76平方公里。常住人口109.32万人，占全市人口的11.8%，人口密度1.6万人/平方公里，辖19个街道办事处，135个社区居委会。市北区是青岛市面积最小、人口最多、密度最大的城区。

青岛在1949年5月，成立市北区军政委员会，同年9月，成立市北区人民政府。1950年3月，改称市北区公所。1951年7月，改称市北区人民政府。1994年5月，中共青岛市委、市政府以青发[1994]17号文件《中共青岛市委、青岛市人民政府关于认真做好行政区划调整工作的通知》，正式宣布对市区行政区划调整方案。方案中，将市北区、台东区、四方区的吴家村、错埠岭两个街道办事处及崂山区李村镇的杨家群村、河马石村、夹岭沟村和高科技工业园中韩镇的浮山后村、埠西村等5个行政村合并，成立新的市北区，沿用市北区名称，机关驻地设在顺兴路24号。2012年12月3日，根据国务院《关于同意山东省调整青岛市部分行政区划的批复》、省政府《关于调整青岛市部分行政区划的通知》，撤销青岛市市北区、四方区，设立新的青岛市市北区，以原市北区、四方区的行政区域为新的市北区的行政区域。

市北区的现代化城市建设以建设国际化高品质特色城区为目标，按照"一轴辐射、两极集聚、四区带动、多点支撑"的战略布局（"一轴辐射"即以贯穿东西12.5公里的商贸长廊为轴，通过完善服务功能、集聚商贸载体、延伸产业链条、挖掘消费群体，形成以商贸长廊为轴的大商贸、大市场发展格局，不断扩大商贸核心区的辐射半径;"两极集聚"即加速推进青岛中央商务区和小港湾蓝色经济区集聚发展,使其成为我区未来经济发展的两大增长极;"四区带动"即以浮山商贸区、台东商业区、青岛啤酒文化休闲商务区、科技街高新区带动现代服务业、高新技术产业、文化产业快速发展;"多点支撑"即以特色街区、产业基地群、创意园区等各类载体为支撑,促进传统服务业优化升级,催生新兴产业聚集发展,推动高端优质企业集约集群发展),更加注重产业结构优化升级,更加注重城市建设管理,更加注重保障和改善民生,更加注重生态环境建设,促进经济平稳较快发展和社会和谐稳定,努力把市北区建设成"商务之都、创业沃土、文化客厅、宜居家园"。

一、新一线城市的飞跃发展

《山东省城镇体系规划(2011—2030年)》(以下简称《规划》)全面贯彻落实党的十八大和十八届三中、四中、五中全会精神和习近平总书记视察山东系列讲话精神,牢固树立"创新、协调、绿色、开放、共享"发展理念,以人的城镇化为核心,以城市群为主体形态,坚持海陆统筹、城乡统筹和区域统筹,突出文化引领,强化产业和就业支撑,推进大中小城市和小城镇协调发展,引导农村新型社区和新农村有序建设,促进城镇体系网格化布局,走山东特色的就地就近城镇化道路。根据《规划》,山东省确立了"双核四带六区"城镇发展空间布局,青岛即是双核之一,又是中国海洋产业创新基地、沿海地区重要的矩形城市区、全省发展核心引擎。

《规划》提出,至2020年山东省常住人口约为10300万人,其中城镇人口约6700万人,常住人口城镇化率达到65%左右;户籍人口城镇化率55%左右。济南、青岛城区人口达到400万人以上。至2030年山东省常住人口约为10600万人,其中城镇人口约8000万人,常住人口城镇化率达到75%左右;基本解决农业转移人口市民化问题。济南、青岛城区人口达到500万人以上,进入特大城市序列。《规划》要求增加民生支出,提高公共服务质量;优化设施数量,改善资金集中投入。《规划》还提出近期组织开展"五大行动",其中宜居城乡建设行动旨在加快推进住有所居,改善人居环境,加强社会管理,完善公共服务。

市北区深入学习贯彻党的十八大、十八届历次全会和十九大精神，围绕"责任落地年"工作主题，突出动能转换，强化项目引领，优化城区环境，着力改善民生，经济社会保持平稳健康发展。青岛市市北区生产总值由2012年的500.06亿元增加到2017年的756.57亿元，增幅约51%；尤其第三产业增幅较大，由2012年的363.37亿元到2017年的603.2亿元，增幅约66%，第三产业对市区去经济拉动作用明显，趋势良好。全区财政收入以年均10%的速度稳定增长，在2016年完成1069126万元；财政支出在近两年出现负增长，科学支出和教育支出增长缓慢。社会消费品零售总额在2016年实现760.59亿元，相比2012年增长近87%。城镇登记失业人员6年间减少90.6%，就业安置人数增长37.7%，城镇正规就业人数增长54.4%，2017年市北区就业人员平均工资为69393元，高出全市平均工资6346元。城镇居民最低生活保障人数由2012年的1777人增长到2017年的13854人，城市低保资金由9338元增加到13445.8元，翻了1.5倍。市北区环境保护工作稳步推进，2017年二氧化硫排放量和工业废水排放量分别为5691.87吨和286.41万吨，相比2012年分别减少64.8%、54.4%；大气可吸入颗粒物年日平均值减少0.704毫克/立方米，二氧化氮年日平均值降低。截至2017年底，市北区街道办事处共有30个，社区居委会135个，居民委员会137个，委员408人，居民小组数增加了1633个，城区治理主体逐渐扩大（图4-1～图4-5，仅为轮廓示意图）。

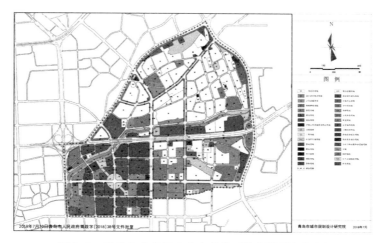

图4-1　青岛市市北区中央商务片区控制性详细规划

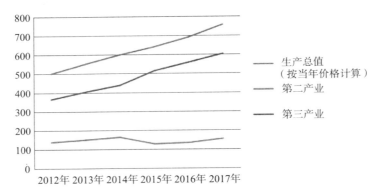

图4-2　2012~2017年青岛市市北区全区生产总值（亿元）

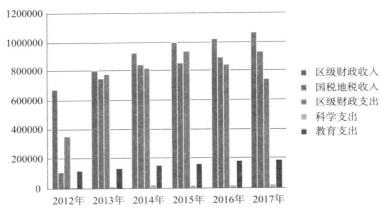

图4-3　2012~2017年财政收入与支出（亿元）

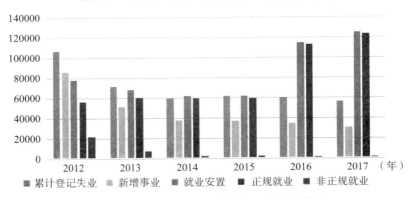

图4-4　2012~2017年城镇失业就业情况

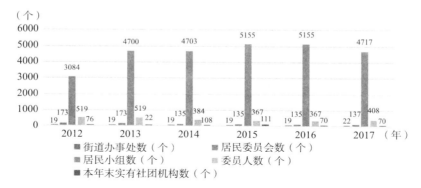

图4-5　2012～2017年青岛市市北区基础政权及团体情况

二、新时代，新作为

2018年是全面贯彻党的十九大精神的开局之年，是改革开放40周年，是决胜全面建成小康社会、实施"十三五"规划承上启下的关键一年。面对新时代我国社会主要矛盾的变化、经济发展新常态下的机遇与挑战，在市委、市政府和区委的正确领导下，在区人大的依法监督、区政协的民主监督以及社会各界的大力支持下，区政府团结带领全区人民，坚持以习近平新时代中国特色社会主义思想为指导，深入学习党的十九大和十九届二中、三中全会精神，认真贯彻落实习近平总书记视察山东、视察青岛重要讲话、重要指示精神，围绕"聚焦提效年"工作主题，着力抓招商、引项目、强载体，着力优环境、惠民生、提效能，全区经济社会保持平稳健康发展。尤为值得铭记的是，全区广大干部群众牢记重托、攻坚克难、连续奋战，以最严作风、最优机制、最实举措圆满完成上合组织青岛峰会服务保障任务，为峰会的成功举办贡献了市北力量、展现了市北担当。

1. 聚焦动能转换育产业，转型步伐持续加快

坚持以"四新"促"四化"，深入推进"双招双引"，全区生产总值、社会消费品零售总额预计双双突破800亿元大关，一般公共预算收入迈上110亿元台阶，实际利用内资210亿元，完成到账外资5.57亿美元，城区综合实力不断壮大。

新技术新模式加速应用。积极推动区块链技术应用推广，青岛"链湾"成为省内首家正式授牌的"链改示范区"，中检联、尚疆科技、创金链等7个平台类项目、50余家应用类企业落户开展业务，行业影响力和产业带动力进一步放大。以供应链整合提升产业链、物流链，国泰通、金王入选全国供应链创新与应用试点企业。跨境电商实现新发展，中港通外贸综合服务平台正式运营，青建集团新增3个跨境海外仓，新华锦信贸环球获评"省级跨境电商实训基地"。支持企业技术创新，推动传统制造向智能制造、绿色制造、服务型制造升级，东软载波技术中心等6个项目被认定为国家级、省级科技创新平台，中车四方车辆研究所全资收购世界领先显示技术供应商芬兰倍耐克公司，轨道车辆检修机器人系统获评工信部人工智能与实体经济深度融合创新项目。

新产业新业态加力发展。楼宇经济稳步提升，新培育"青岛产业互联网创新大厦""生物科技健康智谷"等特色楼宇，全区税收亿元以上楼宇达到12栋、过千万楼宇达到35栋，楼宇经济对地方税收的贡献度超过26%。着力打造"百年青岛·记忆市北"文旅品牌，全面启动"个十百千万"工程，蓝天文创园等项目签约落地。青岛国际人力资源服务产业园入驻行业机构增至51家，全年实现营收18亿元、税收2亿元。"保险创新示范区"创建深入推进，新增中路财险青岛分公司等金融机构及金融类企业22家，全国性法人保险中介机构引进取得突破，青岛港国际股份有限公司实现A股主板上市，全区上市挂牌企业达到104家。高新产业加快聚集，浪潮旗下多家大数据关联公司注册落地，嘉楠耘智、中科智保等一批新型工业和信息化项目引进我区，全年新增高新技术企业120余家，总数突破300家。

新人才新智慧加快汇聚。坚持把创新作为第一动力，把人才作为第一资源。着力推动智库集群建设，新引进清华大学青岛金融科技研究院等高端智库，与剑桥、山大合作共建的青岛国际创新转化示范基地正式启用，智库在区域转型、项目引联、治理创新方面的贡献度不断增强。实施城市生长力人才支撑计划，打造青岛博士创业总部平台，新引进培育两院院士、国家"万人计划"专家、泰山领军人才15人，引进硕博人才2772人、外国专家355人、留学回国人才428人，成功创建3家院士工作站、2家博士后科研工作站和14家专家工作站。

优化人才服务配套体系，不断加大人才引进、积分落户、住房补贴等政策落实力度，绍兴路66号、万科未来城人才公寓启动配售。

　　2．聚焦格局优化搭载体，发展活力持续彰显

　　坚持规划先行、项目引领，在全市率先完成控规编制，重点功能片区建设步伐全面加快，城区空间布局进一步优化，承载力、集聚力不断增强。

　　三城构架全面展开。邮轮港城完善产业政策扶持体系，发起成立邮轮旅游发展联盟，与荷美、维京签署访问港邮轮靠泊协议，青岛欧巡等3家邮轮公司完成注册，青岛港总部大厦建设加快推进，邮轮港区政务服务中心正式启用，144小时过境免签政策顺利落地，全年接待邮轮71航次、出入境游客11万人次。新材料科技城深度整合橡胶谷、纺织谷、国家大学科技园等优势资源，集聚中国橡胶工业协会、有研集团、京博控股等600余家产业链条企业、机构，成功入选全省首批新旧动能转换优选项目，启迪协信一期整体竣工交付，国合通测山东总部落地，京东众创·纺织谷纺织产业创新基地、国家纺织面料馆·青岛馆建成运营。绿色建设科技城深化同住建部科技与产业化发展中心等机构合作，明确"一心两园三智库多示范"总体架构，绿建建筑科技研究院等3家研究机构组建成立，被动式建筑等示范工程开工，地下空间普查和数据库建设结项验收，相关成果在中国住博会成功推介。

　　片区建设再掀新篇。滨海新区完成东风化工等7个地块960余亩土地整理，绿地海外滩、蓝泰度假岛等项目开工，在建项目总开工面积超170万平方米。轨道交通技术创新中心一期投入使用，大健康产业园、捷能中泰等重点片区规划设计方案编制完成，世界华人医师大厦筹建工作正式启动。中央商务区青房财富地带等4个项目竣工，美豪丽致酒店、利群诺德商场、安泰广场开业。中央广场项目恢复施工，敦化路东段拓宽工程开工建设，智慧交通项目建成运行。生物科技创新园一期引进易邦生物诊断中心等项目，迈克生物山东总部营收突破2亿元。创新资源集聚示范片区保利商业广场等项目签约落地，和达新都汇等3个项目主体封顶，规划学校、配套道路征地工作取得突破，新都心台柳路整体提档升级，智慧商圈建设成效初显。历史文化记忆示范片区完成资源摸底和产业策划等基础工作，同北京歌华、深圳万科等行业领军企业开展合作，深入

谋划四方路、馆陶路等核心街区开发思路，为全市老城区保护更新提供了市北方案。

重大项目加快布局。总投资40亿元的浪潮（青岛）大数据产业园正式破土奠基，生动展现了我区大数据产业"无中生有"的成功探索。总投资45亿元的中粮大悦城开工建设，将紧扣"啤酒文化、休闲旅游"主题，着力打造百年青岛文化橱窗和国际都会时尚地标。总建筑面积25万平方米、海拔295米的山东海运青岛国际航运中心大厦竣工验收，未来将加快打造"海洋＋数字"为主导的蓝色产业垂直综合体。坚持招大引强，世界500强雪松集团旗下供通云、雪松金融等山东区域总部，央企中设集团山东区域总部，西王集团旗下置业总部、西王特钢等板块相继落户，产业集群效应加快显现。

3. 聚焦城区更新增魅力，环境面貌持续改善

深入落实"美丽青岛三年行动"计划，以前所未有的决心和力度加快推进城区更新和环境整治，一批历史遗留、矛盾集中的痛点难点问题得到有效解决，环境治理能力向更深层次、更高水平迈进，市北"颜值"有力提升。

基础设施更加完善。加大环卫投入力度，新建、改建公厕70座，完成247条主次干道垃圾桶退路进院，启动生活垃圾分类试点运行。综合整治老旧楼院712栋，改造雨污水管网4万米，铺装地面33万平方米，完成屋顶防水40万平方米，实施建筑节能改造100万平方米。优化路网布局，阀门厂和徐家东山配套道路顺利通车，实施交通微循环改造23处，新增停车位4500余个；整修环湾路、山东路等市政道路58条，完成道路局部精细提升75条，全区道路通行条件明显改善。扮靓夜色市北，完成806栋楼体、18条道路亮化施工，老城区更显时尚、更富活力。

城市管理更加精细。进一步完善网格化管理体系，坚持徒步巡查、挂图作战等工作机制。全年拆除违法建设56万平方米，拆违总量超过过去两年总和，滁州路两侧等一批存在多年的违建顽疾顺利拔除；清理违规广告门头11万平方米，完成18条道路两侧门头牌匾改造升级，全区22处高炮广告实现清零。严格落实"门前五包"责任制，清理露天烧烤3200余处，拆除取缔占路亭体、违法报刊点674个，清理僵尸车3100余辆。顺利完成宣化路早市、鞍山一路夜市

等43处占路早夜市摊点群分流取缔，整治成果得到长效保持，周边秩序明显改观。

人居环境更加舒适。牢固树立和践行"绿水青山就是金山银山"的发展理念，切实抓好中央和省环保督察问题整改，全面完成辖区32台燃煤锅炉超低排放改造，综合整治海泊河、水清沟河等河段4200米。完善园林景观体系，完成220条道路绿化提升45万平方米，打造精品绿雕44处，新建口袋公园39处，居民推门望景、移步入园逐步实现。全力加快棚户区改造步伐，我区剩余面积最大的棚改集中片——郑州路片区3400余户居民房屋征收工作正式启动，顺昌路、大港纬四路等41个往年征收项目实现清零，吉林路、泰山路等4个项目2300户居民回迁新居，浩翔大厦、天怡景园C区等历史遗留问题取得突破性进展。

4. 聚焦群众关切解难题，民生福祉持续增进

坚持贯彻以人民为中心的发展思想，体民情、察民意、纾民困、聚民心。2018年，一般公共预算民生支出58.3亿元，占总支出比重达77.3%，10件民生实事按计划完成，市北"温度"更加暖人。

民生保障坚实有力。加强社会救助资源统筹，继续丰富政府兜底为主、商业保险为辅的救助体系，巨灾责任险在"6·13"暴雨、暴风、冰雹自然灾害后为近2000户居民挽回经济损失300万元。加大就业创业扶持力度，新增省级创业示范园区1家、市级创业孵化示范基地3家，实现城镇新增就业11.2万人，荣获"山东省就业工作先进集体"称号。深化多层次养老服务体系建设，对6300余名60岁以上独居老人开展"幸福敲门"探视关怀，全年发放高龄津贴1200万元。扎实做好退役士兵安置和权益保障工作，为3100余名符合条件的失业退役士兵提供兜底性就业保障政策。加快推进住房保障工程，金隅和府等8个项目1742套保障房竣工交付，宜昌新苑等14个项目1万余户居民完成不动产首次登记。务实开展东西部扶贫协作，我区对口支援的国家级贫困县（区）——贵州省安顺市西秀区成功实现脱贫摘帽。

公共服务均衡有质。全力加快规划学校建设，新启用市北区第二实验小学、弘毅中学，完成宁安路小学等3所学校改扩建，新开办3所幼儿园。深化教育教学改革实践，新组建鞍山二路小学、上清路小学2个教育集团，荣获"全国数字化学习先行区"称号。全面推进"健康市北"建设，在全市率先建成健康管理服务大数据平台，创新实施"四进双建双百"健康惠民服务工程，获评"省级健康促进示范区""全省医养结合示范先行区"。不断提升文化体育惠民服务水平，完成夹岭山体育休闲公园建设，新建10处百姓健身苑，青岛一战遗址博物馆、区文化展示中心建成启用，蝉联"文化强省建设先进区"称号。

社会环境安定有序。深化和谐社区建设，顺利完成社区居委会换届选举，"小社区、大功能"的治理新模式加快探索成型。加大消费市场整治力度，提升食品药品监管效能，新创建星级农贸市场11处，全区农贸市场农残日检覆盖率达100％。强化安全生产监管，为全区3785家燃气使用单位（场所）安装切断式燃气报警装置，完成135个社区微型消防站建设，累计排查整改各类安全隐患2万余处，全年无较大以上事故发生。扎实推进依法治访，化解信访积案41件。深入开展扫黑除恶专项斗争，社会治安持续向好。

同时，双拥共建不断加强；贸促、侨务、对台和民族、宗教工作稳步提升；防震减灾、应急管理、人防工作有序开展；青少年、妇女儿童、老龄、助残、红十字、慈善事业取得新成绩。

5. 聚焦提速增效务实干，自身建设持续加强

紧紧围绕主城核心区建设加压奋进、比学赶超，盯准目标快行动，压紧责任严落实，政府服务发展的能力不断增强。

营商环境深度优化。把"创优环境、精诚服务、亲商稳商"作为实现高质量发展的生命线，搭建政企沟通平台，落实减税降费要求，实施小微企业质量提升行动，市北工商联作为全省唯一单位获评"全国工商联系统先进集体"。深入推进"一次办好"改革，规划、税务、消防进驻审批大厅，全面实现工商注册全程电子化和行政审批事项"一窗受理"。全年新增市场主体1.87万户，新增达限单位百余家，市场活力加快释放。

运行机制不断完善。积极稳妥推进机构改革，先行组建退役军人事务局、行政审批服务局，全面深化街道行政管理体制改革。优化督查落实体制，设立产业推进平台、文旅产业平台，健全城市综合治理体系，"横向大部制、纵向扁

平化"探索稳步迈进。深入推进依法治区，完善行政决策程序，政府运行更加规范。加强财政支出管理，全面启用"政府采购一体化平台系统"，开展政府财力投资项目绩效评价，财政资金使用效益得到有效保障。

作风建设更加扎实。深学笃用习近平新时代中国特色社会主义思想，牢固树立"四个意识"，坚定"四个自信"，坚决做到"两个维护"。坚持区委统一领导，自觉接受区人大及其常委会法律监督、区政协民主监督和社会各界监督，扎实做好人大代表建议、政协委员提案办理。深入开展解放思想大讨论活动，对标先进地区找问题、寻差距、想对策、促改进，干部队伍思想境界不断提升、创业热情有力激发。加强廉洁政府建设，严格落实政府系统全面从严治党主体责任和"一岗双责"各项要求，营造了风清气正的政治生态。[①]

三、青岛市市北区城市治理难点

当前市北正处在滚石上山、爬坡过坎的重要阶段，还面临一些躲不过、拖不起也绕不开的困难和问题。主要表现在：经济下行压力大、动能培育周期长，新产业支撑作用尚未充分显现；城区环境存在较多欠账，居民居住条件、基础设施配套、城市精细化管理仍需进一步提升；困难群体数量多、民生保障任务重，优质公共服务资源分布不均，社会治理能力同人民群众期望还有差距。同时，在干部队伍中还不同程度存在思路不宽、本领不强、激情不足、作风不硬等问题。[②]

一是财政收入压力大，2017年，市北全区一般公共预算收入完成106.9亿元，同时预算支出64亿元，其中用于保人员工资和机关正常运转30亿元（市南、李沧均不超过16亿元），再除去刚性民生支出外，剩余几乎全部用于环境整治提升行动。分析原因，主要是市北作为青岛传统老城区和老工业区，近年来

① 杨旭东. 政府工作报告——2019年1月9日在青岛市市北区第二届人民代表大会第三次会议上. [2019-01-10]. http://shibei.qingdao.gov.cn/n4447/n1651931/n1652051/n2610129/n2967524/190121113443292058.html.

② 杨旭东. 政府工作报告——2019年1月9日在青岛市市北区第二届人民代表大会第三次会议上. [2019-01-10]. http://shibei.qingdao.gov.cn/n4447/n1651931/n1652051/n2610129/n2967524/190121113443292058.html.

老企业加速外迁（搬迁户数占全市总数的60％，规模以上企业由合区时的106家减少到现在的59家），新产业尚未形成规模，税收、固投增长后劲不足。另外，城市基础设施和公共服务配套承载力"赤字"较大，民生保障水平与人民群众的要求和期待还有不小的差距也造成支出巨大。

二是特殊利益群体多。市北区常住人口占到了市内三区的一半左右；从结构来看，低保、残疾人、老年人等困难群体以及医院医生数量、学校学生数量在市内三区也最多（全区共有低保人员1.6万名，持证残疾人2.6万人，60岁以上老年人22.3万人，这几类群体数量均占市内三区的50％以上）。同时，市北部分特定利益群体数量庞大，掌握的涉军人员1.5万人，泽雨群体户籍在我区的4100余人，加上公安重点监控掌握人群和其他非法集资涉及群体共计3万多人，占市区一半以上，十九大前到省进京信访总量占到全市的40％，城市治理任务十分繁重。

三是政府行政效率有待提高。在政府部门间客观存在着职能交叉、职责不清、信息不畅等问题，如何在第一时间了解群众诉求、精确掌握群众关切、破解老城区城市治理难题，如何实现产业结构、环境面貌、民生品质的全面升级，让老城区凤凰涅槃、华丽转身、重新崛起，成为市北面临的最紧迫课题。成为建设主城中心核心区的重要一环。

四、青岛市市北区——以民为本的城市治理体系

党的十八届三中全会通过的《中共中央关于全面深化改革若干重大问题的决定》（以下简称《决定》）明确指出："全面深化改革的总目标是完善和发展中国特色社会主义制度，推进国家治理体系和治理能力现代化。"习近平同志在2014年初春省部级主要领导干部学习贯彻十八届三中全会精神全面深化改革专题研讨班开班式上指出："党的十八届三中全会提出的全面深化改革的总目标，就是完善和发展中国特色社会主义制度、推进国家治理体系和治理能力现代化"，"国家治理体系和治理能力是一个国家的制度和制度执行能力的集中体现，两者相辅相成。"推进国家治理体系和治理能力现代化，落实到城市体制上，就

是要实现"城市管理"向"城市治理"的伟大跨越。

中共十一届青岛市委第五次全委会通过的《中共青岛市委关于贯彻落实党的十八届三中全会精神的意见》明确提出：在率先全面深化改革中，使"城市治理体系和治理能力现代化水平大幅提升"。健全的治理体系、高超的治理能力，是国家有序运行和健康发展的基本条件，也是人民安居乐业、社会安定有序、国家长治久安的重要保障；是决定实现"两个一百年"目标、实现中华民族伟大复兴的关键。2014年1月11日在市北区第一届人民代表大会第三次会议上提出"提升社会治理水平"。创新社会治理体系，更加注重社会治理的整体性、系统性、协调性。认真组织实施"六五"普法规划，规范行政执法行为，提高社会治理法治化水平。注重发挥社区在社会治理中的基础作用，切实做好社区"两委"换届选举工作，争创"全国和谐社区建设示范城区"。青岛市作为山东省重要的沿海城市，正探索通过实施城市治理新模式，为我国城市治理现代化提供生动的基层样本。市北区推进城市治理体系和治理能力现代化，始终坚持"发展为民、发展惠民"的思想，聚焦民生热点难点和公共服务薄弱环节，在补齐短板上精准发力，让全体市民发挥多方参与、共同治理的积极性、主动性、创造性，让改革发展成果更多、更公平地惠及人民群众。

1. 社会治理"网格化"

按照"条块联动、属地为主、分级管理、责任到人"的原则，打造社会综合治理网格化信息管理平台，统筹经济发展、城市管理、安全生产、社会治安等领域公共管理资源，构建"区－街（部门）－网格"三级联动的社会综合治理体系。年内完成网格化管理信息系统开发，科学合理划分网格，完善信息收集、指挥调度、问题处置、监督考核等工作机制，强化与政务热线12345、110等平台的互联互通，确保网格内的各类问题有人负责、及时处理，实现"责任不出格、管理无缝隙"。

2. 救助保障"精准化"

搭建阳光救助平台，力促救助服务及时、精准、透明，形成全区社会救助"一盘棋"。推行家庭综合险、电梯责任险、巨灾综合责任险等社会保险服务，为贫困育龄妇女及新生儿提供项目筛查，为计划生育特殊家庭人员免费查体，让市北居民拥有更有保障的生活。千方百计扩大就业，建设我区首个市级综合性创业孵化园。加大养老服务扶持力度，深化"市北e家"养老院建设，搭建老年人居家智慧医疗平台，设立免费呼叫中心，不断探索居家照料难题解决新路径。积极开展扶残助残五项工程，搭建市北区残疾人"e"家亲综合服务网络平台，不断满足个性化服务需求。

3. 公共服务"均等化"

加强基层基础建设，制定社区服务管理标准，严格落实社区工作准入制度，夯实社区自治职能。新建21处社区服务中心，实现社区服务用房全面达标。加大公益创投力度，扶持实施公益创投服务项目，做响"公益月"活动品牌。加快文化设施建设，新建区级文化展示中心，打造贝林自然博物馆、汉画像砖艺术展览馆、海尔文化展示中心。深入落实全民健身战略，普及推广校园足球和游泳运动，打造上百个全民健身辅导站点。实施街道计生卫生一体化服务模式，打造区公共卫生服务信息平台，争创国家级卫生应急综合示范区。坚持计划生育基本国策，依法组织实施全面二孩政策。不断提高国防教育、民兵预备役、民族宗教、妇女儿童、人防、双拥、对台、侨务、老龄、红十字等各项事业工作水平，推动经济社会协调发展。

4. 安全监管"无缝隙"

加强社会治安综合治理，建立违法犯罪线索有奖举报制度，新增治安视频监控点位1000余个，为全区没有单元防盗门的楼座安装防盗门。全力做好信访积案化解，启用区人民来访接待中心，完善联合接访工作机制，引导群众依法表达诉求、解决纠纷。深化"法律五进"活动，发挥金牌调解顾问团作用，打造具有市北特色的人民调解工作品牌。全面落实安全生产党政同责、一岗双责、失职追责制度和属地化监管，建立危化品及油气管线风险源管理系统，加强对电梯等特种设备安全风险监控，深化火灾隐患排查治理，坚决防范和遏制重特大安全事故发生。扎实推进消费市场秩序专项整治行动，在全市率先建立经营者信用二维码扫描查询系统，以零容忍的态度打击各类侵害消费者权益行为。进一步加强应急体系建设，完善舆情处置机制，营造稳定、健康、积极的舆情环境。

5. 政务服务"一站式"

启用新的政务服务大厅，整合行政审批、公共服务、公共资源交易等职能，为居民和企业提供便捷高效的"一站式"公共服务。编制审批服务指南，简化办事环节，细化工作流程，限制自由裁量权，实现审批流程透明化、审批行为规范化。加快推进"互联网＋政务服务"，强化部门协同，推动信息互联互通、开放共享，全面实现行政审批及相关服务事项网上办理。建立完善区、街、居三级政务服务体系，加快社区自助服务终端建设，做到"企业的事政务大厅集中办、百姓的事街道社区就近办、网上能办的事全部网上办"。

五、青岛市市北区——大数据时代下的城市精细化探索

2015年以来，市北区以改革创新为动力、以先行先试为引领，整合大数据搭建城市治理信息平台，建立起协同治理、动态治理和主动治理的"网格化大治理体系"，在全国率先出台城市治理精细化实施意见，打造城市生长力城市治理品牌，全域推进城市治理。市北区根据中央城市工作会议关于"转变城市发展方式，完善城市治理体系，提高城市治理能力，不断提升城市环境质量、人民生活质量、城市竞争力"的要求，积极作为、先行先试，创新提出了"城市生长力"城市治理品牌，即通过大力实施"经济实力、产业活力、城区魅力、社会合力、治理能力"五大提升工程，让生活在市北的居民、让创业在市北的企业每天都能听到城市生长变化的声音，感受到城市蓬勃向上的力量。市北区城市治理理念可概括为"互联互通互动，协调协作协同，共建共治共享"。

"互联互通互动"是提升城市治理能力的重要前提。通过实施行政管理体制改革，积极探索以大政府平台搭建和运行为核心的机构改革，打破部门间的条块分割，在整合资源、减少层级、提高服务水平方面进行了有益尝试，实现了运行互联、信息互通、交流互动。

"协调协作协同"是提升城市治理能力的重要保障。充分发挥城市治理指挥中心"中枢""大脑"作用，完善信息收集、指挥调度、问题处置、监督考核等

工作机制，充分调动政府、社会、企业、居民参与城市治理的积极性、主动性和创造性，推动理念转变、机制创新、要素协同，实现多元治理主体思想同心、目标同向、协作同步。

"共建共治共享"是提升城市治理能力的重要目标。统筹政府、社会、市民三大主体，厘清"为谁治、谁来治、和谁治"三个层面的问题，鼓励企业和市民通过各种方式参与到城市建设治理工作中来，实现从"我"管理到"我们"一起来治理，让人民群众生活得更方便、更舒心、更美好，让城市治理成为政府和市民共同的事业，实现共同建设、共同治理、共同分享。

市北区走出了一条具有特色的城市治理新路，被民政部批准为全国社区治理和服务创新试验区，荣获2015年全国创新城市治理最佳案例奖；"互联社区"治理服务模式作为山东省唯一案例入选中国社区治理十大创新成果；2016年底，市北区主办了2016中国城市治理（青岛）创新年会；2017年，《经济日报》、《大众日报》、人民网、山东电视台等多家新闻媒体，刊发报道市北区加强城市治理的探索创新做法；2017年4月，市北区承办了国际城市管理青岛年会；2017年10月24日，市北区城市治理网格化信息平台获2017年度ESRI中国用户最佳应用奖；2017年11月底，中国建筑工业出版社正式出版《城市的温度与厚度——青岛市市北区城市治理现代化的实践与创新》。

1. 调整治理结构，筑牢精细化治理的组织基础

青岛市市北区通过对区、镇街和管区三级治理结构进行调整，初步搭建起区级城市治理中心负责统筹调度、区直部门和镇街分级负责、管区网格进行基础支撑的体制架构。

一是区级加强组织领导。成立区委书记担任组长的城市治理工作领导小组，区委副书记负责具体工作，由政法委书记和一位副区长协助分管，公安、司法、应急、信访、安检、民政、城管、质检等部门为成员单位。成立正处级事业单位"市北区城市治理中心"，建成"市北区城市综合治理指挥中心"办公大楼，统筹协调全区城市治理工作。区委区政府设立了城市治理工委和推进委，作为全区城市治理工作管理机构，按照职能相近、合并设立、合署办公的原则，将区城市治理中心、电政办、应急办等9个工作机构整合进委员会统一管

理，科学统筹为4个工作部，并试行"业务主管制"；同时对与城市治理密切相关的公安110指挥中心、综治办、城管局、综合执法局、市场监管局、食药监局等10个单位，实行在推进委指导下联合值班、问题联办，构建起职能多元的城市治理体系，成为全区城市治理的"指挥中枢"，解决多头管理、推诿扯皮的问题。①

二是深化镇街体制改革，剥离和弱化镇街招商引资等经济职能，推动镇街工作重心向城市治理和公共服务转变。明确镇街重点做好城市治理、基层建设、发展保障和公共服务工作。在镇街内部设立专门的城市治理办公室，落实协调部署相关工作。

三是实行管区制，深入推进网格化建设，为实现更加精细有效的城市治理，将每个镇街划分为5～7个管区。为强化基层基础，将100多名处科级干部下沉至管区担任主要负责人和副职。市北区19街和135个居委会划分网格，与此同时对网格因地制宜进行细分，划分为城市网格、农村网格、村改居网格、企业网格及特殊网格等若干类，以便于进行精细化治理。

市北区于2016年7月全面推开城市治理网格化工程，建立了城市管理三级联动机制。以社区为单位，市北区将全区划分为135个社区网格、1064个单元网格，将124个区域相对集中、面积较大的厂区、园区、校区、企业等划分为拓展网格，共计1188个责任网格。与此同时，市北区积极探索政府体制扁平化管理，落实机关干部下沉网格。每个社区网格都设立网格长、网格巡治员，街道会安排1名处级干部、1名科级干部和1名综合执法队员下沉到社区网格，并指定责任科室指导社区网格工作，属地公安派出所和交警中队也会安排1名干警下沉网格，按工作分工承担相应网格管理责任，对网格内"人、地、事、物、组织"实施全覆盖管理。通过这些举措，市北区把城市治理的主体从过去的城市管理部门为主，扩展到机关事业单位、街道干部、综合执法人员、社区工作者、网格员等各个层面，构建横向到边、纵向到底的责任体系，初步形成了责任清晰、运行高效的城市治理工作格局。

---

① 区城市治理推进委. 创新社会治理 提升城市生长力——市北区打造改革新样本 走出社会治理新路径. 2018.

城市治理不仅仅是让全民参与进来，更重要的是政府部门走出信息孤岛，以大数据为支撑，真正了解和掌握群众遇到的问题和具体需求。市北区城市治理网格化信息平台作为城市治理的反馈—响应平台，还是全区城市治理的数据库，社区网格员是该数据库的"信息采集员"。该数据库系统通过聚合图、热力图的方式直观展现问题高发区域，为政府决策提供依据和数据支持。

2. 优化治理流程，理顺精细化治理的体制机制

将精细化治理融入城市治理的每一个环节，在责任划分、事件处置、监督检查等多个方面实现精细化治理，形成全程掌控、快速反应、闭环运作、高效联动的城市治理流程。市北区出台了《关于率先推进城市治理精细化的实施意见》提出了责任精细化、处置精细化、监督精细化的实施方案。在责任落实精细化方面，坚持划格定责、分级负责和人人有责的原则，制定城市治理事权清单，厘清各部门及镇街的职责定位。将社会治安、城市管理、民生服务、安全生产、纠纷调解和信访稳定六大领域事务全部纳入网格管理，每个网格安排不少于5名网格员，负责基本信息搜集、矛盾隐患排查、服务人民群众及问题核实处置等工作，实现"网中有格、格中有人、事在网中、人在格上"的无缝隙精细化治理。在事件处理精细化方面，建立起一套标准化和规范化的工作体系，实行首单负责制、核实回访制等工作制度，实行流程再造，建立直接答办和分类转办等工作流程，以及人工交办、电子催办、短信督办、现场查办和专报批办"五级督办机制"。在监督实施精细化方面，将城市治理工作列入区级科学发展综合考核体系，将考核结果与领导班子及干部个人的表彰奖励及提拔使用挂钩，作为文明单位、劳模评选的重要依据。另外，在报刊、网络、电台开辟专栏，开通网络APP查询通道，借助媒体和舆论的力量，公开督办事项处理情况，曝光不作为和乱作为行为，对承办城市治理事项不利的单位和个人严肃追责。

经过调研论证，结合工作实际，一共制定了5项制度、1个流程、1个规范。制度方面主要包括部门联动机制、网格员管理办法、考核办法、工作职责、工作纪律五个方面的内容，在考核制度设计上，探索采用了横向和纵向"双轴"考核模式，横向注重部门与部门之间、街道与街道之间的考核评比，纵向注重

本部门、本街道同比、环比情况的变化，双轴相交，综合赋分，通过考核倒逼城市自愈能力提升。流程方面，强调社区前端防控，网格员能随手处置的问题力求当场处置；街道注重综合管理、联合处置，能在街道辖区内解决的问题确保解决在街道运转环节；区级平台注重调度指挥服务，做好统计分析，协调解决重大疑难问题。1个规范主要是在各部门提报的基础上，通过与市级部门对接和专家评审，设定了从网格员巡查提报到系统操作员审核派遣，最后到处置部门完成处置的工作标准。①

　　建立区、街道（部门）和社区三级管理平台，明确每级平台的职责分工，社区负责前端防控，街道重在综合管理，区级平台做好服务监管，协调解决重大疑难问题。一般问题在街道、社区层面微循环处置、按时限解决，需要区级层面解决的，第一时间落实执法联动，集中力量调度解决，通过形成权责明晰、奖惩分明、分工负责、齐抓共管的社会治理责任链条，解决处置繁琐、响应滞后的问题。②

　　市北区所实施的"一中心、多平台、广触角"治理模式取得了良好的效果。"一中心"，即政府在治理模式中发挥主导作用，并在区级层面构建一个城市治理指挥中心；该中心具有工作调度、分派应急、实时调度解决街道、区直部门上报的重大、紧急、疑难问题的功能；它还是数据整合应用中心，将全区已建成和在建的信息平台全部打开端口链接到中心平台，实现全区信息共享，数据实时呈现；它还是工作联动中心，与市北区110指挥中心合署办公，实现警民联动，防患于未然。"多平台"，即着眼于发挥各部门主体作用，在街道和重点区直部门都成立调度平台。这些平台主要用来处理网格员上报的城市治理问题，对能够在街道内解决的，直接指派街道有关部门或综合执法部门按时限标准解决，对需要区级层面解决的，及时报送区级指挥中心调度解决。"广触角"，即着眼于发挥社区群众自治作用，采取购买社区服务的方式，由社区居委会组织收集城市治理所需的数据、信息，街道按照社区大小和户数支付一定费用，确

---

① 区城市治理推进委. 创新社会治理 提升城市生长力——市北区打造改革新样本 走出社会治理新路径. 2018.
② 同上。

保数据和信息的及时性与有效性。在以上三个要素的基础上，通过职责理顺、流程再造、标准设定，确定工作规则，实现政府体制内上下联动、闭合循环、高效运转。

3. 强化信息支撑，搭建精细化治理的信息平台

市北区实施"区域管理网格化、全区统筹信息化、公共服务精准化、社会治理精细化"工程，用改革的办法、创新的手段、科技的助力，实现人员、部门、系统、技术、平台、数据的深度协同，凝聚起加强城市治理的强大合力。依托智慧城市建设，引入"互联网＋城市治理"模式，搭建信息采集、处理和研判平台，通过提高城市治理的信息化、网络化和智能化水平推动城市治理精细化。一是依托"天网""地网"实现信息精细化收集。建立智能巡查"天网"，整合社会治安、安全生产、城市防汛及森林防火等4000多条视频监控资源，建成视频监控探头23000个，对风险隐患易发地区进行可视化和智能化监控，基本实现地区全覆盖。建立人工巡查"地网"，整合社区民警、城管执法队员、安检员、协管员力量，全区5000余名专职网格员携带智能终端全天不间断巡查，确保发现问题第一时间上报处理。系统建立后，网格员上报各类信息150多万条，处置率达到97.7%。二是构建"三级平台"实现信息精细处置。通过城市治理信息平台实现区、镇街和管区三级数据资源的互通共享和高效联动。将网格员采集的信息按照不同级别分别接入三级平台，建立"发现报送、研判处置和核实反馈"的闭环工作模式。三是搭建大数据中心实现信息精准研判。整合区人口、地理、企事业单位等基础信息，执行标准统一的信息采集和更新机制，建立包含300余万条信息的城市治理大数据中心。利用大数据技术对城市治理事务进行分析研判，建立预警机制，做到问题"早发现、早防范、早处理"。

同时，成立"市北区城市综合治理指挥中心"，指挥中心以"区域管理网格化、全区统筹信息化、公共服务精准化、社会治理精细化"为方向，构建城市治理平台。通过"改革、创新、科技"三大动力，实现了人员、部门、系统、技术、平台、数据多要素深度协同，实现从政府单一治理向社会多元治理转变。在全面推开城市治理网格化工程中，市北区将全区划分为135个社区网格、

1188个责任网格，实现机关干部、执法人员、社区工作者、网格员下沉网格，开展网格巡查，主动发现问题、积极解决问题。通过细化管理单元、明确责任归属，确保网格内的各类问题快速发现、快速处置、快速反馈。

建立城市生长力数据观测中心，发挥大数据在城市治理中的作用，是贯彻习近平总书记"要运用大数据提升国家治理现代化水平。建立健全大数据辅助决策和社会治理的机制，推进政府管理和社会治理模式创新，实现政府决策科学化、社会治理精准化、公共服务高效化"指示精神的具体举措，为我们用好数据破解城区发展难题、提升城市治理水平提供了对策支撑。在城市治理网格化系统建设过程中，市北区以创新大数据归集使用为抓手，以平台化、大部制为改革方向，通过搭建城市生长力平台，提高了城市社会治理精细化水平，促进了城市生长力的全面提升。2017～2018年，市北区成功举办了国际城市管理（青岛）年会、中国全球智库创新（青岛）年会等一批国际性会议，入围第三批"全国社区治理和服务创新实验区"。2018年6月，山东省委副书记、省长龚正到市北区调研，仔细了解了社会治理、公共服务、数据应用等情况，对市北区通过大数据创新、全面提升城市社会治理水平的做法给予充分肯定。《光明日报》专版、《大众日报》头版相继报道了市北区相关做法。

市北区依托浪潮研发中心、青岛地理勘察测绘院等科研院所和企业，借助移动GIS、三维地理信息、大数据等信息化技术手段，整合全区人口、企业、建筑物、危险源、城市部件、监控摄像头等各类信息，构建全区统筹的城市治理信息化管理系统，建成4套基础数据库，9个专题数据库，包含地理信息、人口、法人、建筑、危险源等19类数据信息，基本完成全区12000个公共视频探头的升级整合，全面摸清经济社会各类资源"家底"。网格化系统与公安、人社、民政、卫计、残联、市场监督等20余个部门近40个业务系统顺利对接，实现数据共享互通。通过搭建集经济运行、城市管理、应急指挥、社区服务、公共安全等多功能于一体的智慧化应用平台，实现数据的集中管理、互通共享，为政府科学决策提供准确、全面、系统的数据支持，实现城市治理智能化、协同化、精确化。市北区建立信息采集与问题处置联动机制，通过巡治员巡查"主动发现"和市民、社会团体组织反映问题"被动发现"双途径采集信息、发现问题，对上报平台的信息案件，明确办理流程和处置时限；设置系统跟踪办理进度，对正常办结、即将到期和超出办理时限的案件分别用绿、黄、红三色提示，进行提醒、催办、督办和问效，将办理效率和质量纳入量化考核，用考核督促问题的整改落实。

目前，网格化平台日均上报案件约3000件，每周处置约2万件，绝大多数案件得到了及时有效解决。在畅通信息渠道方面，建立"在市北"APP、"市北城市治理"微信公众号，畅通市民反映问题渠道，"在市北"APP用户量已突破65万人，居民参与城市治理的热情十分高涨。同时与多个部门（单位）业务系统联动，涉及民情民意的信息亦可即时推送。例如通过110指挥平台日均推送30余件非警务类事项，区级平台根据属地化管理和职责范围等进行兜底解决，极大地提高服务能力。

市北区依托城市治理体制机制创新优势，利用智慧化、信息化平台，形成了真正智能化的指挥中心和决策参考体系。一是做实了"一口受理"。将城管、安监、环保、司法等十多个部门各自设立的14个政务热线平台、6个网络平台，统筹整合为1个综合业务平台，打造发现问题、请求帮助、提出建议的唯一平台，做到对外一个声音、一个口径受理服务，实现了政府管理资源的聚合与共享，既方便了居民办事，又提升了工作效率、群众满意度。二是破除了"数据壁垒"。完成了19个单位167类、2575项、1.1余亿条数据的归集（其中基础数据2.9千万余条，业务数据8.2千万余条），实现了150余个数据图层的可视化展示与查询，基础数据年更新量达9.7%，通过大数据挖掘及地理信息可视化，直观展现区域实时情况，对苗头性、倾向性问题及时分析研判、提前预警，为政府决策提供了更加直观、高效、准确的参考依据。三是实现了"应急联动"。依靠大数据优势，遇突发紧急情况，指挥中心可完成周边应急资源的查询调集，通过融合通信系统可联系就近网格员使用手机摄像头，实现影音同期回传，弥补现场监控盲点，提高应急处理能力和水平。

4. 完善治理格局，培育精细化治理的多元主体

市北区按照十八届三中全会的要求，不断推进政府治理和社会自我调节、居民自治的良性互动，变"政府独奏"为"社会合唱"，多措并举培育和引入

多元主体推进城市治理精细化。一是引导培育社会力量参与，区政府加强政策引导和资金支持，专门出台《进一步推进社会组织改革与发展的意见》，设立500万元社会组织发展基金，建立社会组织孵化园、创意园和公益园。目前全区有1500多家社会组织，4万名社会工作者、10万名志愿者和义工活跃在城市治理舞台上。二是引导鼓励公众参与。拓宽门户网站、手机终端、网络舆情及微信公众号等信息搜集渠道，整合群众诉求渠道，将原来分散的18条政务热线统一为"一号通"（67712345），24小时受理群众咨询、投诉和建议。专门设立50万元的公众参与奖励基金，鼓励群众上报问题、提出合理建议。通过落实"地－楼－房－人"四位一体化管理，实现了以地查楼、以地查人、以楼查房、以楼查人、以房查人的关联查询，为政府决策、管理及规划提供数据层面的量化依据，既解决了很多像棚户区改造这样事关长远发展的大事难事，又做到针对不同群体"量体裁衣"，从群众急需的漏雨房屋维修、破损门窗更换等具体小事做起，想方设法加快解决配套学校建设、老旧楼院整治等群众关心的各类热点难点问题，办成了很多社会关注、群众期待的"急事""要事"，提高了公共服务供给的质量和效率。通过数据建库，全面掌握人口信息，完成了52万余人口数据采集，实现对网格内人口数量、人口结构、弱势群体、重点群体等人口信息的全面掌握，从而更多地站在"人"的立场想问题，赢得群众的信赖与支持。[①] 据统计，现在每天平均受理6000余条信息，大量隐患和问题得以及时发现并消灭在萌芽状态。三是不断完善多元共治格局。建立城市治理联系会议制度，由区委牵头，城市治理中心、综治办、法制办、安委办、城管委办、编委办参加并定期召开联系会议。发挥工会、妇联和共青团枢纽型社会组织的作用，吸纳驻区高校、企事业单位积极参与城市治理。四是进一步强化基层社区自治。制定出台了《关于加强城乡社区治理的意见》，从社区多元主体建设、提高社区治理能力、提高社区服务能力、落实社区事权责任、落实社区平台建设及落实社区保障制度等六个方面提出了建设现代化新型社区的具体意见。

---

① 区城市治理推进委. 创新社会治理 提升城市生长力——市北区打造改革新样本 走出社会治理新路径. 2018.

第二节　青岛市市北区城市治理网格化数据基础分析

　　数据分析是指用适当的统计分析方法对收集来的大量数据进行分析，提取有用信息和形成结论而对数据加以详细研究和概括总结的过程。这一过程也是质量管理体系的支持过程。在实际应用中，数据分析可帮助人们作出判断，以便采取适当行动。在统计学领域，有些人将数据分析划分为描述性统计分析、探索性数据分析以及验证性数据分析；其中，探索性数据分析侧重于在数据之中发现新的特征，而验证性数据分析则侧重于已有假设的证实或证伪。本节首先对市北区网格化城市治理数据的性质、数量，以及时空变化情况进行描述性分析。

　　市北区网格化城市治理数据建立之后，首先按照上报方式及上报内容（14个二级分类及49个三级分类）进行分类整理，利用Tableau Software整理出不同上报方式及不同上报内容的件数及占比，随后分析不同上报内容件数的年-月-日变化，以及不同网格上报件数月变化，同时，结合Statistical Product and Service Solutions 17.0（SPSS17.0，Chicago，USA）、Origin 9.0（Originlab，Northampton，Massachusetts，USA）将相关数据进行可视化。

一、数据定性分析

　　市北区网格化数据由网格员进行上报，网格员总数为12337个，按雇佣性质分为专业网格员1647人，专职网格员1425人，兼职网格员9265人；其中，兼职网格员占比达到74.10％，包含志愿者、老党员、退休干部、楼院组长等，代表市民及社区组织；专业网格员占比为13.35％，为街道在编在岗人员，专职网格员占比为11.55％，为街道非在编雇佣人员。可以看出，市民及社区组织参与城市治理的比例最高。

网格员通过专门APP进行数据上报，同时，市北区城市治理指挥中心也将其他途径上报的数据纳入了系统（表4-1）。网格员上报的比例最高，达到95.68%，远高于其他途径的上报比例。"在市北"APP则是市北区在发挥政府对城市治理主导作用的基础上，利用"共治共管、共建共享、互联网＋"的新理念，搭建的城市治理、百姓生活与公共服务APP平台。这一平台在上报数据中的比例也占到了4.02%，表明群众也会自发参与城市治理当中。

市北区城市治理网格化数据上报途径　　　　表4-1

上报途径	数量（件）	比　　例
网格员上报	1094255	95.68%
在市北APP上报	45985	4.02%
公安上报	2161	0.19%
其他上报	991	0.09%
微信上报	178	0.02%
市级派遣	60	0.00%
街道上报	1	0.00%
合计	1143631	100%

二、数据定量分析

此次分析选取的城市治理网格化数据按照上报数据的性质共分为14个二级分类及49个三级分类，各分类的名称及上报数据的数量和比例见表4-2。二级分类中，城市管理类上报数量占比最高，达到了76.52%，其次为公共交通管理类（4.60%）和建设管理类（3.68%）。三级分类中，环境卫生管理类上报数量占比最高，达到59.06%，其次为市容市貌（9.39%）和市政设施管理（4.98%）。需要注意的是，有10.32%的上报数据没有归到上述分类中，而归到其他类。

市北区城市治理网格化数据二级、三级分类上报数量及比例　表4-2

二级分类	数量（件）	比例	三级分类	数量（件）	比例
城市管理	875089	76.52%	环境卫生管理	675402	59.06%
			市容市貌	107395	9.39%
			市政设施管理	56995	4.98%
			园林绿化管理	21257	1.86%
			城区公共健身设施管理	10016	0.88%
			早、夜市（摊点群）	4024	0.35%
公安交通管理	52682	4.60%	违法停车	47370	4.14%
			车辆管理	2764	0.24%
			交通设施	2548	0.22%
建设管理	42054	3.68%	建设施工管理	42049	3.68%
			河道管理	5	0.00%
社会治安综治	27040	2.37%	社会治安	19230	1.68%
			人口管理	5323	0.47%
			民事纠纷	2217	0.19%
			信访工作	190	0.02%
			安全防控	80	0.01%
创卫复审类	16795	1.47%	单位和居民社区（小区）卫生	7154	0.63%
			广告牌匾、市容秩序、违建治理及居民楼院环境提升	5712	0.50%
			环卫保洁提升	2442	0.21%
			建筑立面、建设工地环境提升	526	0.05%
			市政道路与河道整治提升	425	0.04%
			绿化美化与铁路两侧环境提升	291	0.03%
			健康教育促进、公共卫生与医疗服务	157	0.01%
			农贸市场管理	34	0.00%

二级分类	数量（件）	比例	三级分类	数量（件）	比例
创卫 复审类	16795	1.47%	病媒生物防治和控烟	24	0.00%
			食品安全及重点场所卫生	15	0.00%
			环境保护	14	0.00%
			夜景亮化提升	1	0.00%
市场监管	5447	0.47%	广告管理	4729	0.41%
			营业执照管理	715	0.06%
			特种设备安全	3	0.00%
消防安全	2649	0.24%	消防设施	1324	0.12%
			消防隐患	1259	0.11%
			应急疏散	66	0.01%
卫生计生 监督执法	1082	0.09%	公共场所卫生执法	1082	0.09%
安全监管	1036	0.09%	危险化学品	1036	0.09%
食品药品 监管	808	0.07%	食品监管	645	0.06%
			药品监管	140	0.01%
			保健食品监管	14	0.00%
			医疗器械监管	9	0.00%
民政	552	0.05%	救助管理	552	0.05%
环境保护	293	0.02%	排放污水	97	0.01%
			排放固体废弃物	82	0.01%
			排放大气污染物	57	0.00%
			排放噪声	57	0.00%
文化执法	113	0.01%	文化领域	80	0.01%
			新闻出版领域	27	0.00%
			广播影视领域	6	0.00%
其他	117991	10.32%	其他	117991	10.32%

三、时间序列分析

1. 数据总体分析

目前，分析的城市治理网格化数据上报时间段为2017年1月～2018年12月。图4-6为市北区城市治理网格化上报数据的月数量变化。其中，2017年3～5月数量相对较高（2017年3月份数量最高，为87400件）。2017年6～10月期间开始下降，到2017年10月数量下降至43142件。2017年11月～2018年3月期间数据数量开始上升，到2018年3月数量达到68825件，随后2018年4月数据量急剧下降至17274件，从2018年5月开始到2018年底又缓慢提升。

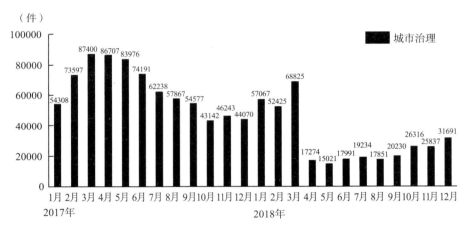

图4-6　市北区城市治理网格化上报数据的月数量变化

图4-7为市北区城市治理网格化上报数据的日数量变化。数据的日变化总体趋势与月变化相同，所不同的是休息日上报数据量都有一个明显的降低。其中，2017年1月1日～2018年4月1日周末与工作日的数量差值在2000件左右，2018年4月1日～10月15日左右差值降低至200件左右，10月15日后又增加至1000件左右。

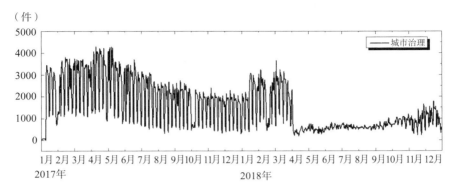

图4-7 市北区城市治理网格化上报数据的日数量变化

2. 二级分类分析

图4-8为市北区城市管理网格化上报数据的月数量变化。二级分类中，由于城市管理的所占比例最高，达到76.52%，因此其月上报数量变化与城市治理总数据变化基本一致。所不同的是城市管理2018年3月上报数据量为两年中第二高，达到59458件。

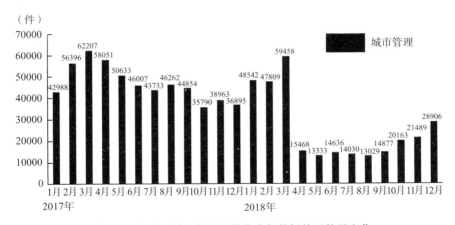

图4-8 市北区城市管理网格化上报数据的月数量变化

图4-9为市北区公安交通管理网格化上报数据的月数量变化。公安交通管理上报数量在2017年1~5月持续上升，5月份达到最高，为9452件，此后明显下降，在2018年3月份数据又达到较高值4235件，2018年4月份以后数据明显下降。

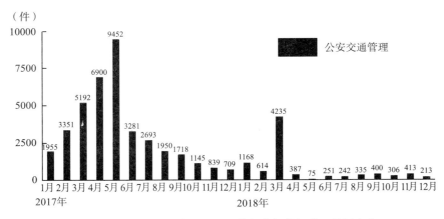

图4-9　市北区公安交通管理网格化上报数据的月数量变化

图4-10为市北区公安交通管理网格化上报数据的月数量变化。公安交通管理上报数量在2017年4～7月较高，都在100件以上，其他时间段都低于100件，2018年4～12月没有上报数据出现。

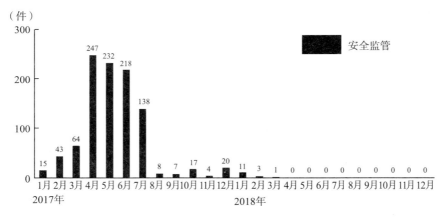

图4-10　市北区公安交通管理网格化上报数据的月数量变化

图4-11为市北区创卫复审类网格化上报数据的月数量变化。创卫复审类数据在2018年6月开始出现并逐月上升，2018年10月达到最高值3712件，随后有所降低。

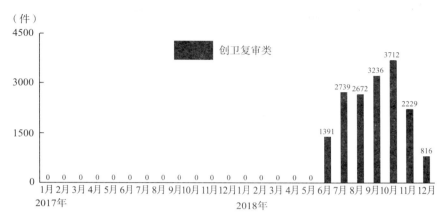

图4-11　市北区创卫复审类网格化上报数据的月数量变化

图4-12为市北区建设管理网格化上报数据的月数量变化。建设管理数据的月上报数据量整体都比较高，最高值出现在2017年8月，达到3045件，最低值出现在2017年1月，为523件。

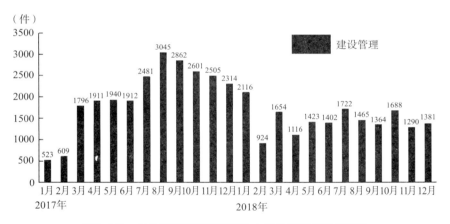

图4-12　市北区建设管理网格化上报数据的月数量变化

图4-13为市北区社会治安综治网格化上报数据的月数量变化。社会治安综治上报数量在2017年1月～2018年3月都较高，上报数量都高于700件，此后明显下降，都低于300件。其中，最高值出现在2018年1月，达到2657件，最低值出现在2018年5月，为69件。

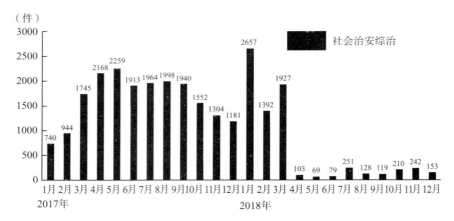

图4-13 市北区社会治安综治网格化上报数据的月数量变化

图4-14为市北区民政类网格化上报数据的月数量变化。民政上报数据在2017年6月数据量最高，达到149件，其他月份都少于100件。最低值出现在2018年8月，为2件。

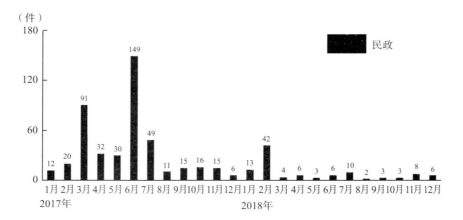

图4-14 市北区民政类网格化上报数据的月数量变化

图4-15为市北区环境保护网格化上报数据的月数量变化。环境上报保护数据2017年8月最高，达到96件，其他月份都较少，其中2018年6月、9月和10月没有上报数据出现。

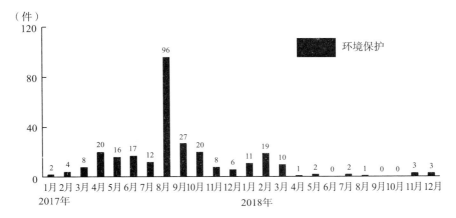

图4-15　市北区环境保护网格化上报数据的月数量变化

图4-16为市北区市场监管网格化上报数据的月数量变化。市场监管数据在2017年7月～2018年3月份值相对较高，都高于300件，其中最高值出现在2017年11月，达到720件。其他月份上报数据都低于100，其中2018年8月和12月无上报数据出现。

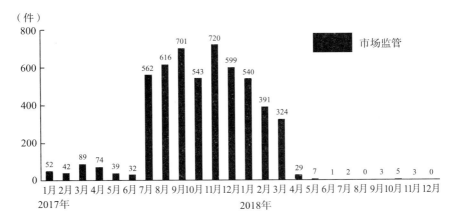

图4-16　市北区市场监管网格化上报数据的月数量变化

图4-17为市北区卫生计生监督执法网格化上报数据的月数量变化。卫生计生监督执法数量在2017年1～7月份相对较高，最高值出现在2017年3月，达到218件。此后下降明显，10月后几乎没有数据出现。

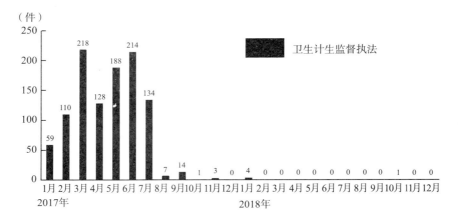

图4-17 市北区卫生计生监督执法网格化上报数据的月数量变化

图4-18为市北区食品药品监管网格化上报数据的月数量变化。食品药品监管在2017年1～10月数据量相对较高，上报值都在30件以上，其中最高值出现在2017年6月，达到133件。2018年除了5月份之外，其他月份上报量都低于10件，其中2018年3月、8月、9月和11月无上报数据。

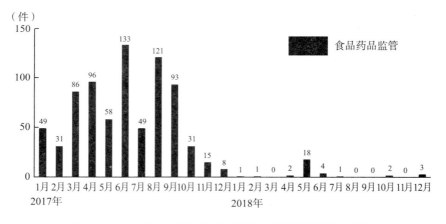

图4-18 市北区食品药品监管网格化上报数据的月数量变化

图4-19为市北区消防安全网格化上报数据的月数量变化。消防安全数据在2017年1月～2018年3月相对较高，其中最高值出现在2017年2月，达到327件。2018年4月后上报数据都较少，其中2018年7月、8月和9月无上报数据。

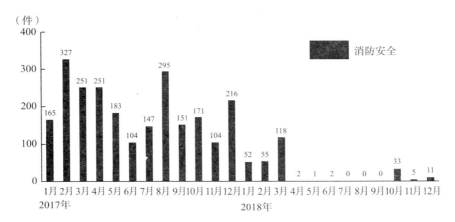

图4-19　市北区消防安全网格化上报数据的月数量变化

图4-20为市北区文化执法网格化上报数据的月数量变化。文化执法上报数据整体较少，都低于30件，其中最高值出现在2017年2月，为21件，2017年11月至2018年12月之间除了2018年4月和10月之外都没有上报数据。

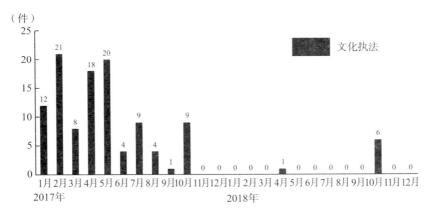

图4-20　市北区文化执法网格化上报数据的月数量变化

图4-21为市北区其他类事件管理网格化上报数据的月数量变化。其他类数据数量在2017年1～6月逐步升高，最高值出现在2017年7月，达到20207件，此后下降趋势明显，2018年4月及以后数据量都低于300件。

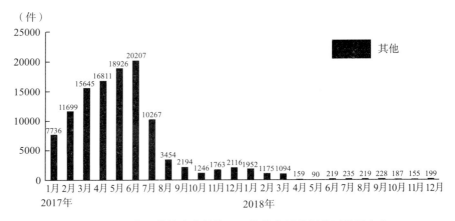

图4-21　市北区其他类事件管理网格化上报数据的月数量变化

四、空间序列分析

1. 街道总体分析

根据此次数据时间跨度为2017年1月1日～2018年12月31日，以街道为空间单位，分析各街道总体空间序列数据，表4-3为市北区下属各街道城市治理网格化数据，即青岛市市北区共有包括延安路街道等19个街道。

	市北区下属各街道城市治理网格化数据			表4-3
序号	街道名称	街道常住人数（万人）	总数量（件）	单位数量（件/万人）
1	延安路街道	5.20	114392	21998
2	辽宁路街道	5.01	89986	17961
3	浮山新区街道	6.70	105205	15702
4	河西街道	4.30	59054	13733
5	大港街道	3.34	43929	13152
6	镇江路街道	4.91	61718	12570
7	辽源路街道	5.65	67714	11985
8	登州路街道	3.30	38542	11680

续表

序号	街道名称	街道常住人数（万人）	总数量（件）	单位数量（件/万人）
9	宁夏路街道	3.95	44710	11319
10	海伦路街道	8.90	99946	11230
11	敦化路街道	6.60	67517	10230
12	四方街道	10.00	74273	7427
13	台东街道	6.00	34685	5781
14	洛阳路街道	9.76	56405	5779
15	兴隆路街道	12.00	63695	5308
16	合肥路街道	8.00	39863	4983
17	水清沟街道	9.80	33331	3401
18	即墨路街道	8.87	28554	3219
19	阜新路街道	10.00	20112	2011

由表4-3可得，纳入各街道人口数量，可得出单位人口的网格化上报数据，也称为单位数量（件/万人）。19个街道空间序列数据分析中，可看出单位数量超过万件/万人的有11个街道，即代表这些街道的常住人口，这两年平均每个人都有上报了关于城市治理方面问题的经历，其余8个街道的单位数量则小于万件/万人。其中，延安路街道的单位数量最高，为21998件/万人，其次为辽宁路街道、浮山新区街道，分别为17961件/万人、15702件/万人，而水清沟街道、即墨路街道和阜新路街道单位数量则相对较低，分别为3401件/万人、3219件/万人和2011件/万人。

2. 各街道数据月变化

将空间序列数据和时间序列相结合，对青岛市市北区19个街道的2017～2018年月数据变化进行精确分析并对比。图4-22为延安路街道城市治理网格化上报数据的月数量变化，可看出数据从2017年1月～2018年3月数据量相对较高，变化区间为[1054，1518]，而在2018年4月开始出现明显下降，在2018年4～12月这9个月范围内，数据变化区间为[100，471]，并在2018年12月数据量达到最低，为100件。

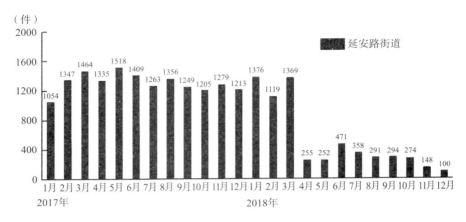

图4-22　延安路街道城市治理网格化上报数据的月数量变化

　　辽宁路街道城市治理网格化上报数据的月数量变化如图4-23所示，自2017年1月～2018年12月，数据呈现先上升后趋于平稳再出现急剧下降的趋势，在2017年1月～2018年3月范围内，数据量都相对较高，变化区间为[551，1447]。而从2018年4月开始，至2018年12月，数据出现明显下降趋势，和延安路街道数据变化趋势相近，其变化范围为[46，205]，在2018年11月数据量达到最低，为46件。

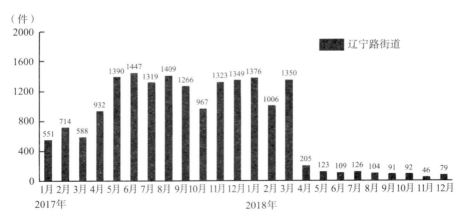

图4-23　辽宁路街道城市治理网格化上报数据的月数量变化

　　浮山新区街道城市治理网格化上报数据的月数量变化如图4-24所示，自

2017年1月～2018年12月，数据呈现先上升后下降再出现上升并趋于平稳变化的趋势，在2017年1～12月范围内，数据呈现先上升后下降的变化趋势，变化区间为［94，885］，并在2017年3月和11月数据量达到最高和最低，分别为885件和94件。而数据量自2018年1月开始呈现上升并趋于平稳的变化趋势，变化区间为［562，1230］，并在2018年3月和5月数据量达到最高和最低，分别为1230件和562件。此外，数据自2018年7～12月呈现平稳变化，变化幅度为［1004，1088］。通过分析可得，浮山新区街道数据量的月变化和延安路、辽宁路街道的数据量变化出现明显的不一样。

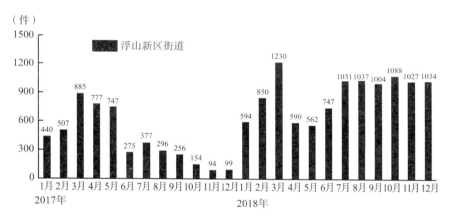

图4-24 浮山新区街道城市治理网格化上报数据的月数量变化

河西街道城市治理网格化上报数据的月数量变化如图4-25所示，自2017年1月～2018年8月数据呈现上升下降再上升再下降的变化趋势，但总体数据量变化相对较小，变化区间范围为［20，850］。而自2018年9月开始，数据出现明显上升变化，变化区间为［648，2572］，并于2018年12月数据量达到最大值，为2572件。

大港街道城市治理网格化上报数据的月数量变化如图4-26所示，自2017年1月～2018年12月，数据呈现明显下降趋势。数据量在2017年7月呈现第一个明显下降点，由2017年6月的1600件降为704件，再到2017年10月，数据呈现第二个明显下降点，由2017年9月的577件降为56件。相比较2017年1～6月

的变化区间［1157，1641］和2017年7～9月的变化区间［577，704］，数据量自
2017年10月～2018年12月数据量则明显下降，并保持相对平稳，变化区间为
［52，231］。

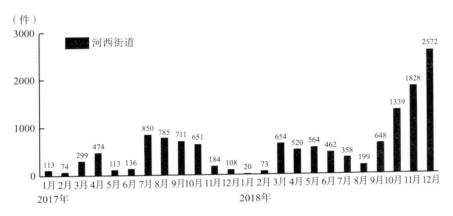

图4-25　河西街道城市治理网格化上报数据的月数量变化

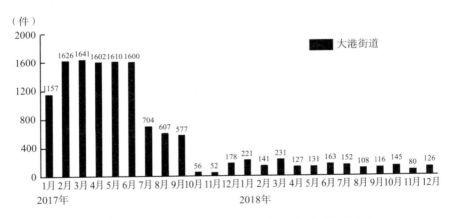

图4-26　大港街道城市治理网格化上报数据的月数量变化

镇江路街道城市治理网格化上报数据的月数量变化如图4-27所示，数据量
自2017年1月～2018年3月都较高，变化区间为［463，909］，于2018年3月数
据量达到最大值，为909件。而从2018年4月数据呈现明显下降趋势，并一直保
持较低，变化区间为［42，194］，其中2018年5月数据量达到最低值，为42件。

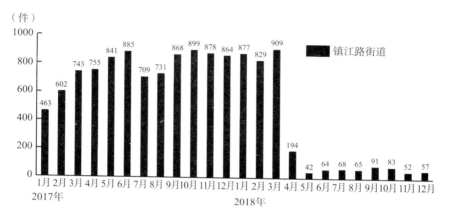

图4-27　镇江路街道城市治理网格化上报数据的月数量变化

辽源路街道城市治理网格化上报数据的月数量变化如图4-28所示，数据量自2017年1月～2018年12月呈现先上升再明显下降又再呈现逐步上升而后再下降的趋势，于2017年1月～2017年8月数据呈现明显上升再明显下降的趋势，变化区间为[170，2023]，于2017年5月和2017年8月数据量达到最大值和最小值，分别为2023件和170件。而数据自2017年9月～2018年12月，数据量先呈现逐步上升又明显下降并趋于平稳的趋势，变化范围为[84，525]，于2018年4月数据量达到最低值，为84件，此后呈现逐步平稳状态，数据量都相对较低。

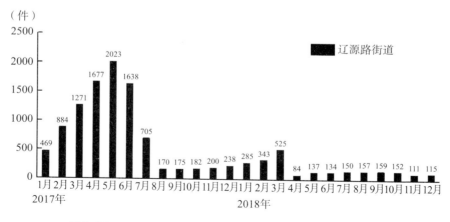

图4-28　辽源路街道城市治理网格化上报数据的月数量变化

　　登州路街道城市治理网格化上报数据的月数量变化如图4-29所示，数据量在2017年1月～2018年12月呈现一直下降趋势，并在2018年4月出现明显下降变化，同时保持一直平稳。数据量在2017年1月～2018年3月的变化区间为[196，1302]，并于2017年2月和2017年10月出现最大值和最小值，即1302件和196件。而数据量在2018年4～12月的变化区间为[38，168]，并于2018年9月和2018年12月出现最大值和最小值，即168件和38件。

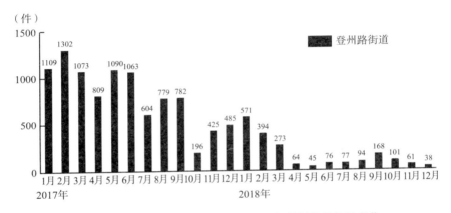

图4-29　登州路街道城市治理网格化上报数据的月数量变化

　　宁夏路街道城市治理网格化上报数据的月数量变化如图4-30所示，数据量自2017年1～4月呈上升变化，变化区间为[1054，1823]，即2017年4月出现峰值1823件。随后，数据量在2017年5～12月明显下降并保持相对平稳，变化区间为[182，624]。而数据量在2018年1月又出现第二个峰值，为745件，此后数据量呈下降趋势，并于2018年4月数据呈现明显下降趋势，2018年4月～12月数据量变化区间为[63，159]，数据量相对较小并保持平稳。

　　海伦路街道城市治理网格化上报数据的月数量变化如图4-31所示，数据量在2017年1月至2018年3月范围内都相对较高，其变化区间为[555，847]。自2018年4月开始，数据量呈现明显下降，从2018年3月的720件降为2018年4月的50件。数据量在2018年4～9月保持相对平稳，变化区间为[50，78]，而在其后的3个月数据量又呈上升变化，于2018年12月份达到了306件。

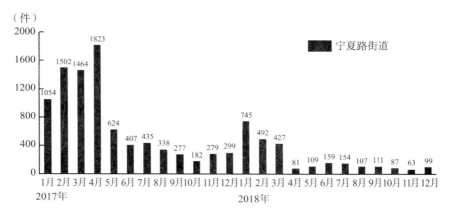

图4-30　宁夏路街道城市治理网格化上报数据的月数量变化

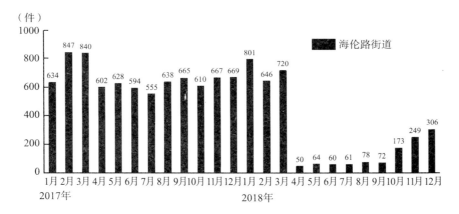

图4-31　海伦路街道城市治理网格化上报数据的月数量变化

敦化路街道城市治理网格化上报数据的月数量变化如图4-32所示，数据量在2017年～2018年3月相对较高，变化区间为[364，963]，于2017年5月和2018年2月出现最大值和最小值，即963件和364件。数据量自2018年4月出现明显下降并一直保持，变化区间为[2，85]，于2018年11月达到最小值为2件。

四方街道城市治理网格化上报数据的月数量变化如图4-33所示，数据量在2017年～2018年3月呈逐渐上升变化趋势，并一直保持相对较高，变化区间为[120，1139]，于2017年6月和2018年3月出现两个峰值，即628件和1139件。

数据量自2018年4月出现明显下降并一直保持，变化区间为[1，132]，于2018年12月达到最小值为1件。

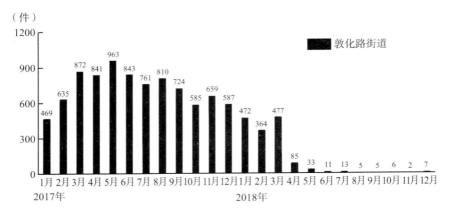

图4-32　敦化路街道城市治理网格化上报数据的月数量变化

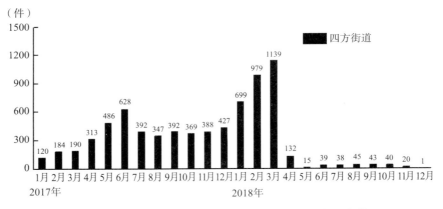

图4-33　四方街道城市治理网格化上报数据的月数量变化

台东街道城市治理网格化上报数据的月数量变化如图4-34所示，数据量在2017年1～9月相对较高，并呈逐步下降的趋势，变化区间为[343，849]，于2017年3月出现最大值，即849件。数据量自2017年10月～2018年3月出现明显下降，变化区间为[1，10]。而在其后的2018年4～12月数据出现反弹，变化区间为[45，84]。

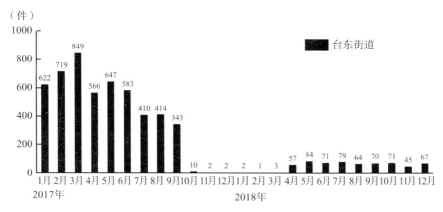

图4-34 台东街道城市治理网格化上报数据的月数量变化

洛阳路街道城市治理网格化上报数据的月数量变化如图4-35所示，数据量在2017年1～5月相对较高，变化区间为[478，902]，于2017年4月出现最大值，即902件。自2017年6月～2018年3月出现明显下降，变化区间为[80，307]。而在其后的2018年4～12月数据再次呈下降变化，变化区间为[27，64]，于2018年11月出现最小值，即27件。

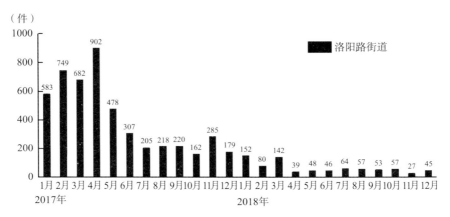

图4-35 洛阳路街道城市治理网格化上报数据的月数量变化

兴隆路街道城市治理网格化上报数据的月数量变化如图4-36所示，数据量在2017年1月～2018年3月虽有一定变化幅度，但数据量一直相对较高，变化区间为

[228，456]，于2018年3月出现最大值，即456件。自2018年4～12月出现明显下降，并保持平稳，变化区间为[35，100]，于2018年5月出现最小值，即35件。

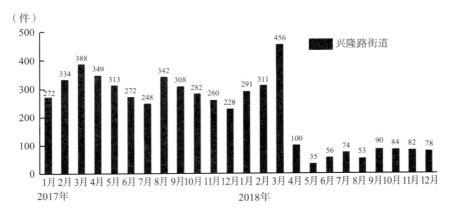

图4-36 兴隆路街道城市治理网格化上报数据的月数量变化

合肥路街道城市治理网格化上报数据的月数量变化如图4-37所示，数据量在2017年1月～2018年3月呈先上升再下降的变化趋势，变化区间为[3，831]，于2017年3月和2018年3月出现最大值和最小值，即831件和3件。自2018年4～12月数据量一直保持相对较低，变化区间为[5，86]。

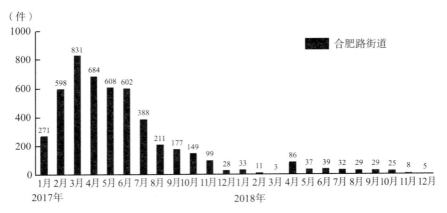

图4-37 合肥路街道城市治理网格化上报数据的月数量变化

水清沟街道城市治理网格化上报数据的月数量变化如图4-38所示，数据量在2017年1～12月一直相对较低，变化区间为［23，75］。自2018年1～3月，数据呈上升变化，变化范围为［307，480］，于2018年3月出现第一个峰值，即480件。自2018年4～9月数据量呈明显下降变化，并保持平稳，变化区间为［41，100］。而自2018年10～12月，数据量再次呈上升变化，变化区间为［337，451］，于2018年11月出现第二次峰值，即451件。

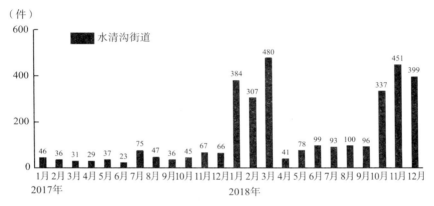

图4-38　水清沟街道城市治理网格化上报数据的月数量变化

即墨路街道城市治理网格化上报数据的月数量变化如图4-39所示，数据量在2017年1月～2018年12月一直相对平稳，除2017年3月和2017年7月数据量相对较高外（分别为560件和403件）。

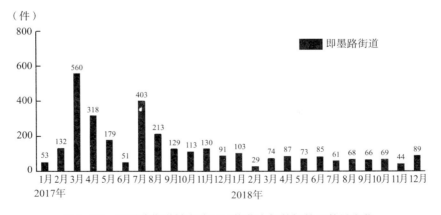

图4-39　即墨路街道城市治理网格化上报数据的月数量变化

　　阜新路街道城市治理网格化上报数据的月数量变化如图4-40所示，数据量在2017年1月～2018年3月相对较高，变化区间为[74，185]，于2017年5月出现最大值，即185件。自2018年4～12月，数据量明显下降，并保持平稳，变化区间为[0，10]，并于2018年5月和2018年10月出现最小值，即0件，说明这两个月份即墨路街道城市治理网格化上报数据为0。

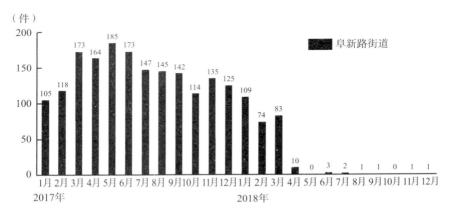

图4-40　阜新路街道城市治理网格化上报数据的月数量变化

3. 网格化整体数据月变化

　　图4-41为市北区2017年1月～2018年12月网格化城市管理类上报数据热力图，颜色越深代表上报次数越多。洛阳路街道西北，水清沟街道西，兴隆路街道西，大港街道西及即墨路街道西等沿胶州湾区域上报次数较少，上述街道其他区域及其他街道上报次数较多。

　　图4-42为市北区城市治理网格化上报数据热力图的月数量变化（2017年1～6月）。从整体来看，市北区南部案件上报次数多于北部，这与南部的网格更密有关。1～6月案件出现的次数有增加趋势。洛阳路街道东，水清沟街道西南，海伦路街道西北，浮山新区街道东，台东街道，宁夏路街道北，辽宁路街道及延安路街道等区域都是案件上报次数较多的地区。

　　图4-43为市北区城市治理网格化上报数据热力图的月数量变化（2017年7～12月）。从整体来看，市北区南部案件上报次数仍旧多于北部，但1～6月案

件出现的次数有减少趋势。河西街道东，水清沟街道西南，海伦路街道，四方街道，浮山新区街道北，敦化路街道西南，镇江路街道，登州路街道南，辽宁路街道和延安路街道等区域是案件高发区域。

图4-41　市北区城市治理网格化上报数据热力图

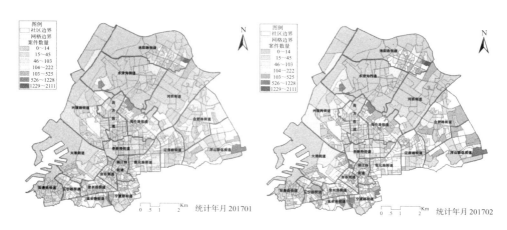

图4-42　市北区城市治理网格化上报数据热力图的月数量变化（2017年1～6月）（一）

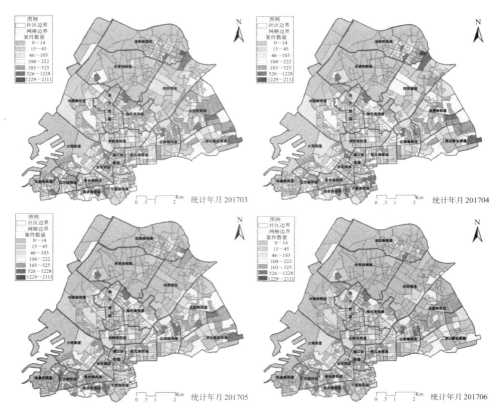

图4-42　市北区城市治理网格化上报数据热力图的月数量变化（2017年1～6月）（二）

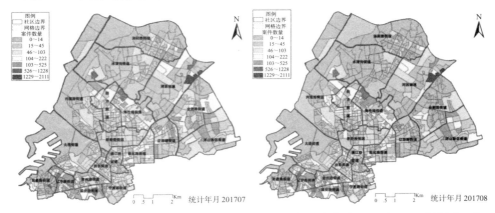

图4-43　市北区城市治理网格化上报数据热力图的月数量变化（2017年7～12月）（一）

图4-43　市北区城市治理网格化上报数据热力图的月数量变化（2017年7～12月）（二）

图4-44为市北区城市治理网格化上报数据热力图的月数量变化（2018年1～6月）。从整体来看，1～3月案件较为高发，4～6月案件发生次数明显减少。1～3月水清沟街道西南及东部，四方街道，海伦路街道西，兴隆路街道东，浮山新区街道东，镇江路街道，辽宁路街道及延安路街道等区域案件次数较多；4～6月只有河西街道东和浮山新区街道东等区域案件次数较多。

图4-45为市北区城市治理网格化上报数据热力图的月数量变化（2018年7～12月）。从整体来看，此时间段案件次数较少，但是有增加趋势。案件主要发生在市市北区的东部及北部，特别是河西街道东部及北部，浮山新区街道东部，水清沟街道东部和南部等区域。

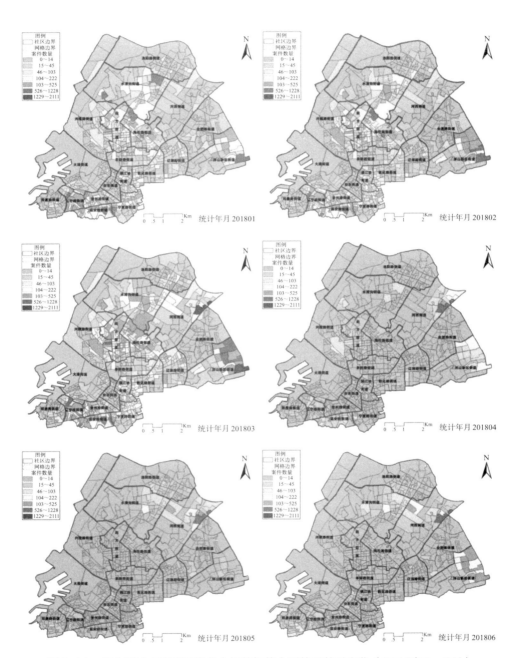

图4-44 市北区城市治理网格化上报数据热力图的月数量变化（2018年1~6月）

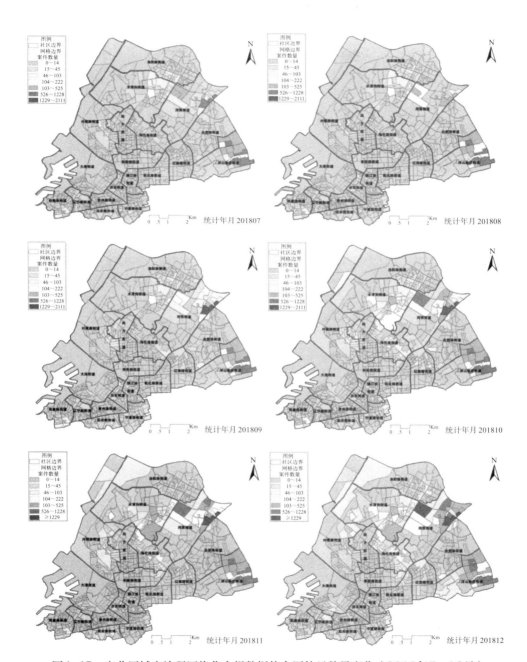

图4-45　市北区城市治理网格化上报数据热力图的月数量变化（2018年7～12月）

第三节　青岛市市北区城市治理网格化数据演进模型

　　模型分析是在基础分析的前提下提出一类或几类可能的模型，然后通过进一步的分析从中挑选一定的模型。在市北区网格化城市治理数据分析中，对城市治理上报总次数日变化走势，以及三级分类中占比最多的环境卫生管理上报总次数日变化进行模型分析及模拟，以推算未来时间段的数据走势及数量。

一、模型建立

　　根据数据性质，选取ARIMA模型（Auto Regressive Integrated Moving Average），即综合自回归移动平均模型对数据进行模拟（图4-46），从定义上来说即是：一个非平稳时间序列$Y_t\{y_1, y_2, y_3\cdots\cdots\}$，通过$\nabla Y_t = Y_t - Y_{t-1}$，$\nabla^2 Y_t = \nabla(\nabla Y_t) = \nabla(Y_t - Y_{t-1})\cdots\cdots$依次差分成平稳时间序列$W_t$，使得$W_t$

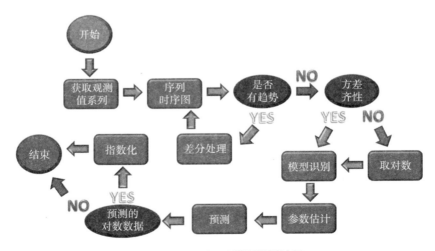

图4-46　ARIMA模型模拟过程

满足ARIMA（p，d，q）模型，p为自回归模型的阶数，d为时间序列成为平稳时所做的差分阶数，q为移动平均模型的阶数，AR是自回归，MA为移动平均。其构建步骤包括：

1. 时间序列平稳化

ARIMA模型对非平稳时间序列的处理是首先将非平稳时间序列转化成时间序列，也即是ARIMA模型能够处理的方式，然后对其进行分析建模。

2. 序列中心化

设差分后的平稳时间序列W_1，W_2，W_3……W_N，计算时间序列的均值：

$$\overline{W} = \frac{1}{N} \sum_{i=1}^{N} W_i$$

为该平稳过程均值的一个无偏估计。

3. 参数估计

在判断ARIMA模型需要使用的形式以及阶数时，需要对时间序列进行自相关函数和偏相关函数分析，根据统计图进一步分析时间序列特性。通过模型最终获取了数据的日变化模型。

此外，根据数据探索的一些结果，比如假期的上报次数要显著小于非假期的上报次数等，我们结合假期上报次数与非假期次数之比，以及假期与非假期的时间分布对最终的模型进行了修正。

二、模型结果

由于城市治理上报总次数日走势分为了较为明显的两部分（图4-47），因此我们对两部分数据进行了分别模拟，分别为2017年1月～2018年3月，以及2018年4～12月。从图4-48中可以看出，拟合值与实际值的差异并不大，拟合值较为准确。通过2017年1月～2018年3月的数据对2018年4～6月数据作出的预测表明上报次数有所下降，而2018年4～6月数据的确是下降了，但下降幅度远高于拟合值。

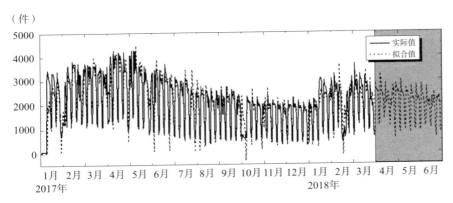

图4-47 市北区城市治理上报总次数日走势预测（2017年1月～2018年3月）

从图4-48中可以看出，通过2018年4～12月的数据对2019年1～3月数据作出的预测表明上报次数有所上升。

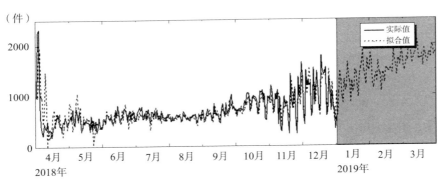

图4-48 市北区城市治理上报总次数日走势预测（2018年4～12月）

由于环境卫生管理上报总次数日走势同样分为了较为明显的两部分，因此我们也对两部分数据进行了分别模拟，分别为2017年1月～2018年3月，以及2018年4～12月。从图4-49中可以看出，通过2017年1月～2018年3月的数据对2018年4～6月数据作出的预测表明上报次数有所下降，而2018年4～6月数据的确是下降了，但下降幅度也远高于拟合值。

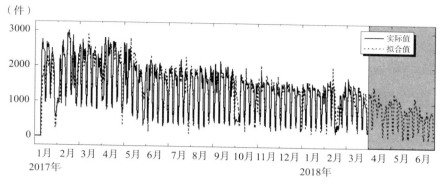

图4-49 市北区环境卫生管理上报总次数日走势预测（2017年1月～2018年3月）

从图4-50中可以看出，通过2018年4～12月的数据对2019年1～3月数据作出的预测表明上报次数有所上升。

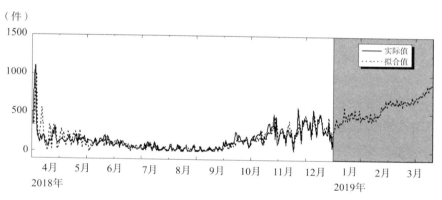

图4-50 市北区环境卫生管理上报总次数日走势预测（2018年4～12月）

三、模型精度验证

2018年4～12月的数据可以用来预测2019年1～3月的数据变化趋势，并可以利用2019年1～3月的真实数据进行模型精度验证，本项目实施过程中，由于遇到人事变动等原因，本书成稿前未能及时拿到该部分数据。在今后的研究中，将继续增加此部分工作。

第四节　青岛市市北区大数据与城市治理问题分析及建议

通过本章节的数据分析，可为进一步推进青岛市市北区大数据综合利用、提高大数据在城市治理中的应用及未来工作中促进大数据产业发展提供实践指导，并可根据城市管理综合治理的实际工作需要，将研究成果转化为可落地的城市大数据治理的实用性课题。具体作用体现在：

（1）提高参谋辅政科学化、专业化水平。借助高端智库，从数据分析和成果运用入手，通过日、月、年综合数据分析、时间演变序列ARIMA模型的建立、空间序列各个街道数据分析，形成针对热点区域、指标专题调研报告以及未来数据演变的预警，可为政府决策提供高水平的专业性意见和建议。

（2）为区部门、各街道工作改进提供参考依据。通过对青岛市市北区19个街道空间大数据的分析，提炼来电来信的热点、难点，以及根据研究建立的模型进行趋势分析和预警预测，为区各部门和19个街道提供一手数据参考，以便更有针对性地制定相关工作措施和完善工作机制。同时，通过提出意见建议，对于全区各部门、各街道工作改进具有非常重要的借鉴意义。

（3）为社会民生服务发布数据预警信息。通过对网格化上报数据分析以及建立的预警机制，适时发布公众关注的政策解读、便民惠民服务信息及阶段性热点问题预警等，更好地服务社会民生，取得良好的社会效益。

但是，针对本次数据采集、分析，发现目前工作中也存在一些问题，具体问题及相关建议如下：

一、数据采集问题及建议

根据本课题研究数据采集情况，针对市北区网格化城市治理数据采集工作，提出几点可以提高采集效率或者提高数据质量的建议。

1. 扩展数据来源渠道

深化现有数据资源整合力度，实现跨平台、跨部门、跨行业、跨领域数据共享。结合本次研究的青岛市市北区城市治理网格化大数据快速采集应用规范和协同机制，进一步拓展数字化城管、公安、水电气暖、公交地铁等数据资源。这些数据以及所涉及人口、房屋、部件、经济等基础数据、业务专题数据和共享数据，在城市治理中也发挥着不可替代的作用，其数据同样有着较高的价值。如果能将这些数据整合起来，对城市治理的参考价值将是巨大的。

此次分析使用的上报数据中，网格员上报数据占到绝大多数，其他途径上报的数据所占比例较少。如果能继续开发其他的途径，如市民使用较为便捷的在市北APP上报以及微信上报等，可以极大地扩展数据量，增加市民参与城市治理的力度与比例。建议未来在全面深化数据资源整合的基础上，进一步畅通大数据与城市治理网格化数据平台信息共享渠道。在强化数据采集、分析、利用的基础上，进一步研究城市治理大数据和公众数据的融合应用。此外，还可以考虑社调统计、问卷调查、走访调研等其他感知民生的方式，建立健全城市治理多角度感知系统，全方位感知城市治理成效及社会民生需求，为大数据分析拓展数据来源渠道，提升大数据分析工作的全面性和权威性。

2. 优化数据库信息

市北区网格化城市治理数据库于2016年建立，三年来取得了长足的进步，不断地完善数据的分类，增加数据信息，调整数据的来源，但这也带来了很多问题，如数据分类前后不统一，有些数据前期没有，后期大量出现；数据的收集量波动较大，如2018年4月初数据量出现了较大的降低；数据分类中其他类占比较高，表明分类并不完善，这些问题就为数据的分析和拟合推断造成了较大的困难。建议指挥中心及早完善数据分类及采集标准，为后期的数据推断打好基础。

本次数据分析周期中，恰逢上合组织峰会于2018年6月在青岛召开，因此在2018年4月初数据的差异较大。这种状况与政府工作重心发生改变有关，也与实际数据的变化有关联，但是在数据库建立时，并没有明确说明。因此，此次数据分析尤其是在建立城市治理大数据演进模型时，将数据分为两个时间段以期尽量保持模型模拟和预测的精确性。在今后数据库建立时，需要定期进行检测和优化，如再次出现类似大事件，我们可对数据库提前进行评估，进而再进行指标筛选和数据提取。

3. 进一步提高数据可视化、自动化水平

本研究对城市治理大数据演进模型建立是一特色之处，而模型对数据实时自动模拟和预测的可视化是最直观的呈现方式，也是各部门管理者、社会公众所最为关心的成果表现形式。然而，现阶段还达不到机械自主学习，自主分析、自动可视化水平较低，网格员上报的数据还需人工进行筛选、分析及可视化。所以，还达不到让城市治理大数据真正地实时"跑"起来。

目前，我们采用数据分析周期后的1～3个月数据带入到已建立的模型中，进行模型精度验证，这样的模式还达不到"智慧城市""城市大脑"的标准和要求。从社会发展的视角，智慧城市还要求通过维基、社交网络、Fab Lab、Living Lab、综合集成法等工具和方法的应用，这就需要结合更多的新技术以及新理念来进行城市的治理，引领城市向着更高层次进行发展。"城市大脑"可以认为是"智慧城市"的升级版，它会将整个城市实时获取的数据进行分析，并即刻反馈到城市的管理当中去。如"城市大脑"对水库、河道等进行大数据采集分析，结合天气数据，提前预测汛情等情况；"城市大脑"借助人工智能技术搭建的系统平台快速处理海量的摄像头捕捉的信息，让红绿灯"读懂"摄像头，自动指挥交通等。这就需要整合城市中所有终端获取的数据，统一标准的上传到分析中心，并统一进行反馈。"城市大脑"对软件、硬件以及人力的水平都提出了更高的要求，这也是未来的努力方向。

二、城市治理问题及建议

针对市北区网格化城市治理大数据的分析结果，结合市北区在城市治理工作中采取的措施，我们对目前较为突出的问题进行分析并提出相应的合理化建议，以期为市北区城市治理提供参考。

1. 专项治理高发类问题

从数据性质占比来看，二级分类的城市管理类、公安交通管理类及建设管理类占比较高，三级分类中环境卫生管理类、市容市貌类及市政设施管理类占比较高，如果能在日常工作中对相关分类的工作进行重点关注，将极大地降低城市治理问题的出现频次。

以市北区市容市貌专项整治为例，2017年以来，市北区城市治理通过网格巡查，能够及时发现、解决存在的市容环境问题，针对公共绿地绿化缺失、层次单调、裸露土地较多的问题，实施生态景观提升工程，对黑龙江路居然之家、宣化路等全区100余处街头游园、节点绿地进行改造提升，不断完善服务功能，提高公共绿地的景观质量，体现人文关怀，增进绿色共享；针对道路超期服役问题，对长春路、瑞昌路等27条道路以及19个街道辖区231处无名路、楼间街巷甬道进行整治，着力改善居民出行条件，提升城区道路承载力。通过细化管理单元、明确责任归属，确保网格内的各类问题快速发现、快速处置、快速反馈。

同时，结合"全区统筹信息化""公共服务精准化"和"社会治理精细化"措施，借助移动GIS、三维地理信息、大数据、云计算等信息化技术手段，全面摸清经济社会各类资源"家底"，整合全区人口、企业、建筑物、危险源、城市部件、监控摄像头等各类信息，构建全区统筹的城市治理信息化管理系统，实现数据的集中管理、互通共享。通过利用区级信息数据中心、城市治理微信公众号、"在市北"APP等平台，拓宽信息搜集渠道，打造民意民情直通车，针对市容环境问题，及时、全面、精准地了解群众所想、所盼、所需，准确调整管理政策、资源配置和服务方向。通过多渠道征求群众意见，市北区得以更好地倾听民声、集中民智、把握民意，从群众急需的漏雨房屋维修、破损门窗更换等具体小事做起，办成了很多社会关注、群众期待的"急事""要事"，提高了公共服务供给的质量和效率，增强了群众的满意度和获得感。通过精细管理、综合执法，增强了基层政府治理能力和市容环境水平。

虽然市容市貌数据在城市管理这个二级指标中所占比例相对较小，但是鉴于其采取的措施和取得的成效，很值得其他专项指标借鉴，进而提高城市管理以及其他城市治理指标的效率和水平。

2. 重点关注问题集中区域

数据的上报区域呈现了较明显的差异，有些地区上报数据量极小，如市北区沿胶州湾区域，而有些地区上报数据量常年较高，如海伦路街道、四方街道、河西街道北部、浮山新区街道东部、镇江路街道、辽源路街道、宁夏路街道、延安路街道、辽宁路街道、登州路街道等。

以市北区台东街道为例，自2017年7月开始，街道办事处采取相关措施提升其网格化城市治理能力和水平，包括：

（1）发动群众，营造文明和谐整治氛围。市北区台东街道办事处人员多次组织经营业户和周边群众召开文明经营规范管理工作座谈会，发放调查问卷，听取采纳合理建议。向"民间啤酒街"160余家餐饮业户负责人传达治理标准和工作要求，出台了严禁占用机动车道经营、室外支棚、流动卖唱等行为的"八项规定"和包地面保洁、包门头规范等"门前五包"制度，划定了日常经营的"红线"和"底线"。

（2）引入专业安保队伍，形成社会管理合力。通过招标引入专业安保公司，聘用安保特勤人员21名，与现有执法中队34名执法人员组成4个执法分队，每个分队由一名执法人员担任队长，创新实行"队长问责制"和"投诉扣分制"量化管理模式。考虑到安保特勤人员不具备执法权，将其职责明确定位为巡查监督"八项规定"和"门前五包"等制度的落实执行情况，劝导业户规范经营，稳控街区秩序，保障游客安全，并协助执法人员清理违规经营业户。

（3）划网定责，实现重点区域无缝覆盖。结合台东街道实际情况，将"民间啤酒街"划分成4个网格治理区域，每个分队对其当日值班的网格负责，24小时轮班不间断巡查。对占路经营、卖唱扰民、游商浮贩、市场冒市、路阻不畅等问题主动作为，尽职规劝，并对反复违规的"重点业户"加强监控。安保人员上岗仅一月就协助清理自制大棚60余个，劝离游商浮贩，乱推乱放等各类违规行为200余处。

（4）疏堵结合，实施"潮汐"错时联动整治。本着"文明执法、疏堵结合、以疏为主"的原则，街道探索实行了"潮汐式"管理模式。对"民间啤酒街"每天18：00～22：00时间段内，在不影响行人通行和无噪声扰民的前提下，允许暂时借用人行道上盲道以内区域经营，其他时间一律进室经营；对流动卖唱、经营性音响扰民、油烟烧烤扰民、占用机动车道和消防通道经营等4大居民反响强烈的问题，经安保特勤人员劝导仍不改正的业户，由城管执法中队、执法局机动队等错时开展联动清理。

台东街道主要通过上述4种措施，极大地提高了城市治理的水平，以其采取的整治措施和成效为参照，建议对常年上报数据量较大的区域进行重点关注，进行集中治理，这将极大提高城市治理的效率。

3. 重点关注问题集中时间

重点区域的上报数据量也呈现出随时间变化而变化的趋势，如浮山新区街道上报量在2017年3月较高，而在2018年5月极少。由于现有的数据量较少，无法较为精确地预测不同地区未来事件的发生频率，因此在将来数据量更为丰富之后可以根据预测结果，对重点区域重点时间段进行重点治理，可以较大地提高效率及节省人力资源。

此次分析数据时间跨度包含了2018年上海合作组织峰会在青岛召开，总体数据在2018年3月之前相对较高，进入2018年4月之后即临近会议召开时，数量出现明显下降趋势。而在2018年底（10～12月）数据量又出现反弹，即数据量开始上升，这是目前需要重点关注以及采取相应措施。建议可以在现阶段，即数据量出现反弹的月份合理安排网格员、适时适当增加网格员，对其业务能力进行进一步提升，问题集中的时段增加人力、物力、财力投入，加大巡查巡检力度和频次，增强解决问题的能力，满足市民的需求，同时通知相关部门适当增加人员和提高处理上报案件的效率。

第五章

北京市推进新时代街道
工作的经验与启示

　　前面章节对青岛市市北区的城市治理网格化大数据进行了深度分析，建立并运行了青岛市市北区城市治理网格化数据演进模型，探讨了市北区城市治理数据要素的全掌握和城市治理问题管理的全周期的实现途径。保证居民生活秩序的稳定，改善市容市貌是城市治理网格化平台的初级治理任务和治理效果。在新型城镇化持续高速发展的时代，城市治理被赋予更广泛更艰巨的使命。青岛市2017年末常住人口城镇化率达到 72.57%，市区常住人口 625.25 万人，较上一年增长 25.79%，根据《山东省城镇体系规划（2011—2030年）》的推测，青岛市将在2030年成为特大城市，如何实现高质量的城市发展的同时破除发展起来之后的烦恼是特大城市和超大城市无法躲避的现实问题。北京市《关于加强新时代街道工作的意见》（后简称《意见》）在全国首次提出建立超大城市治理体系，是在街道层面首个关于党建引领城市基层治理的指导纲领，对全国城市治理体系现代化建设具有指导意义。

　　城市治理体系是一个制度系统，包括政治、经济、社会、文化、生态等各个领域，为了更好地推进城市治理的现代化，必须从总体上考虑和规划各个领域的改革方案，从宏观层面加强对治理体制改革的领导和指导，做好城市治理的顶层设计工作，深化城市治理治理改革。街道是城市管理和社会治理的基础，是巩固基层政权、落实党和国家路线方针政策的依托，是联系和服务群众的纽带，街道工作是城市治理的具体内容也是城市治理体系的重要一环。街道管理体制改革是城市治理体制改革的重要组成部分。《意见》深刻把握新时代人民群众对美好生活的需要的新变化、新特点和城市基层治理面临的新情况、新挑战，从党建和基层治理深度融合、城市治理重心下移、保障和改善民生、城市综合治理平台、公众参与基层治理、激励保障和考核评价制度、法治保障制度七个方面对新时代街道工作提出具体要求，为基层城市治理体制改革指明了方向。

　　早在2018年初，北京市就启动"街乡吹哨，部门报到"街乡管理体制机制创新的实践工作，北京市委、市政府印发了《关于党建引领街乡管理体制机制创新实现"街乡吹哨 部门报到"的实施方案》（后简称《方案》），以加快推进首都社会治理体系和治理能力现代化，进一步推进城市精细化管理，增进民生福祉为目标，以党建引领街乡管理体制机制创新为实现路径。"街乡吹哨部门报到"是新时代加强党与基层治理深度融合，解决城市基层治理中"最后一公里"管理难题的新思路、新举措。

《意见》和北京市街道体制机制改革的实践启示我们，体制、机制、法治是推进城市基层治理的三驾马车，未来城市基层治理体制改革要从党建和基层治理深度融合、城市治理重心下移、保障和改善民生、城市综合治理平台、公众参与基层治理、激励保障和评价制度、法治保障制度七大方面入手，重点抓好理念创新、服务创新，积极探索有利于破解工作难题的新举措、新办法。

一、推动党建与基层治理深度融合

《意见》指出，要适应基层治理新特点和新规律，探索党建引领新路径，推动党建和基层治理深度融合。完善街道党工委对地区治理重大工作的领导体制机制，优化决策程序，涉及基层治理的重大事项、重点工作、重要问题由街道党工委通论决定，全面提升街道抓党建、抓治理、抓服务的领导能力。以区域化党建为重点，构建市、区、街道、社区党组织四级上下贯通，社区党建、单位党建、行业党建多方联动，基层党组织覆盖广泛、组织有力的基层党建工作体系。深化党建带群建促社建的开放联动体系，建立健全党委统筹、组织联建、工作联动、队伍联合、服务联办、保障联享、责任联查的工作机制，引领群众组织和社会组织参与基层治理。

北京市房山区西潞街道苏庄三里社区创新"育网式"工作法，通过"以网管带网员，以网线铺网面，以网点定网格，以网规管网项"的途径与方法，把党建的管理与服务工作全部纳入网格，做到衔接无死角，网格全覆盖，管理全方位，实现管理由粗变细，由偏到全，由浅入深。"育网式"工作法将党建网划分三层网面，每个网面代表一个党支部，5名支委网管进行管理，五块网格内133名网员成为骨干。政策宣传员、治安管理员、环境监督员、法制宣传员、助老服务员、党风监督员"六大员"身份明确了网员的身份；建立网员专线，横线网员是"3个党支部＋6个党小组"，纵线网员是"5名支委＋65位党员楼长"，网线纵横交错，网内党员身影遍布；开办市民学校和路边大讲堂，宣传党的路线方针政策，普及优秀传统文化，倡导社区内老户和新居民的自我学习、不断提升思想观念，鼓励更多居民参与到社区建设中来；成立了以党员许顺命名的品牌调解委员会，建立了社区公益法律工作站，为居民化解了婆媳矛盾、提供了财产分割、遗产继承等法律服务；以"一对一"的形式，将网员与困难户、残疾户、高龄户、空巢户78户居民进行配对，保证特殊群体的利益诉求优先得到回应，提高弱势群体对社区服务的可及性。此外，苏庄三里社区党组织结合管理和服务出现的新情况、新问题，不断制定和完善制度，如：《党员干部约谈制度》《党员联系户制度》《志愿者服务规范制度》《干部述职测评制度》等，服务群众按标准，党员干部守规矩，党建管理用制度，使网规突出针对性和指导性，务实管用，为育网式工作法的运行提供坚强管理保障（表5-1）。苏庄三里社区党总支通过"育网式工作法"的实践，使"服务改革、服务发展、服务民生、服务群众、服务党员"的要求真正落到实处，有力巩固了党在群众中的基础，党组织的战斗堡垒作用得到有力增强。[①]

育网式工作法框架图　　　　　　　　表5-1

序号	名称	内涵	地位作用
1	网管	支委班子	领导协调
2	网员	党员骨干	中坚力量
3	网点	工作基础	事业支撑
4	网格	活动阵地	服务格局
5	网规	管理制度	监督保障

　　北京市方庄地区作为本市首个整体开发建设面积的居住小区，历史遗留问题多，居民结构多样、诉求广泛，基层治理面临新挑战。为此，方庄地区工委坚持以党建引领基层社会治理，创新"掌上四合院"的工作机制，整合了党员

---

① 苏庄三里社区党支部和苏庄三里社区文联. 阳光 家园 梦想. 2019.

力量，形成了地区工委的领导核心。一是构筑基层党建组织平台。以楼栋为单位，将在职、退休和流动党员组织起来，成立功能型党组织，支部建在居民楼里。辖区党员全部入群，夯实民意基础，发挥引领作用。二是破解居民参与规模瓶颈。在北京这样的超大型城市，成熟社区的规模都在两三千户，居民互动有限，社区参与不足。"掌上四合院"以楼门为单位，平均规模130人，更易形成人人相识、邻里互助的"生活共同体"。三是推动治理体系前端下沉。"掌上四合院"将城市治理体系进一步下沉，发展为"街道-社区-网格-家庭"，实现群众线上"吹哨"反映诉求、街道线下"报到"解决问题，充分响应了"吹哨报到"的改革精神。① 此外，通过持续强化方庄地区党建工作协调委员会、方庄地区商会、方庄教育集群、方庄楼宇企业联席会坚持，不断完善各类议事协商制度和推进协调机制，地区工委与辖区各类组织建立了常态化联系。辖区单位通过地区工委搭建的各类平台参与建设治理，广大党员结合自身优势贡献个人力量，地区工委真正成为统筹协调地区各项事务的领导核心。②

北京市房山区和方庄地区基层党建创新的实践启示我们，区域化党建与创新城市治理的内在要求是高度一致的，它的区域性、统筹性、开放性特征及其所遵循的多元、开放和服务的原则与城市治理强调的合作、互动、协商原则相契合，在党建领域体现了城市治理的发展趋势。区域化党建要更加贴近社会、基层的变革和需求，推动区域化党建向纵深方向发展。

为此，一要进一步提高区域党组织的整合能力，构建系统的利益表达和利益综合机制。区域化党组织要进一步增强自身的统筹能力及代表性，通过上下级党组织间的沟通协调和综合，将群众日益多样化的利益诉求转变成反映和兼顾不同阶层要求和利益的公共政策，进而实现对社会的有机整合。二要提高区域党组织的吸纳能力。在社会日益多元化和复杂化的形势下，区域党组织要善于吸纳各阶层精英入党，尤其是要吸纳现代化进程中的新社会阶层、底层社会

---

① 北京日报. 北京"掌上四合院"精细治社区. [2019-03-11]. http://bjrb.bjd.com.cn/html/2019-03/11/content_10034008.htm.

② 北京市丰台区方庄地区办事处. 北京丰台区方庄地区："微"党建引领大治理"微"平台凝聚正能量. 人民网-中国共产党新闻网. [2018-11-02]. http://dangjian.people.com.cn/n1/2018/1102/c420318-30379179.html.

中的草根精英及其他社会群体精英入党，以此来增强党组织对社会的凝聚力和影响力，为党的合法性拓展增加新的政治资源。三要进一步提高区域党组织的引导能力。区域化党组织要利用自身影响力把不同社会主体聚合在一起，充当社会互动的枢纽。尊重并支持其他社会主体按照其自身逻辑和规律发展，不能以政党逻辑强行要求、控制其他社会主体，而要形成社会力量与政党力量的互动机制，增强执政党的社会凝聚力和社会认同度。积极构建党组织与其他社会主体之间进行沟通协商与互动合作的平台，吸纳各种社会主体参与决策，通过相互合作构建充满生机和活力的社会秩序。四要进一步提高区域党组织的服务能力。创新城市治理要求强化区域党组织的服务功能，弱化行政功能，实现从管理到服务的转型。要以区域服务中心为依托，汇聚区域内社会性、行政性和党务性资源，依靠各类党组织的组织体系和服务载体开展分类分层服务，用服务来赢得民心，增强公众认同感，巩固执政基础。

二、深化街道机构综合设置改革，切实向街道放权赋权

《意见》指出，明确街道职能定位，加强街道能力建设，切实提升统筹协调能力、服务能力、管理能力和动员能力。加强制度建设，统筹推进街区更新、社会秩序规范、综合执法改革等工作。坚持精简、效能、便民的原则，整合相近职能，按照综合化、扁平化方向，街道一般设置党群工作、民生保障、城市管理、平安建设、社区建设和综合保障等6个内设机构和1个街道综合执法队。围绕街道按照重心下移、条专块统、责权一致的原则，优化街道职责事项清单，推动区级职能部门向街道下放职权，推动基层管理资源和工作力量向网格下沉，建立以街道为主体，以网格为基本单元，以街巷长为统领的基层精细化管理体系。

北京市在推进街道机构改革时，首先明确街道的职能定位，东城区率先在全市出台《东城区关于党建引领街道管理体制机制创新实现"街道吹哨 部门报到"的实施意见》，从2018年5月18日开始试行新机构设置和管理体制，将现有科室和执法力量进行整合。以东城区东四街道为例，街道机构由原来的25个科

室和4个事业单位，精简为"六办一委一队四中心"，"六办"即党群工作办公室、综合保障办公室、社区建设办公室、城市管理办公室、民生保障办公室、社区平安办公室；"一委"即纪工委；"一队"即街道综合执法队；"四中心"即党建服务中心、社区服务中心、政务中心、网格化服务管理中心。东城区东四街道坚持扁平化管理，减少管理层级，"六办"主任由街道工委副书记和办事处副主任分别兼任，并且增加一名辖区社区党委书记兼任工委委员。此外，在行政编制总数不变的情况下，调整"六办"的编制，削减其他五办的编制，补充到社区建设办公室，同时在社区建设办公室设立社区专员，由优秀正科实职干部担任，到社区履职，负责沟通协调、组织发动、督促指导社区工作。构建"1＋5＋N"执法体系，即以街道城管执法队为主体，从公安、工商、食药、交通、消防5个执法部门抽调精兵强将组建街道综合执法队，推动执法力量下沉基层，推动综合执法平台实体化运作。①

　　街巷长制是"街乡吹哨 部门报到"的重要组成部分。北京街巷长制充分发挥党组织的领导作用，在全市建立、区级组织、街道（乡镇）实施的三级责任体系，逐渐理顺了街巷长与网格部门等执法管理部门的工作关系。制定"街巷长制实施意见""街巷长管理办法""街巷长考核办法"等管理政策，明确了街巷长为驻街巷单位、商户、居民服务的工作流程。实行"日巡、周查、月评、季点名"的常态管理机制和以为培养街巷长问题处置能力、沟通协作能力、化解矛盾能力为重点的街巷长岗位培训制度。赋予街巷长组织和调度社区层面联合执法的权限，针对乱停车、堆物堆料等群众反映强烈、执法程序简单的环境问题，采用"小微执法"，精准快地识别、响应和处理背街小巷环境问题。此外，北京的街巷长制注重群众感受和治理成效，街巷长积极走访街巷内商户、驻区单位、居民群众，体察民意，建立街长巷长公示牌，公示街巷长姓名、职责、联系方式、服务内容等信息，方便居民反映问题和监督。

　　从制度经济学的视角来说，一种制度及其演变过程，可以用"制度变迁"

---

① 苟连忠. 坚持"三个面向"确保力量下沉——北京市东城区东四街道体制改革实践[J]. 城市管理与科技, 2019(1)：25-27.

的视角来进行审视。制度变迁可以分为"强制性制度变迁"和"诱致性制度变迁"两种类型。"强制性制度变迁"是一种由国家主导、以自上而下的方式进行的制度变迁，而"诱致性制度变迁"则是一种由社会自身主导、以自下而上的方式进行的制度变迁。从我国城市治理制度的产生及其演变过程来看，我国的城市治理制度更多的是表现出"强制性制度变迁"的特征，是一种由政府主导、以自上而下的方式进行的制度变迁。强制性制度的特征决定了其不能充分考虑到制度与外在环境和内在环境的适应性，而诱致性制度的特征决定了其能够充分考虑到制度与外在环境和内在环境的适应性。同时，强制性制度的特征决定了其并不利于城市治理现代化建设的因时而异、因地而异和因人而异，而诱致性制度的特征决定了其有利于城市治理现代化建设的因时而异、因地而异和因人而异的。我国的城市治理制度主要是由政府以自上而下的方式"设计"出来的，不能很好地实现制度与外在环境和内在环境的适应，这样的制度对于城市治理现代化建设是极为不利的。因此，为了更好地设计城市治理制度，必须要充分考虑到制度与外在环境和内在环境的适应性，以自下而上的方式，也就是以诱致性方式来设计城市治理现代化的制度体系。从而使城市治理现代化的制度体系能够更好地"落地"，更好地适应地区经济社会发展状况和人民群众对城市治理的需求状况，从而最终实现有效推进城市治理现代化的目标。北京市街道机构改革的指导和实践体现的正是对诱致性制度的探索。面对社会主要矛盾的变化、社会结构的变革和城市治理问题的多因性、复杂性和地方性特征，城市治理现代化的制度体系的建立需要以基层为起点，向上辐射政府体制改革，并且以基层为终点，落实以民为本的治理思想。

北京市推进新时代街道工作的实践启示我们，要处理好"赋权"与"减负"的关系，既要通过做减法减掉街道社区不应当承担的有关职能，使其回归城市治理本职，又要通过做加法不断加强基层城市治理的权力，实现"局部小受损，全局大受益"。做到一般问题在街道、社区层面微循环处置、按时限解决，需要区级层面解决的，能够第一时间落实执法联动，集中力量调度解决。其次，处理好"有责任"与"有资源"的关系，推进城市治理精细化意味着城市治理主体要承担更多的责任，同时也需要更多的资源，这就需要赋予基层在城市治理更大的协调权、指挥权和建议权，让下沉的职能能够在社区层面"接得住、发挥好"，成为实现城市治理精细化的突破口。青岛市市北区的案例体现了区级机构设置改革的实践探索。青岛市市北区通过整合与城市治理密切相关的公安110指挥中心、综治办、信访局、民政局、城管局、综合执法局、市场监管局、食药监局、人防办、环保分局等10个单位，实行在推进委指导下联合值班，问题联合办理，构建起全区城市治理的"指挥中枢"，逐步完成区级机构综合设置改革。目前市北区正在探索"自罚自处"和"街长制"的工作机制，逐步解放网格员，充分发挥其主观能动性，提高街道解决问题的自主能力，下一步要借鉴北京经验，深化街道机构设置改革，坚持制度先行，借鉴"街乡吹哨 部门报到"的组织和运作模式，全方位打通政府部门、层级以及职能的壁垒，突破各自为政、条块分割的怪圈，在基层整合治理资源，形成合力，推动城市治理走向精细化。

三、提高保障和改善民生水平，切实增强群众获得感、幸福感和安全感

《意见》指出，要坚持民有所呼、我有所应，建立全市同意的群众诉求受理平台，群众诉求直派属地街道，街道职责范围内能直接办理的即接即办，不能直接办理的，由街道根据职责清单统筹调度相关部门办理。扩宽社情民意反映渠道，发挥微信、微博、贴吧、短视频等网络新媒体的优势，迅速回应群众关切的问题。强化公共服务民意导向，建立健全以民意征集、协商立项、项目落实、效果评价为流程的民生工程民意立项工作机制。按照兜底线、织密网、建机制的要求，提升基本公共服务保障水平，重点提高教育、医疗、养老、住房、就业等民生服务的覆盖面和受益面。鼓励街道组织开展"互联网＋服务"，完善一刻钟社区服务圈。扩大文化服务覆盖面，提升居民参与度。推进街道政务服务标准化建设，将全市政务服务"一张网"延伸到街道、社区、楼宇，实现与街道公共服务信息平台、综合执法平台的深度融合，建立街道与部门信息数据资源共享交换机制，精简办事程序，缩短办事时限，实现就近办理、自助办理、

一次办理。

北京市东城区东四街道机构改革紧紧抓住三个"面向"：面向社区、面向群众、面向问题，突出社区建设办公室和社区专员在街道结构设置的重要地位，是治理重心下移的重要体现。通过充实基层工作力量，发挥社区专员桥梁纽带作用，积极协调居民、社区、街道在基层治理问题上的冲突和矛盾，实现基层问题基层解决。在东四街道二条社区，7名社区专员半年解决了57件群众反映的问题，其中解决群众生活困难的就有13件，充分证实了社区专员能够深入基层，直接面向问题，抓细抓小，切实高效解决居民需求的能力和效率。

创新民意调查方式、扩宽民意表达渠道是强化公共服务民意导向，提高民生服务覆盖面和受益面的基础工作。为征集2019年重要民生实事项目，北京市人大常委会首次委托市统计局开展入户问卷调查，征求全市2400户户籍居民的建议，并通过分析市民服务热线（12345）来电情况、网络投票、吸收人民建议征集成果等方式，形成31件重要民生项目，包括优化基本公共服务、改善群众居住条件、提升生活便利性、方便市民出行、营造宜居环境、丰富文体生活、保障公共安全、提高社会保障水平8个方面，[①] 总体上看，项目平均赞成率达96.65%，同比提高0.8个百分点。[②] 不惜耗费人物、物力、财力力争覆盖全市居民的民意调查反映了北京市对民生保障工作的重视和把民意看作为一种政府决策工具的治理理念的先进性。

北京市海淀区政务服务办与街镇和委办局探索创新出街镇"一窗式"服务模式，是街道政务服务标准化建设的最新实践代表。"一窗式"服务模式即综合咨询台对群众进行初步业务指导，承诺"前台综合收件、后台分类审批和窗口统一出件"，即办件前台直接办结的模式。并在原"三级联动审批系统"的基础上，开发综合业务受理审批系统，通过高拍仪等器材实现材料电子化流转、审批环节时限可追踪监督的社区（村）、街镇、委办局三级联动的收件、受理和审

---

① 北京日报. 2019年重要民生实事提前看! 这31件今年拟办. [2019-02-28]. https://baijiahao.baidu.com/s?id=1626686907603321755&wfr=spider&for=pc.

② 新华网.北京公布2019年31件重要民生实事项目. [2019-02-28]. http://www.xinhuanet.com/2019/02/28/c_1210070176.htm.

批，优化群众体验感。最终实现了民生事项在全区范围内"事项名称统一、受理标准统一、收件清单统一、办理流程统一、审批时限统一"的"五统一"的标准规范，方便群众办事、利于窗口工作。①海淀区"一窗式"服务模式全覆盖后，全区29个街镇从原来的666个窗口，缩减为258个，比原来减少61%，通过业务内容梳理和业务流程重构，极大缩减了人、财、物的投入，节省了政府的行政成本。②

北京市通过街道机构体制机制改革完善民生服务的实践和探索启示我们，民生无小事，枝叶总关情。只有真正下沉到社区，融入居民的日常生活中，才能真正做到"民有所呼、我有所应"。民意是改进政府决策、提升治理成效的最权威最真实的数据来源。街道应带头定期开展居民生活满意度等实践调查，同时创新民生需求和民生问题的调查研究方式，定期组织居民、企业、政府、社会机构等多元主体之间的联谊活动，推动社会各界更多去关注和重视基层群众的日常生活，让更多的人到民生问题的治理当中来。大数据时代下，利用大数据技术挖掘和整合民生保障业务办理过程中产生的业务数据，汇聚来自网络的社会数据，绘制民生保障对象动态全息画像，更加全面、更深层次地了解民生现状以及民生需求，更好满足人民在经济、政治、文化、社会、生态文明等方面日益增长的需要。

四、在健全区级城市综合治理平台的基础上建立街道级大数据管理服务平台

《意见》指出，要依托网格化管理平台，统一底图，统一标准，健全数据采集更新机制，完善街道基础信息数据库。推进城市大脑建设，实现多网融合、互联互通，推进人、地、房、事、物、组织等基础数据深度整合，全面增强数据动态掌握、分析和预警能力。推动状态监测与可视化，增强城市部件、事件

---

① 人民政协网. 北京市海淀区率先实现街镇层面"一窗式"服务全覆盖[J]. 计算机与网络，2019.

② 中新网. 海淀区率先实现街镇层面"一窗式"服务全覆盖. [2018-12-17]. http://wemedia.ifeng.com/93533020/wemedia.shtml.

感知能力，提升城市治理的预见性、精准性、高效性。网格化管理与信息技术结合是实现源头治理的有效方式，通过完善网格体系和现代信息技术平台，可以实现群众诉求的及时准确传递与掌握，使城市治理从过去"自上而下"转变为"双向互动"，从"粗放机械"转变为"灵活精细"。

城市治理网格化大数据平台是推进城市治理精细化的现代化路径。数字化城市管理作为城市网格化管理的雏形，其实质是一种多元主体的城市治理模式，同时也是对传统社会管理模式的整合。简言之，网格化管理并不是对原有城市管理模式的一种完全抛弃，而是对原有传统管理模式的一种深化、整合和拓展。其特征主要体现在这样几个方面：一是在原有行政区划的基础上利用信息技术打破了传统意义上的城市区划空间，实行整体性的统一规划、管理和服务；二是对原有社会管理的行政管理资源、社会治理资源、公共服务资源等进行整合优化，从低效行政向高效服务型政府转变，以切实消除城市管理条块分割的弊病；三是整合原有"管制型"的社会管理体制，理顺市场经济条件下政府与公民、社会组织的关系，将基层政府工作的中心和重心转移到为普通社区居民提供高效、公平和全程的公共服务；四是对单一层级的社会管理方式进行上下联动的综合改革，建构社会综合体和全方位、多层次、多功能的城市管理系统，从组织机构、人员配备及运行方式等方面进行不断完善，从原先的"全能政府""失责政府"向有限政府和责任政府转变，开始注重基层权力向保障公民权利和扩大社会参与、培育公民社会方向深化和提升。[1]

我国城市的网格化管理最先发端于北京原东城区。以北京的网格化发展为例，其发展大致经历了四个阶段。第一个阶段：2004年，北京市原东城区率先实行城市管理网格化，主要是落实市政管理责任，将市政道路、设施等公共区域划分成若干个"万米单元网格"，以维护市政设施物件的安全。第二个阶段：伴随着2008年北京奥运会筹办工作的全面开展，网格化理念又被运用到社会治安领域，作为"平安奥运"的一个重要举措加以实施。网格化从市政管理

---

① 陈荣卓，肖丹丹. 从网格化管理到网络化治理——城市社区网格化管理的实践、发展与走向[J]. 社会主义研究，2015(4)：83-89.

扩展到社会治安，从管"物"发展到管"人"管"物"。第三个阶段：党的十七大和北京奥运会成功举办后，北京市社会建设工作全面展开，又把网格化引入社会服务管理之中。2010年，北京市推出"社会服务管理创新行动方案"，提出在全市开展社会服务管理网格化试点；2012年，北京市出台文件明确全面开展社会服务管理网格化体系建设，设定了三年基本实现全覆盖的发展目标。第四个阶段：2015年8月，北京市又出台网格化"1+3"文件，明确提出"三步走"目标：2015年底基本实现区、街道（乡镇）、社区（村）网格化体系全覆盖；2016年底基本实现城市管理网、社会治安网、社会服务管理网"三网融合"；2017年底基本实现全市网格"一体化"科学运行，达到"全面覆盖、三网融合、一体运行、管用有效"的目标。2016年6月，北京市委十一届十次全会明确提出，到2017年年底建成覆盖城乡、功能齐全、三级联动的网格化工作体系，实现城市管理服务一体化运行；充分利用物联网技术，整合各部门图像采集系统，到2018年完成重点监控区域信息采集全覆盖；完善网格化调度指挥平台建设，实现网格常态化、精细化、制度化管理。[①]

　　截至2018年末，北京市网格化城市管理体系已经覆盖16个区、296个街道（乡镇）、6024个社区（村），567万个城市部件。全年网格化城市管理共立案522万余件，立案量同比增幅55%。[②] 北京市海淀区在区级层面统筹建设城市服务管理指挥中心，形成"一网一库一平台"管理机制。"一网"主要是指由中关村热线"96181"以及社区服务热线"96156"等平台搭建的综合信息网，通过网络手段提供更为便捷的办事服务或信息。"一库"是指建立共享、交换，应用涵盖人、地、物、事、组织等内容的综合数据库，为各部门、各街道（镇）实施社会管理和社会服务提供基础支撑。"一平台"是指涵盖信息采集、信息传递、协调处置和监督考核等功能在内的综合指挥应用平台。"一网一库一平台"为信息的掌握和问题的解决提供了技术支持，提升了政府常态精细化管理

---

① 岳金柱. "网格化＋"服务：北京的城市治理创新实践[J]. 国家治理，2016(25)：38-48.

② 孙新军. 以创新精神驱动首都城市精细管理发展　以优异成绩向新中国成立七十周年献礼[J]. 城市管理与科技，2019(1).

能力。①

2019年1月，中共北京市委 北京市人民政府发布《关于加强城市精细化管理工作的意见》，对加强城市管理大数据平台建设提出了具体要求。落实北京大数据行动计划，加强物联网、云计算、大数据、人工智能等技术在城市管理中的应用，提升城市管理智能化水平。整合城市保障、城市运行、公共安全等相关平台和业务系统数据，加强城市管理大数据平台建设；开展城市管理领域数据汇集梳理工作，制定政府数据开放共享管理办法，逐步形成城市管理领域大数据共建共享机制。完善数据信息采集手段，强化交通运行、环境监测、基础设施维护等城市运行数据资源的滚动采集、实时录入、动态分析。整理汇集网格化城市管理平台案件、12345市民服务热线数据和首都环境考核评价数据，运用大数据技术进行数据提取和管理密度的关联性分析，找出市民关注的热点难点问题，为城市管理提供数据支持。强化监测预警和风险管理体系建设，借助大数据和智能技术，提升城市运行风险监测和控制能力。创新大数据利用模式，引导社会力量积极参与大数据建设和应用。②

现阶段青岛市市北区网格化治理平台还达不到机械自主学习，自主分析、自动可视化水平较低，网格员上报的数据还需人工进行筛选、分析及可视化，下一步要结合更多的新技术以及新理念，完善硬件基础设施，不断突破关键技术领域，提升大数据软硬件自主研发实力，加强大数据平台的标准体系建设和人才队伍建设。要在总结经验规律的基础上推进网格管理和信息技术的深度融合，推进网格管理与"互联网思维"和"云应用"的有机统一，以信息联通促进工作联动，"技术性"地化解城市治理难题，持续推动大数据与实体经济相互融合，深化大数据在城市治理各个场景的应用。另一方面，在运用现代信息技术推进城市治理精细化的同时，要减少"信息鸿沟"带来的负面影响，注重"起点机会公平、过程统筹兼顾、成果收益共享"，避免"技术治理"的负面作用，真正做到以"善治"为导向促进实现"包容性治理"。进一步深化街道体制

---

① 范永忠，李志红. 城市网格化管理探究——以北京市海淀区为例[J]. 中国高新科技，2018，14：102-104.

② 北京市人民政府. 中共北京市委北京市人民政府关于加强城市精细化管理工作的意见. [2019-01-09]. http://www.beijing.gov.cn/zhengce/wenjian/192/33/50/438650/1573613/index.html.

改革，推动资源、职能和权利下沉，消除信息孤岛，在街道层面实现数据对接和资源共享，推动街道级城市综合治理平台建设，与区级城市综合治理平台互为补充，打造无缝隙、全方位、系统化的城市治理体系。

五、完善多元参与、协同联动的社区治理体系，增强社会动员能力

《意见》指出，要完善以社区党组织为核心，社区居委会为主体、社区服务站为平台，物业、市政公用等服务企业、驻社区单位和各类社会组织广泛参与、协同联动的社区治理体系。弘扬社会主义核心价值观，推进以德治理城乡社区，探索将居民参与社区治理，履行社区公约等情况纳入社区信用体系。重点支持街道、社区运用"三社联动"等工作体系解决社区居民需求。建立分层协商和公共沟通互动制度，完善区、街道、社区三级协商联动机制，建立社区月协商制度，推进议事协商常态化机制化。大力发展志愿服务队伍，培养以社区党员、居民代表、楼门院长、退休干部等为主体的骨干力量，发挥志愿服务力量在基层治理中的积极作用。

协商议事会是参与式治理的一种体现形式。北京市东城区东四街道建立并完善了社区议事协商机制，采用"五民工作法"，引导社区居民、辖区单位等各方积极参与城市和社区治理。比如，针对街道胡同院内公共空间利用、院内环境秩序维护等问题，街道召开"六条、七条社区维护院内环境议事协商会"，居民代表、互通设计师、物业公司和街道机关干部一同参加，共同商讨解决方案，最终达成共识，形成了《小院公约》。再比如，针对停车难的问题，西城区西河沿社区的社区书记、楼门院长、车主通过议事厅多次协商议事，最终成立停车自管会，实现停车自治。①

"街巷长制"和"小巷管家"是北京市基层治理体系构建过程中取得的重要创新成果之一。"街巷长制"以协商、协同、共治为基本原则，通过广泛动员社

---

① 荀连忠. 坚持"三个面向"确保力量下沉——北京市东城区东四街道管理体制改革实践[J]. 城市管理与科技，2019(1)：25-27.

会力量，居民认领街巷，成为"小巷管家"，参与到街巷的共建共治当中。龙潭街道在"街巷长制"和"小巷管家"的实践中坚持党建引领，坚持志愿性、公益性、专业性的工作本质，坚持问题导向、问需于民的工作原则，从工作环节和流程上创新街巷治理模式。比如利用小巷管家微信群，实现街巷4类人员（居民、小巷管家、街巷长、街道办事处）的信息互通，从而提高发现问题、解决问题的时效性；再比如，党的十九大期间，"小巷管家"积极参与街道社区的安保工作，排查社区安全隐患，清理楼道和堆物堆料等，累计出动757人次。[①]

　　青岛市市北区网格化平台、"12345"市政热线、"在市北"APP、"市北城市治理"微信公众号、"青岛市北发布"微博、居民上访、街道下访等多种民意表达渠道、"邻居节"文化活动等，都体现出青岛市市北区在建立和完善公众参与基层治理机制、提升群众政治参与意识、动员社会力量上的探索和创新。纵观全国各地城市治理现代化体系建设历程，被动管理和主动参与的比例变化有阶段性规律，青岛市市北区对公众参与的重视程度持续上升，积极宣传"城市生长力的参与者是每一个人"的核心理念，鼓励市民参与城市治理的志愿活动，普及"在市北"APP的公众使用率，居民主动参与城市治理的意愿和能力只增不减。

　　北京市和青岛市的基层治理经验启示我们，让居民的诉求有出口有回应是共建共治的基础，是理解好、贯彻好、坚持好群众路线的重要体现。在推进公民参与城市治理的过程中，首先要建立规范的公民参与教育和培训制度，提高公民参与城市治理的意识，促进公民利益觉醒。建立规范的公民参与教育制度，提高公民的参与意识和水平，增强公民对治理政策的理解，培养和提高公民参与城市治理的能力，形成多主体的治理合力。

　　其次，创新公民参与形式，拓宽公民参与渠道，完善多元利益表达机制。要主动增强政府与公民之间的互动与合作，建立良好的政民关系，应用先进的管理技术将辖区内的机关、企事业单位、非营利组织和居民纳入到社区治理的

---

① 赵刚. 城市精细化管理的典范——"小巷管家"——记北京市东城区龙潭街道社会治理新实践. 城市管理与科技，2018: 31-33.

集体行动框架中来，引导公民参与到城市治理的利益选择和利益分配过程中，主动向政府表达自己的意愿和利益需求，获取较高的利益实现程度；随着信息网络技术的发展和普及，应开辟公民参与的多元化、互动化渠道，如公民可以利用网络终端，以电子邮件、视频会议、电子市政厅等形式参与到城市治理中来，扩大参与范围。

第三，丰富社会公众组织，形成公民参与合力，优化利益综合、竞取和博弈机制。一方面，进行个体公民利益的收集整理，对不同的利益诉求进行综合、比较、分析，选定符合大多数公民利益的最优方案，促使个体呼吁成为集体声音，形成利益合力，提升公民利益的博弈能力，促进公民利益的实现。另一方面，按照政府的决策需求，有目的、有方向地征求公民意见，主动吸纳公民参与城市治理，实现城市治理综合利益最大化，不断增强公民对城市的归属感。

第四，建立健全公民参与城市治理的制度体系和法律体系，构建利益整合、利益分配、利益补偿机制。建立和完善包括听证制度、政务公开制度、民意调查制度等在内的公民参与制度体系，使其成为城市治理中公众参与的惯性机制，而非针对某一特殊问题设定的特定环节，成为城市治理的"规定动作"而非"自选动作"。要提高公民参与的代表性，给不同的公民或公民组织平等的利益诉求机会，对多元公民主体的利益进行综合、竞取，统筹利益分配与补偿，实现公众利益最大化。要降低公民参与成本，简化公民参与城市治理的相关程序，同时由政府主动承担部分成本，保持和促进公民参与的热情，实现公民参与的良性互动。

六、健全完善激励保障和考核评价制度

《意见》指出，要注重从街道乡镇培养选拔干部，树立以基层为先的导向，加强街道社区干部队伍建设，全面推行职务与职级并行制度，拓展街道干部职级晋升通道。健全容错纠错机制，鼓励基层大胆探索和干部担当作为。进一步推动市、区两级行政事业编制精简下沉到基层，健全由区委、区政府统一组织，以辖区居民满意度为主，以社区和职能部门评价为辅，监督检查和第三方评估

相对结合的街道工作考核评价机制。以工作效果为导向，统筹规范督察检查考核工作，实现基层考核评价简洁精准高效。

拓展街道干部职级晋升通道以此推进"街乡吹哨 部门报到"不仅能够激励有为干部反哺街道社区，激励后续新鲜血液的流入，而且更加深了干部与群众之间的密切关系。2019年3月12日《北京日报》对全市3642名穿警服"副书记"到社区履职的报道正是对《意见》中激励保障制度实践效果的肯定。由守护辖区治安的社区民警到社区党委副书记的政治身份的转变不仅意味着个人职务和责任的变化，还意味着参与街道治理工作的权限和能力的变化。到社区履职的民警兼副书记除了要掌握社情民意，收集、上报社情动态和突出治安问题；做好宣传、教育、组织、发动和服务群众等工作，还要发挥党建工作优势，推动专业力量和社会力量参与矛盾纠纷排查调处。权力下放和政治激励对这些街道社区守护者的影响主要体现在他们更加主动地发现问题，自觉高效地组织好各方力量资源，直接回应居民需求。这种就地晋升回当地履职的激励机制，不仅能够维系多年积累起来的社会资本和党群联系，并且给予他们足够的空间和自由去盘活这些社会资源，发挥基层经验巧妙高效化解矛盾和冲突。截至目前，全市共有3642名穿警服的"副书记"到岗履职，城六区各公安分局已全部实现"一社区（村）一兼职副书记"。每个派出所选拔出党性意识强、业务水平高、沟通能力好的民警，通过组织任命成为"副书记"，第一时间到社区（村）党组织报到，参与到社区建设和党建工作的方方面面。[1] 针对编制外的志愿工作者，北京市东城区龙潭街道"小巷管家"模式采用日常激励的措施，以志愿积分兑换社区服务、报道宣传、评选"金牌管家"的形式激励小巷管家和居民参与街巷治理，[2] 居民群众对志愿服务的热情持续高涨。

考核评价制度是激励保障制度的基础，北京市西城区德胜街道是落实《意见》中以工作效果为导向的综合评价制度的先进代表。德胜街道以事件的发生

---

① 　北京日报. 北京3642名穿警服"副书记"社区履职. [2019-03-12]. https://article.xuexi.cn/html/12514550740179886726.html?study_style_id=feeds_default&pid=&ptype=-1&source=share&share_to=wx_single.

② 　赵刚. 城市精细化管理的典范——"小巷管家"——记北京市东城区龙潭街道社会治理新实践[J]. 城市管理与科技, 2018: 31-33.

频次、处置质量、处置时效性以及各类基础数据的更新频次和内容质量为依据，以明确权责为要求，构建客观量化的绩效考核评价体系，对科室、站、队、所、社区进行考核。此外，德胜街道将评价体系与工作提升相结合，通过回复率、办结率、满意率等指标对各责任人进行打分，以此为依据进行经验分享，提升工作能力。①

北京市激励保障制度和考核评价制度的创新和实践启示我们，让最熟悉街道和社区的人掌握最充分的治理资源，最大限度挖掘并发挥其治理能力是新时代基层治理激励和考核制度的目的所在。城市治理体系的构建离不开具有专业素养、奉献精神的人才队伍的保驾护航，对人才的激励需要做到不断丰富激励内容，满足基层干部的物质层面和精神层面的需要；不断创新激励方式，提升激励内容的时效性；不断健全制度机制，保证激励措施的可实施性、可复制性。考核评价制度应与激励保障制度相辅相成，对基层干部的绩效考核是激励措施实施的唯一依据，考核内容应与激励措施相对应，激励措施应有效提升基层干部的工作绩效。激励保障制度和考核评价制度的建立和完善应该以公平正义为前提，以发挥基层干部的工作积极性和主动性为直接目的，以提升基层城市治理成效为根本目的。

青岛市市北区规定处级干部选拔需要有基层工作经验，并据此对下基层的干部进行考核选拔。社区工作站站长身兼街道党工委成员，工作业绩直接与考核、升迁挂钩的设置大大增强了街道与工作站的协调能力。从更深层次看这种变化将促进全区干部运行机制的优化，对保证城市治理工作重心下移具有深远意义。下一步应完善监督、考核及评价工作，尤其加强对街道网格员的系统化考核。评价指标体系应更加突出城市居民的评价主体地位，针对网格员编制短缺和城市治理专业力量不足的情况，学习北京市街道大部门制改革的先进经验，增加街道编制数量，做好人员分流和人力资源整合工作，进一步规范编外人员的招募、分类、管理和使用，创新和完善志愿者服务体系，扩宽街道干部晋升

---

① 李晶，孙乔婧，赵沛. 城市社区"全响应"治理创新实践及启示——基于北京市德胜街道的分析[J]. 中共云南省委党校学报，2018，19(1): 134-139.

渠道，满足基层干部和志愿者物质层面和精神层面的需求和期望，使每个岗位最大限度发挥其价值。完善以居民满意度为主的"自下而上"的考核评价机制，赋予居民、辖区商户、街道组织驻区单位、社会组织等和对政府职能部门及基层干部工作的考核评价和民主评议的权利。

七、强化街道社区工作的法治保障

《意见》指出，要制定《北京市街道办事处条例》，研究制定或修订社区治理、志愿服务、物业管理、停车管理、垃圾分类、规范养犬等相关法规规章和政策标准，完善基层治理法规体系。推进基层治理领域法规规章"立、改、废"，及时将基层创新经验做法上升为政策法规。加大全民普法力度，健全依法决策机制，依法严格惩处各类违法违规行为，营造良好的法治环境。

制定《北京市街道办事处条例》的具体要求为建立符合首都超大城市的特点和新时代城市治理的实际需要的街道级地方性法规提供了一次机会。通过立法，把中央有关重大决策部署全面落实到基层城市治理实践上，把多年积累的城市治理的新思路、新举措、新模式提升到法制高度，以城市治理法治保障推动城市治理体系和城市治理能力的现代化建设。

治理与管理的根本差别在于法治，要保持城市治理获取的不同成效，需要运用法治化的思维，提高依法治理城市的能力水平。不可置疑，2014年10月，党的十八届四中全会作出的《关于全面推进依法治国若干重大问题的决定》提出了建设社会主义法治国家的根本要求，全面开启了建设法治中国的新征程。为了落实依法治国，党的十八届五中全会将依法治国作为"十三五"的重要任务和目标之一，落实在城市治理当中。法治建设是城市治理现代化的内在要求，法制已然成为城市治理的一种常态化机制。

北京市石景山区始终把建设法治政府、法治社会，强化依法执政、依法行政作为深化城市管理体制改革的着力点，突出"法治综合、执法下沉"这一鲜明特点，赋予街道属地管理全权、全时、全管、全责的"四全"职责，将职能下放到基层，管理重心下沉，让基层有能力直接解决问题，从而使多头执法、推诿扯皮等一些掣肘城市管理的"老大难"问题得到了较好解决。

我国的城市治理亟待法治破局，未来要以问题为导向，尊重城市发展的规律，以法治建设引领城市治理现代化。一是制定和完善我国城市治理法律法规体系，对一些不合时宜的法律法规进行及时修订或废止，可以考虑适时出台《城市治理法》，解决部门立法中各种法律适用的冲突问题。积极探索实行"参与性执法"和"轻罪重罚"制度，将一些城市管理执法过程中的取证、规劝等职责委托给市民、社会组织、物业公司等，发挥市民和企业等社会力量共同参与城市管理执法工作。用法治去减少城市治理中的侵权、越界现象，惩治城市治理中的各类腐败问题，特别是打击各类建设、规划中的违法违规行为，逐步消除"朝令夕改""以权代法"等突出问题。二是在城市治理法律实施方面，要更加注重法律的执行和落实，强化对各类执法行为的监督，减少执法过程中的随意性。通过有法必依、执法必严来确立和维护城市治理法律法规的权威性、公平性、稳定性、严肃性及有效性。结合我国国情，在城市治理中要将硬性的法治手段和柔性执法结合起来，恰当地引入和采用宣传、说服、教育、协商等手段进行执法，解决城市治理执法中遇到的"钉子"问题和不容易处理的矛盾纠纷。让柔性手段成为依法治理的"润滑剂"，不断提高执法艺术，确保城市治理任务的顺利完成。遵循教育和惩罚并举的原则。我国城市治理中既要引入新加坡城市治理中广泛采用的罚款手段，也要注重对市民的法治教育，不断提高居民素质，做到惩防并举，形成良好的城市治理氛围。

亚里士多德说，"人们为了活着来到城市，为了更美好的生活而居留于城市"。站在改革开放40周年新的历史起点上，人民对美好生活的向往更加深刻，改革发展成果会更多更公平地惠及全体居民。治理的永恒主题是人民的幸福，城市治理应始终围绕解决好人民日益增长的美好生活需要和不平衡不充分的发展之间的矛盾的主要任务。城市治理就是要通过消除经济持续发展和社会稳定的体制机制障碍，来建立一种良性社会运行体制，在保持经济稳定增长的同时采取合理措施、运用必要的手段调节社会矛盾、缓和社会冲突，以此来协调经济发展与社会发展之间的关系，加快社会发展、促进社会公正、增进社会和谐。未来城市工作应该顺应新时代人民过上美好生活的新期待，综合运用经济、行政、法律、科技、文化等手段，构建权责明确、服务为先、管理优化、执法规范、安全有序的城市治理体制，打造共建共治共享的城市治理格局，从而解决人民日益增长的美好生活需要和不平衡不充分的发展之间的矛盾。展望未来城市是在我国物质文明、政治文明、精神文明、社会文明、生态文明全面提升，实现国家治理体系和治理能力现代化的基础上，城市居民享有更加幸福安康的生活。

知之愈明，则行之愈笃；行之愈笃，则知之益明。只有正确把握社会发展规律，在总结经验中深化思想认识，适应新技术、新需求，塑造现代城市的人文关怀和人文精神，正确把握城镇化进程的顺序、速度、力度、角度，才能实现城镇化进程的动态平衡，实现人与人、人与社会、城市与自然之间和谐相处。

第六章

大数据如何服务于
城市治理

　　前面章节探讨了北京市关于推进新时代街道工作的经验和启示，阐明了新时代下深化街道机构设置改革和权利下沉，保障和改善民生，街道级城市治理大数据平台，多元参与、协同联动的社区治理，激励保障和考核评价制度、法治保障制度对于推动城市治理体系和城市治理能力现代化建设的重要性。城市治理的最终目标是让我们的城市生活趋于更美好。大数据时代下，大数据理念和技术提供了新的解决人民日益增长的美好生活需要与不平衡不充分的发展之间的矛盾的思路和手段，这也是大数据服务于城市治理的重要意义之所在。在日新月异的技术革命浪潮中，采集和分析海量异构多源的城市大数据的技术领域已逐渐被攻克，如何盘活这些城市数据资产，如何将数据转化为服务，如何让大数据应用落地于城市生活的各个场景是大数据技术的新时代任务。新时代背景下，大数据技术和产品的开发与应用应该以让居民在城市生活得更美好为终极使命。

　　本章节将从民生、政务和市场监管三大领域深入探讨大数据技术和理念如何助力城市治理，特别是大数据技术和理念在改善居民的城市生活质量，提升政府服务能力和市场监管能力，创新和拓宽公众参与城市治理的方式和渠道，推动建立共建共治共享的城市治理格局的作用。内容包含对国家相关政策以及政策实施背景的梳理、大数据在具体领域应用的意义的阐述、各地大数据应用优秀案例的介绍以及大数据具体应用的趋势分析。最后，本章节针对城市治理平台的完善提出建立政、产、学、研、用、资协同创新的城市治理平台，为部门间提供交流沟通渠道，为居民提供优质服务，推动城市的产业发展，激发城市活力。

第一节　城市治理大数据如何实现精准惠民，提升居民幸福？

一、保障民生是国家治理现代化建设的重要任务

　　党的十九大报告指出，"增进民生福祉是发展的根本目的。必须多谋民生

之利、多解民生之忧，在发展中补齐民生短板、促进社会公平正义，在幼有所育、学有所教、劳有所得、病有所医、老有所养、住有所居、弱有所扶上不断取得新进展，深入开展脱贫攻坚，保证全体人民在共建共享发展中有更多获得感，不断促进人的全面发展、全体人民共同富裕"。民生是人民最关心最直接最现实的利益问题，是城市居民感知城市治理行为及其成效的最主要的内容，也是解决人民日益增长的美好生活需要和不平衡不充分的发展之间的矛盾的根本落脚点。

民生与发展相辅相成，经济发展为持续改善民生奠定坚实的物质基础，持续不断改善民生为经济发展创造更多的有效需求。而这些发展基础和需求主要集中在城市，也就是说，维护好实现好城市居民的民生需求可以带动整个国家经济社会的发展。社会主要矛盾的转化对在发展中保障和改善民生提出了新要求，一是要着力解决好发展不平衡补充问题，二是提升发展质量和效益，三是更好地满足人民在经济、政治、文化、社会、生态文明等方面日益增长的需要。①

二、大数据服务于民生的意义

长期以来公共服务由政府垄断，相关决策往往从经验或教条出发，对公共服务供需动态变化的研判的实时行、精准性、预见性不够，此外，经济指标单一化的政绩思维偏向对经济设施的建设和供应，体现民生的社会基础设施则总体供应不足，公共服务的供需矛盾突出，这也是人民日益增长的美好生活需要和不平衡不充分的发展之间的矛盾凸显的具体表现之一。

大数据时代，民生的诉求、内容、形式、资源、投入与产出可以以数据的形式记录下来，民生数据作为反映居民对个人发展空间、城市生活质量和社会公平正义的要求与期望，反映城市服务供给水平的信息载体，在保障民生，推动城市治理精细化中能够发挥很大作用。

---

① 新华网. 习近平新时代中国特色社会主义思想三十讲 第二十讲 在发展中保障和改善民生. 2018. http://www.xinhuanet.com/politics/xjpsxkj/index.html.

　　大数据技术的兴起和应用颠覆了以数量为标准的城市服务供给的传统思维。长期以来，我国的城市发展专注于经济增长，对城市的公共服务职能重视不够，公共服务资源总量和结构不能适应新常态下的城市创新发展要求。城镇化进程快速发展的时期也是公共服务数量持续增长的时期，但是追求数量和规模的传统思想的延续导致城市服务与城市居民需求脱节。大数据时代的数据文化是"尊重事实、强调理性、要求精准"[①]的一种文化，数据驱动的民生服务更加注重回应需求，增加服务的附加值。每个人都是数据的载体，以数据为基础的民生服务供给系统是尊重和鼓励在城市生活的每个人在塑造民生服务内容、创新民生服务供给方式、优化民生服务资源配置等方面的主体意识和主体行为的。

　　大数据技术的兴起和应用创新了民生建设、挖掘民生数据价值的手段。通过大数据建模，对民生保障业务功能进行抽象和构建，划分个域，建立业务联系，利用大数据整合集成技术，运用大数据带动民生保障业务流程重组，提高民生服务供给部门的业务运行模式效率。比如用数据包络分析方法开展对民政服务对象统计、民政服务对象和范围的关联分析，对社会服务人员、社会服务资源、社会服务经费进行实时追踪、趋势分析、科学配置，提升民政服务供需匹配度，提高民政服务质量和效率。[②]

　　大数据在民生领域的应用是民生数据的特性决定的。民生服务产生的数据大多多源、异质、异构、易变，与大数据的基本特征完全吻合，非常适合用大数据的理念和技术进行处理。以公共文化为例，李广建和化柏林认为，图书馆、文化馆、美术馆等公共文化服务机构所提供的服务方式都不同，导致居民接受服务的方式也不同，公共文化服务使用者可以在图书馆阅读图书，在文化馆接受教育培训，在美术馆欣赏创作等，这些机构的业务系统还在体系结构、数据性质、实现的功能等方面存在差异，服务供应和使用所产生的数据因此不仅数量规模庞大，而且异质异构，[③]非结构化数据处理等技术可以快速解析数据，捕获隐藏在数据中的问题，为改善公共文化服务治理提供数据支持。

---

① 人民论坛理论研究中心. 精简、精准与智慧 政府数据治理的三个重要内涵.
② 张学华等. 民生保障大数据应用及其关键技术研究[J]. 科学管理研究, 2017, 35(1): 16-19.
③ 李广建, 化柏林. 公共文化服务大数据研究的体系和内容.

从小事出发，关注细节，是民生建设做到精准、细致、全面的关键。大数据时代，城市居民生活脉动和被多源数据记录下来，大数据技术的引入，正有助于政府治理精准地实现公共服务供需平衡。大数据并非数据的简单堆叠，而是对于各种碎片化、多样化、低价值密度的数据通过交叉复现、质量互换、模糊推演等手段进行科学的关联分析，进而找出公共需求的一般规律或连带效应，在此基础上予以精确的满足和供应。① 借助巨量、真实、多样的信息优势，运用全样而非抽样统计的方法，致力于追寻相关性从而让数据发挥推荐价值，使得越来越多的数据挖掘趋于前端化，即可以提前预测和提供服务对象所需的各种服务。② 大数据有助于增进公共服务供给的预见性、准确性和回应性进而提升各类民生服务的精准供给能力。

三、城市治理大数据在民生领域的探索及趋势

民生数据目前主要被用于监测民生舆情、改善民生服务供给、提高民生服务质量等方面。由于民生与居民的生活息息相关，基于民生数据的治理行为也正潜移默化地影响着每个人的行为。

城市的发展水平和健康程度可以从上百个指标中评估和预测出来，这些指标来自于生产、生活、娱乐、交易等产生的基础数据，大数据技术可以通过检测这些指标化的数据，生成关于民生领域的实时精准动态画像，比如通过刻画某个地区失业率、收入状态的变动，预警异常变化，提前干涉，调整民生服务供给。联合国提出了"全球脉动"新计划，利用大数据分析和预测某个给定地区的失业率、健康状况、收入状况等，为扶贫援助项目提供决策选择。

民生舆情管理是大数据赋能而孵化出来的城市治理的一个方面，这在传统技术环境下是难以实现的。南京市政务办和南京市社科院组成的联合课题组运用WEBGIS技术采集民生问题的地理属性，追踪市民诉求问题，实现对市民

① 王勇，朱婉菁. 大数据驱动的"数据化国家治理"研究——"以人民为中心"视角. 电子政务，2018，6：32-42.
② 同上.

诉求的时间、空间、对象、类型的全要素掌握，对民生问题进行从潜伏期、爆发期、成熟期到消退期的全生命周期式管理，利用"五级归口诉求分类"对民生诉求科学界定、科学分析，通过三维可视化生成涉及503类南京民生问题的"民声地图"。此外，联合课题组通过"数据预警"跟踪突发性社会事件，第一时间向相关职能部门发送舆情预警函，及时处理和解决群众关切的问题。[①]

在大数据的推动下，民生的各个具体领域正在发生变革，人本导向的趋势愈发明显。比如，医疗保健行业逐渐从医疗费模式向基于价值的照料模式转变，换句话说，医疗保健行业更加关注被照料者的用户体验和满意度，医疗大数据能够推动医疗保健成本的下降同时创新更高标准、更高品质、更加精准的医疗服务方式。新型产品如Fitbit、Apple Watch帮助使用者实时监测个人的生命体征，报告健康发展趋势，这些数据被传输到云服务器，为预测社会宏观的健康发展或疾病传播趋势提供了数据支持。Fitbit还被应用到United Healthcare发起的一个健康项目中，成为用户评估个人健康目标的实现程度的工具，生命体征数据与个性定制的健康计划相结合，发挥了指标化的数据在解释、评估、塑造行为的价值。这种商业合作也孕育了大数据对居民生活理念和生活方式施加影响的消费环境。人们对自己健康指标数据的日益关注，同时对城市的医疗卫生服务提出了更高的要求，包括建立电子病历、生物样本库、24小时在线问诊、远程诊断、精准治疗、精准药物等。

大数据理念和技术创新了民生服务的方式。APP是将数据转化为服务的大数据时代的典型产物，是专题数据库、部门、资源整合的具体化象征。近年来，全国各个城市积极投身于集政务服务和民生服务于一体的多终端移动服务平台的建设。以青岛市为例，"智慧人社"市民版APP集成社保缴费、挂号就医、诊间付费、人脸识别（养老认证）、办事预约、医保签约、移动支付、找工作等15大类102项公共服务功能，市民随时随地通过手机了解最新人社政策、招工资讯，一键查询个人社保、公积金等信息，一手办理就诊挂号、工作匹配、社

① 张新生. 民生可视化：数据应用创新社会治理. 南京日报第B03版：思想理论·策论. [2019-02-20]. http://njrb.njdaily.cn/njrb/html/2019-02/20/content_528318.htm?div=-1.

保缴费等业务，真正实现"信息一键搜，服务一手办"。为适应全市城乡居民个性化咨询需求，青岛市人社局建成了集12333服务热线、在线问政、人社微博、12333微信、短信平台和民生信箱在内的"六位一体"社会保障咨询服务平台。仅12333热线全年就提供300多万人次的咨询服务，日均话务量超过1万人次。[①] APP成为民生资源的集成和再分配平台、民生数据的出入口，居民在APP中的登录、访问、浏览、查询、评论、付费等行为成为协调民生服务供需的指向标。

　　在我国，大数据在民生保障领域的应用还处于起步和尝试阶段，建设民生数据库是发挥大数据在民生服务中的作用的前提。民生数据库的建设应该响应新型城镇化建设发展、信息惠民工程实施、智慧城市建设等，与政务数据库、市场数据库等建设并驾齐驱，促进社会全域数据库之间融合互联，构建民生全息地图，实时监测民生服务状态，把握民生发展规律，洞察潜在的社会风险，实现民生关联风险预测预警。

　　大数据使得民生舆情管理成为可能，那些看似不相关、无意义的文字和影像将成为研判社会风险、识别民生诉求最重要的数据来源，尤其不能忽视已经渗透到城市生活各个角落的社交媒体所产生的民生数据，数据就是诉求。在民生的各个具体领域，大数据理念和技术无时无刻不在影响和启发着他们自己的变革，精准、价值、高效是每个民生行业在改革过程中必须要体现和追求的。民生服务的数字化终端化是服务型政府建设必须要长期推动的民生任务，提高城市服务的易接近性、便捷性、高效性将直接影响居民对城市生活质量的感知。

　　随着市民的身份由公共服务的消费者向生产者转变，培育和提升居民的数据能力、判断能力、决策能力将成为民生建设的一个重要任务。英国的政府大数据政策以"提升市民数据能力"作为政策的核心理念，强调大数据资源开发与利用能力的培育，[②] 值得我们借鉴。人口信息化是信息化的核心，人力资本是影响城市治理质量和成效最关键的成本，发挥和挖掘城市居民在城市治理中的主体地位和治理能力将撬动更多的治理资源、资本。

---

① 青岛市"智慧人社"民生服务平台. 2017智慧青岛典型案例评选. http://vote1.qingdaonews.com/news/201612/intelligence/pcShowOneProgramDetail.php?act=MxTullufldUi&type=xmld.
② 宋懿等. 美英澳政府大数据治理能力研究——基于大数据政策的内容分析[J]. 情报资料工作，2018(01).

第二节　城市治理大数据如何提升市场监管能力

一、市场监管政策背景及现存挑战

2018年3月，中共中央印发了《深化党和国家机构改革方案》，对市场监管体系作出新一轮改革，实行统一的市场监督。提出组建国家市场监督管理总局、国家监察委员会、中央审计委员会和中央全面依法治国委员会。监察部、国家预防腐败局、国家工商行政管理总局、国家质量监督检验检疫总局、国家食品药品监督管理总局不再被保留，而被整合为市场监管综合执法队伍。[①] 此轮改革为对市场监管体系提出全新的要求，为进一步建立开放竞争有序的现代市场体系提供保障。

市场监管是政府以矫正和消除市场失灵、维护市场经济秩序和伴随的社会秩序为目的，运用公共权力，基于各项法律，对各类市场主体的经济活动采取必要的监督、干预和管控行为。它涵盖严格市场主体准入和市场行为两方面，包括经济监管、社会监管和行政监管三大类。其中，经济监管是针对市场主体准入和市场行为、价格、数量等经济活动展开监管，旨在保障市场的公平有序竞争；社会监管是针对安全生产、食品药品安全、产品质量、环境保护等社会问题展开监管，旨在保障劳动者和消费者的安全、健康和权益；行政监管则针对行政层面，在监管体系建设上进行改革。[②] 市场监管是现代政府的基本职能，是市场经济有效运行的基础保障。

我国自改革开放以来高度重视市场监管工作，随着市场经济体制的逐步完善，针对市场监管的各项政策方案陆续出台，以优化或解决市场监管中存在的

---

① 中共中央印发《深化党和国家机构改革方案》（全文）_新华社 [2018/03/21]. http://hhht.nmgbb.gov.cn/tmtzq/jggghgl/201803/t20180326_94990.html.

② 薛澜、李希盛. 深化监管机构改革 推进市场监管现代化——以杭州市为例[J]. 中国行政管理，2018(8): 21-29.

问题。国务院在1988～2013年期间就进行过多轮机构改革，成立了一批政府监管机构。《第十二届全国人民代表大会第一次会议关于国务院机构改革和职能转变方案的决定（草案）》于2013年3月14日批准通过，拉开了中华人民共和国成立以来规模最大、为期最长的新一轮市场监管机构改革。随后，在11月发布的《中共中央关于全面深化改革若干问题的决定》的文件上，提出整合执法主体，减少机构数量和领导职数，实行大部门市场监管体制改革，组建市场监管局，建立统一的市场准入和市场监管体制，进行综合执法。次年6月，在《国务院关于促进市场公平竞争维护市场正常秩序的若干意见》的文件中，市场监管机构整合的信号首次在中央层面被发出。2017 年1 月，国务院出台了中华人民共和国成立以来首次以市场监管为主题的中长期规划——《"十三五"市场监管规划》。该规划提出市场监管综合执法改革的必要性和迫切性，指出加强和改善市场监管是国家治理体系和治理能力现代化的重要任务。

这一系列改革方案的背后，映射出的是我国市场监管长期以来存在的问题。

从顶层设计来看，首先是市场监管体系的机构设置。市场监管主要有行业市场、专业市场和综合市场三种类型的监管机构负责。不同监管机构间权利边界模糊不清、职能重叠，存在推诿扯皮、标准不一、缺乏配合等问题。不仅影响机构本身的工作效率、降低了工作透明度，进而引发腐败现象，也对正常的市场秩序造成影响。此外，传统的单一政府监管不再符合在以党为核心、多元主体共同参与治理的社会新形势，机构设置急需改革。其次是智能配备上。传统的市场监管存在程序和规则不清晰，方式方法陈旧，导致发现问题不及时、工作效率降低等问题。在配套措施方面，缺乏对市场监管的问责机制，导致上下级监管部门间缺乏衔接，也降低公众对政府工作的信任度。[①]

此外，市场主体数量大，形态多，其间混杂着的造假、垄断、不正当竞争、投机倒把等不规范行为扰乱市场的经济秩序，损害其他经营者和消费者的权益。越来越多的线上市场也随着网络交易的飞速发展而成立起来，其存在的主体识别难、制约手段缺乏等问题也对监管提出更高的要求。而传统的监管方式无法

---

① 徐鸣. 我国政府市场监管体制存在的问题及成因分析[J]. 重庆理工大学学报（社会科学版），2016，30(9).

快速、精确地发现和解决问题，存在市场失灵、社会失灵的风险。另外，外部的法治环境、公民素质、产业结构、普遍的市场规律等多方面的因素都为市场监管体系带来挑战。[①]

综合政策环境、市场监管存在的问题和经济社会新形势，改革监管机构，提高监管效率和治理，强化社会性监管、推动传统政府单一监管模式向以党为核心、多元主体共同参与监管的模式转变，是深入推进国家治理体系和治理能力现代化的大格局背景下保证市场经济健康有序运行的核心要义。

二、城市治理大数据应用到市场监管的意义

面对上述市场监管领域存在的问题和市场监管模式改革的迫切需求，充分挖掘好、利用好与市场监管有关的大数据成为新手段。伴随着经济社会的不断发展，移动互联网等现代信息技术处理手段日新月异，大数据在各个领域开始被广泛应用。在市场监管工作处于复杂而深刻的转型期中，大数据为推动改革市场监管机构、提高监管效率和水平、提升政府服务和能力、促进多元共治提供了可能。运用大数据到市场监管领域是指政府利用所掌握的各类数据的集合，对市场主体的信息和行为进行动态分析，从而对市场风险进行高效精准的预测。[②]

在监管内容上，大数据可以做到线上监管和线下监管。线上监管针对日益庞大的鱼龙混杂的网络市场，对其经营主体、经营行为的合法性和规范性进行监管，预防和整治欺诈、造假等违法违规行为。全国网络监管软件系统由国家工商总局开发，加强线上市场监管。而大数据能够利用其技术手段，对该软件系统进行不断的升级和完善，促进对线上市场的智能化、自动化监管，也减少不必要人力资源的浪费。线下监管针对线下市场主体。在市场监管要进行现代化转型的背景下，传统的全面检查、行为监管和各部门各自为政已不再符合时代要求，相应的将转变为随机抽查、信用监管和大部门联合执法，促进社会协

---

① 徐鸣. 我国政府市场监管体制存在的问题及成因分析[J]. 重庆理工大学学报（社会科学版），2016，30(9).
② 范宇翔. 大数据时代上海市场监管模式转型研究——以浦东新区为例[D]. 上海：上海师范大学，2017.

同共治。在转型过程中，大数据为其提供现代化的技术支撑。

在技术发展飞速的时代，大数据能够做到更精确地预测市场风险。将大数据运用到市场监管领域，可以帮助监管机构更精确地锁定监管内容、范围、对象和地址，对潜在风险进行提前干预和预防，变"被动应急"为"主动防范"，提升决策的科学性和监管的精准度。此外，通过打通不同区域和层级间各部门的边界，使得监管信息跨部门、跨区域地流动，有助于解决传统监管方式中监管信息不对称的问题，降低沟通成本，提升监管效率。从政府的机构设置来看，伴随着简政放权和政府职能转变的大背景，大数据的介入有助于优化监管的职能配置，破解监管机构人员冗余、办事效率低、人力资源配置不足的困境，从而提升政府在市场监管的服务能力和监管水平。[①]

为了推进国家治理水平和治理能力，市场监管层面要在复杂多变的形式下充分发挥政府监管作用的同时，也要调动社会各方力量，包括市场行为主体、消费者、社会组织、新闻媒体等，加强社会各界对政府工作的监管，走社会共治之路，从而构建全方位的市场监管体系。大数据在其中搭建重要的共治平台，比如公众可以通过电子政务平台，随时了解市场监管的信息，从而增加政府工作的透明度，消除与民众间信息不对称的现象，大大提升社会各界对政府服务的公信力。

伴随着技术的进步和经济社会及政策环境的调整，基于大数据的市场监管改革创新势在必行。大数据应用和数据信息的互联互通将为创新政府服务方式，提高监管的智能化、科学化、自动化、网络化和透明化，提高治理主体参与度等提供强有力的支撑。随之也为市场监管带来了一些挑战，如提升监管人员的专业素养和工作能力、注重信息的谨慎使用和隐私保护等。

三、城市治理大数据在市场监管领域的探索及趋势

现如今市场监管工作平台飞速发展，相关政策不断完善，更是为大数据在

---

① 唐齐鲁，胡春风，蒋斌. 关于构建大数据时代市场监管新模式的思考[J]. 中国市场监管研究，2017(2).

市场监管领域的应用提供体制和技术保障。2015年7月1日，国务院办公厅印发《关于运用大数据加强对市场主体服务和监管的若干意见》，提出要充分运用大数据先进理念、技术和资源，加强对市场主体的服务和监管，推进简政放权和政府职能转变，提高政府治理能力。[①] 同年8月，《促进大数据发展行动纲要》，要求建立"用数据说话、用数据决策、用数据管理、用数据创新"的管理机制。[②] 随着技术的创新和市场监管体制的改革，无论从数量上还是质量上，治理大数据应用于市场监管的发展都极其迅猛。很多地区都纷纷探索运用大数据推动市场监管改革，以提升监管效率和水平，并取得了一定的成效。笔者认为，大数据在市场监管中的探索过程呈现以下几个趋势：

1. 探索建立市场监管大网络

通过信息共享，大数据有利于推动各职能部门打破信息孤岛，将有利于推动市场监管数据信息的互联互通。针对庞大的市场主体规模，青岛市工商局利用大数据、云计算等人工智能技术，运行了"青岛红盾大数据鹰眼监测系统"。该系统由人工智能机器人对于青岛工商市场监管相关的信息进行深度挖掘、处理、加工、存储、检索和利用，发现重点问题和重点区域。由于采用了多手段识别和定向监测，规范的情报信息便被自动形成，针对监管工作需要而设立的监测方向也能被方便地设计出来，从而有效服务于市场监管。该系统还与青岛的市场主体登记库、12315投诉热线、网络交易平台管理、企业信用公示等各类系统以及各职能部门有效衔接，建立起市场监管大网络。通过大数据的介入，青岛市市场监管由被动应急转向了问题导向、主动防范、联合监管和惩戒上来，实现监管信息实时共享，大大提升了监管效率。[③]

2. 市场监管体系与社会信用体系紧密衔接

党的十八大以来，国家高度重视社会信用体系建设，发布了《国务院关于印发社会信用体系建设规划纲要（2014～2020年）的通知》（国发〔2014〕21

---

① 国务院办公厅. 关于运用大数据加强对市场主体服务和监管的若干意见（国办发〔2015〕51号）. 2015-07-01.

② 国务院. 促进大数据发展行动纲要（国发〔2015〕50号）. 2015-08-31.

③ 山东省青岛市工商局以大数据"鹰眼监测"精准有效服务市场监管_青岛市双打办. [2017-12-01]. http://www.ipraction.gov.cn/article/xxgk/gzdt/dfdt/201712/20171200165124.shtml.

号）、《关于建立完善守信联合激励和失信联合惩戒制度加快推进社会诚信建设的指导意见》等文件作为指导纲要，促进政务诚信、商务诚信、社会诚信和司法诚信的建设。加快建设社会信用体系对于政府更好地履行市场监管的职能，提升监管水平。

上海市浦东新区于2014年在全国率先运用大数据建立了企业信息公示制度和企业信息监管制度，并与高风险企业信用分类管理相结合，要求企业在自主申报年报信息，并在"双随机、一公开"的监管方式下接受随时的抽查，以核验所提供信息的真实性和有效性。此外，还将大数据应用到食品生产和餐饮监管方面：在餐饮单位推广"明厨亮灶"工程；在婴幼儿乳粉企业、学校食堂等地运用远程视频监控系统。实现动态化、智能化的信息监管，保障生产安全和消费者的权益。此外，浦东新区还实施了跨领域的市场监管，搭建信息化平台，加强市场信息共享，进行信用联合惩戒。例如，在线上监管方面，市场监管总局联合网络订餐平台，将政府掌握的平台商户的信息进行共享，包括行政处罚、投诉举报、市场准入等；平台商户也同步推送自己的经营状况、用户评价、投诉建议等信息。通过这种方式，可以加强对线上平台商户的监管，保证合法有序经营，并鼓励消费者对其进行监督。又例如，市场监管机构与芝麻信用合作，建立联合信用约束机制，共享企业的行政处罚和经营异常等信用信息，从而约束失信商户，促进市场竞争公平有序。这样跨领域的监管措施降低了监管成本，促进各部门间的协同合作，并提高了监管执法的精准度。[①]

深圳在创新大数据监管模式上也走在全国前列。《深圳市促进大数据发展行动计划（2016—2018年）》于2016年发布，提出建设完善的大数据基础设施，创新大数据市场监管模式。该计划指出，市场和质量监管委及各市场监管部门要"利用大数据助力简政放权，强化从事前审批向事中事后监管转变，构建信息化监管模式，减少执法资源的无效投入和浪费，全面提高监管效能。利用商事主体及许可审批信用信息公示平台，实现商事主体信用信息跨部门、跨层级公示、共享，并将商事主体登记许可及后续监管信息最大限度地向社会开

---

① 薛澜，李希盛. 深化监管机构改革 推进市场监管现代化——以杭州市为例[J]. 中国行政管理，2018(8): 21-29.

放，促进政府监管和社会监管、信用监管的有机结合。利用大数据开展市场监管、执法办案、产品质量监管、电子商务监管、特种设备监管等应用，增强服务、监管和执法的有效性"。此外，该计划提出加强信用大数据应用，完善全市公共信用信息管理系统，将各领域的信用信息进行整合，实现跨区域、跨层级、跨部门的信息共享共用，促进诚信社会建设。①

3. 事中事后监管的准确性增强

《国务院关于"先照后证"改革后加强事中事后监管的意见》（国发〔2015〕62号）指出，"变市场监管理念，明确监管职责，创新监管方式，构建权责明确、透明高效的事中事后监管机制"。② 充分利用大数据、物联网等现代信息技术，有利于提高发现问题和防范问题、转"被动应急"到"主动防范"的能力。

杭州在市级工商、食药二合一，区县工商、质监、食药三合一的部门整合之后，强化各部门协作，归集共享政务数据并整合智慧系统，搭建了智慧监管平台：企业信息公示系统、企业信用联动监管平台由31个部门共同开发和启用；"市场监管云""红盾云桥"和"智慧网监"等平台推进统一的市场监管，集中存储信息和监管市场动态。③ 例如，"红盾云桥"由杭州市市场监督管理局主导建设，将数据进行互联共享，打通政府、企业、部门间的数据，形成网络监管的闭环。在该平台上，登记了36600余条杭州的网店主体信息，6000余条食品许可类数据，可以在平台上实现投诉举报、行政处罚、抽检等功能，不断完善信用监管体系。还通过"网络案件线上快速查办子系统"，实现数据在线快速协查，并协助外地网络案件协查。在本地市场监管改革的基础上，杭州还与上海、深圳、广州等地同阿里巴巴集团联合签署《跨区域合作协议》，共同促进全国范围的一体化网络监管。

从以上优秀案例可以看出，大数据在线上或线下的市场监管中发挥着日益重要的作用，不断突破着传统监管方式方法的壁垒，在新时代的浪潮里推动建

---

① 深圳市促进大数据发展行动计划（2016—2018年）〔2016〕195号_深圳市人民政府办公厅[2016-11-22].
http://www.sz.gov.cn/zfgb/2016/gb980/201611/t20161122_5383530.htm.
② 国务院. 国务院关于"先照后证"改革后加强事中事后监管的意见（国发〔2015〕62号）. 2015-11-03.
③ 薛澜，李希盛. 深化监管机构改革 推进市场监管现代化——以杭州市为例[J]. 中国行政管理，2018(8)：21-29.

造科学化、高效化、透明化、多方参与的监管体系，推动国家治理体系和治理能力现代化的顺利实现。

第三节　城市治理大数据如何提升政务服务能力？

一、服务型政府对城市治理大数据提出要求

1. 以人为本　便民利民

党的十九大报告指出，"新时代我国社会主要矛盾是人民日益增长的美好生活需要和不平衡不充分的发展之间的矛盾，必须坚持以人民为中心的发展思想，不断促进人的全面发展、全体人民共同富裕"①。以人民为中心是我国党中央各项工作的出发点和落脚点，以人民群众需要为核心，让百姓过上好日子是党工作的重要目标。城市治理作为国家治理的一部分，承担着提升人民获得感、幸福感、安全感的责任。而建设服务型政府则为回应人民群众最关心、最直接和最现实的利益诉求提供保障。政府应坚持以提高公共服务能力作为工作的出发点，寓城市治理于公共服务之中，不断提高办事效率、缩短服务半径、改进工作办法，从而实现人民对美好生活的需要。传统的政府公共服务由于条块分割的管理体制，导致各部门封闭运行，之间缺乏协作，给居民带来"办证多、办事难"等问题，居民的服务需求无法被精确快速地满足，也带来公共服务的碎片化。而通过运用大数据、互联网等手段，能够以网上政务服务平台为抓手，结合线上线下资源整合，建立一个全方位、多层次的政务服务体系，打破各部门间的行政壁垒，实现跨部门、跨层级、跨地域的互相协作和信息共享，加强各部门间的协调合作。进而，为居民提供流程简化、功能全面、上下联动、快

---

① 第十八届中央委员会. 中国共产党第十九次全国代表大会报告[M]. 北京：人民出版社，2017.

速方便的电子政务服务，解决办事过程中"办证多、办事难"等问题，简化办事流程，最大程度便民利民。

2. 政务服务精细化

在我国经济发展步入"新常态"和简政放权的改革背景下，实现城市治理精细化已成为人民群众的迫切需要，无疑是服务型政府的建设方向。在这其中，大数据为其提供重要抓手。在传统的政府服务方式中，政府部门凭个人主观经验作出公共服务决策，向公民提供的服务往往由于工作方式欠佳而造成千篇一律、缺乏针对性和科学性等问题，趋同的公共服务不能满足居民的多样化所需，也造成很多公众的服务需求无法得到满足，带来资源浪费和政府信任度降低。而大数据为城市治理带来新机遇。通过结合信息技术和网格化管理，从源头实现对居民诉求的准确及时性的掌握，变"自上而下"的政府主导管理为"双向互动"的多元治理模式，变"粗放机械"为"灵活精细"。例如通过建立智慧政府门户网站，对政府提供海量的实时信息数据，政府能够给予科学的数据，准确快速地掌握居民对政府服务的评价，并把握居民对服务的需求偏好，从而作出有针对性的策略，及时为居民提供切实所需的服务，保证公共服务决策的科学性和合理性。但是需要注意的是，在运用大数据等现代信息技术手段推进政务服务精细化的同时，要避免过度依赖大数据，忽略数量背后的质量，要将人的智慧与科技的智慧相结合，以"善治"促进治理现代化水平的提升。

3. 多方共治

党的十九大报告还提出要打造共建共治共享的社会治理格局，努力提升国家治理体系和治理能力现代化水平。因此，在服务型政府的建设中，要探索治理重心向基层下移，简政放权，发挥各治理主体的作用，鼓励企业和公众通过各种方式参与城市建设治理工作，实现政府与社会、居民间的良性互动，让城市治理成为党委、政府和市民共同的事业，实现城市共同建设、共同治理、共同分享。而大数据则为多方治理主体共同参与城市治理提供对话沟通的平台，让社会组织、企业、居民等发表对治理的看法和意见，从而增强公众参与公共服务决策的能力，增多政府与社会关系的互动，完善治理体系和能力。

4. 如何利用大数据推动政务服务

那么如何利用大数据推动服务型政府的建设呢？政府首先要解放思想，创新思路，主动拥抱互联网，将新理念和新技术运用到政务服务的领域中，推动各项业务在线办理。其次，在体制创新上，要改进基层政务服务。深化街道政务服务中心"一窗受理、集成服务"改革，着力提升群众、企业办事便捷度和满意率。推进街道政务服务标准化建设，将直接面向群众、企业量大面广的区级部门服务和审批事项下沉到街道，把社区不该办、办不好的政务服务上收，规范运行程序、规则和权责关系。此外，要针对本地区情况制定合理的大数据发展对策，对采集来的数据进行合理的分析和研判，将数据信息转化为辅佐解决发展问题的利器，从而作出有效的决策。最后，要整合数据资源，努力打破部门间的壁垒，推动各部门协作办公。① 将全市政务服务"一张网"延伸到街道、社区、楼宇，实现与街道公共服务信息平台、综合执法平台的深度融合，建立街道与部门信息数据资源共享交换机制，实现服务事项的全人群覆盖、全口径集成和全市通办。最大限度精简办事程序，缩短办理时限，提高网上办理比重，加快建设移动客户端、自助终端，实现就近办理、自助办理、一次办理。助力优化营商环境，鼓励社会创业创新，服务商圈、楼宇经济，激发各类经济主体和组织的活力。

二、大数据应用于政务服务的壁垒

在新时代人民日益增长的物质文化需求下，我国当前的政务服务还需要进一步提升来适应当前发展需要。首先是部分政府缺乏大数据治理的思维和模式，将简单的数据产品或者条块化的功能区块作为大数据治理的顶层设计方案，缺少整体发展框架，进而导致方案不可持续。其次是政府服务的需求导向不足。很多地区在提供公共服务时，缺少对公民需求的科学性判断和回应，政府信息不能有效传递并共享给社会公众，由此导致政府工作的成效与居民的满

---

① 石火学，潘晨. 大数据驱动的政府治理变革[J]. 电子政务，2018(12).

意度之间存在鸿沟。此外，政务服务建设项目以问题为导向，以解决管理中存在的问题为目标，而没有做到提前预判和主动预防，造成服务体系的缺失和管理缺位。第三个问题是政府各部门间的资源整合度不够，缺乏有效的动态网络协同治理体系。目前我国政府各部门的业务资源整合程度和业务协同力度普遍较弱，"重复建设""信息孤岛"等问题未能得到根本解决，在线办事整合流于形式，未建立统一的业务系统办事机制，部门间业务、资源难以整合。这给企业和群众带来的是"办证多、办事难"、往返跑腿、重复递交材料的问题。第四点是大数据政务服务系统还不够成熟和完善。数据库信息录入与对外开放能力不足，各部门间信息共享不足，行政体制机制也束缚着数据的进一步开放。这些问题阻碍着大数据政务服务体系的建立，难以形成可持续的发展模式。[1]

三、城市治理大数据在政务服务领域的探索及趋势

为加快推进"互联网＋政务服务"，国务院于2016年9月29日下发并实施《关于加快推进"互联网＋政务服务"工作的指导意见》。该意见指出将大数据应用于政务服务，对加快转变政府职能，提高政府办事效率，方便群众办事，激发市场活力具有重要意义。提出在2020年底前，建成"覆盖全国的整体联动、部门协同、省级统筹、一网办理的'互联网＋政务服务'体系"，提高政府服务的效率，提升人民的满意度。[2] 笔者认为，大数据应用于政务服务领域的探索过程呈现出以下特征：

1. 突出群众实际体验

"互联网＋政务服务"围绕着"为人民服务"为目标，近几年不断优化工作方式，由原来的"让群众少跑腿"，升级到"一网通办""一站式"服务，都是为了不断提升群众实际体验度和对政务服务的满意度。

---

① 孙松涛，贝聿运. "互联网＋政务"背景下政务服务新思考[J]. 信息化建设，2016(8)：19-22.
② 国务院. 关于加快推进"互联网＋政务服务"工作的指导意见（国发〔2016〕55号）. 2016-09-29.

　　例如，青岛市市北区启用政务服务大厅，加快推进"互联网＋政务服务"，强化部门协同，整合行政审批、公共服务、公共资源交易等职能，推动信息互联互通、开放共享，全面实现行政审批及相关服务事项网上办理，为居民和企业提供便捷高效的"一站式"公共服务。此外，市北区通过网格化、信息化，利用区级信息数据中心、城市治理微信公众号、"在市北"APP等平台，拓宽信息搜集渠道，打造民意民情直通车，及时、全面、精准地了解群众所想、所盼、所需，准确调整管理政策、资源配置和服务方向，实现服务效益最大化。这些年，通过多渠道征求群众意见，市北区得以更好地倾听民声、集中民智、把握民意，既解决了很多像棚户区改造这样事关长远发展的大事难事，也能够针对不同群体"量体裁衣"，从群众急需的漏雨房屋维修、破损门窗更换等具体小事做起，办成了很多社会关注、群众期待的"急事""要事"，提高了公共服务供给的质量和效率。市北区在提高治理能力时，努力诠释了城市的温度和厚度，以人为本，不断满足居民所需，让每一位市民都有获得感。

　　2．线上线下服务有效结合

　　《国务院关于加快推进"互联网＋政务服务"工作的指导意见》提出要推进实体政务大厅与网上服务平台融合发展，形成线上线下功能互补、相辅相成，提供多渠道、多样化的政务服务。实体政务要向网上延伸，线上线下信息要确保一致准确，做到统一资源、统一标准、统一办理。

　　例如，上海市徐汇区行政服务中心设置了线上预约、线下办理。用户可以先在网上进行预约后再前往实体政务大厅并取号，这样可以大大减少办事的等待时间。福建省海沧区网上办事大厅也创新采用线上线下结合的方式，通过APP、官方网站和微信、触摸查询终端机等四种方式进行线上预约，再去实体政务大厅办事，节省办事时间，提高办事效率。

　　3．一体化政务服务平台建设

　　在传统的政务服务体系中，各部门往往将既有业务形成各个独立的业务系统，以满足政府内部业务的管理需求，部门间缺乏共享信息资源的组织规划和全局性统筹考虑，数据孤岛问题严峻，业务协同难度大，为群众或企业办事带来不必要的麻烦。当今，我国越来越多的城市开始探索整合各职能部门，实现

"一网通办"，让居民"最多跑一次"，甚至是"一次都不跑"，深入推进政务服务便民化，切实解决群众或企业办事难、办事慢、多头跑、来回跑等问题。

贵州依照以人民为中心的发展思想和坚持创新引领、共建共享、便民利企、安全可控的原则，深入推进大数据和人工智能在政务服务领域的应用，提升贵州政务服务的智慧化水平。[①] 为推动此项工作，贵州依托网上办事大厅，统一了省人力资源社会保障厅、省卫生计生委、省教育厅、省公安厅等部门的办事服务的入口，企业和群众可以在该网上办事大厅便捷办理事务。此外，将政府各部门的业务数据打通，实现数据交换、数据联动、数据共享，为部门间的协调合作打下基础。为方便群众和企业办事，贵州还开发了"云上贵州APP""移动审批APP"等职能应用，并配备职能导办系统，集成职能客服机器人，语音协助群众线上办理各项事务，提高了群众对网上办事的参与度和满意度。

深圳市在探索电子政务方面也走在国家前列，自2006年起就建立了政务信息共享平台，于2014年印发《深圳市电子政务总体框架》，提出建立基于大数据的政务信息资源体系。目前为止，深圳已基本建成覆盖全市的政务信息资源库，汇集了人口、法人、空间地理、房屋等基础信息，以及商事主体登记、社会信用、市场监管、行政审批等主题信息，为全市各项事务的开展提供了数据支撑。在此基础上，市政府数据开放平台于2016年11月正式开通，将交通、金融、教育、文化休闲、生态等14个领域试点向社会开放政务数据。这样的创新做法不仅有利于提升政务服务的效率和透明度，也有利于鼓励多元互动、提升社会创新力，科学化的治理方式为深圳带来的是可持续的发展。

从上述案例可以看出，我国在大数据应用到政务服务领域中不断作出创新和探索，不断分析和克服传统政务服务体系的不足，利用先进技术手段和思维方式提升政务服务的成效。这些探索不仅提升了社会各界对政府工作的满意度，也带来城市治理方式方法的变革，促进治理水平和治理能力的现代化。

[①] 贵州省人民政府办公厅. 关于深入推进政务服务领域大数据和人工智能集成应用的实施意见. 2018-06-20.

第四节　政、产、学、研、用、资协同创新的城市治理平台

早在2013年，国务院关于《加强城市基础设施建设的意见》①中明确规定，实现设市城市数字城管平台全覆盖。提升城市管理标准化、信息化、精细化水平，提升数字城管系统，推进城市管理向服务群众生活转变，促进城市防灾减灾综合能力和节能减排功能提升。数字城管平台以网格化管理为中心，城管做到出现问题及时上报解决，管理模式已经探索了多年，系统运行整体稳定。网格化管理居民参与程度低，主要为网格员搜集信息，其中网格员由专职、专业和兼职人员组成，专职网格员为承担具体网格化治理任务的专职工作人员；专业网格员指街道在编在岗人员；兼职网格员由职员制、老党员、退休干部、楼院组长等成员组成。网格化管理与现有的行政体制一致，直辖单位层级式管理，这种管理模式有利于政府维护基层社会稳定，但同时压缩了居民自治空间，难以形成多元主体融合共治的格局，居民对于网格化管理的参与意愿和参与程度不足。郭大林②提出数字化城市管理模式难以避免"条块分割"的科层制弊端，"互联网＋城市治理"的模式构建扁平式的跨部门协作平台，形成城市治理的多元共治新格局。通过构建城市管理信息网络公开平台、管理决策网络民主协商平台、城市管理执法过程网络监督平台来形成多元化社会参与平台，除了让多元主体参与社会治理的平台外，还需要配合实现"扁平式"的跨部门协作和明确职权分工的子平台。依托大数据、互联网＋构建的平台，通过功能的集成实现城市治理。大数据时代下，信息化平台建设经历了从数字化城市管理到互联网＋城市治理的转变，体现了新时代下网络化、集成化、扁平化的多元共治理念。

---

① 国务院关于加强城市基础设施建设的意见[EB/OL]. [2019-02-23]. http://www.gov.cn/zwgk/2013-09/16/content_2489070.htm.
② 郭大林. 从"数字化"到"互联网＋"：城市管理的多元共治之道[J]. 求实, 2018(06)：74-84.

一、城市发展与人口、产业的关系

国务院发布的《调整城市规模划分标准》[①]中首次明确提出了超大城市，并对城市进行了划分。城区常住人口50万人以下的城市为小城市，城区常住人口50万～100万人的城市为中等城市；城区常住人口500万～1000万人的城市为特大城市；城区常住人口1000万人以上的城市为超大城市。城市治理需要关注城市、产业与人口三者之间的互动关系。依托了地区特色发展壮大产业，继而聚集人口，在此基础上形成了城市。城市的发展取决于人口的集聚程度、人口集聚程度取决于产业发展。人口迁移的推拉理论解释了超大城市产业发展形成的资本、文化、劳动力等要素产生了巨大拉力作用，吸引人口聚集，推动了超大城市的经济发展。人口是随着城市内产业发展情况而流动的，落后的产业布局和断裂的产业链，会使城市丧失竞争力沦为空城，因此产业是城市的支柱。

城市的产业发展布局需要结合宏观层面、中观层面、微观层面的不同层级的发展战略来构建，从宏观层面来看，国家的整体战略、城市的发展阶段、城市的自然环境条件均对产业发展布局有所影响，中观层面是由省、城市的地方政策、市场走向、经济支柱产业定位来展开布局，微观层面是由城市的功能分区、功能疏解、产业融合组成布局。北京市推进《京津冀协同发展2018-2020年行动计划及2018年工作要点》[②]中提出有序疏解非首都功能。北京市承载着核心功能和非核心功能，有序疏解非核心功能是实现区域协调发展战略的重大举措。雄安新区基础薄弱，需要高度重视京津冀联动下集群式产业转移，形成产业协同。政府扶持、培育和发展城市龙头企业，关注城市功能区之间的协同发展，产业要素无需面面俱到，但是需要覆盖基本的衣、食、住、行等生活要素。引进先进技术产业，由传统的规模经济导向、技术导向、信息和知识导向转变，

---

① 国务院关于调整城市规模划分标准的通知[EB/OL]. [2019-02-21]. http://www.gov.cn/zhengce/content/2014-11/20/content_9225.htm.

② 北京市推进京津冀协同发展2018-2020年行动计划及2018年工作要点[EB/OL]. [2019-02-22]. http://zfxxgk.beijing.gov.cn/110002/gzdt53/2018-08/08/content_22b6d191bfbd4449a59e69547e652344.shtml.

实现产业结构的优化。利用云计算、大数据、物联网、人工智能等技术，结合地区特色统筹分工，充分发挥优势资源、引领产业升级、构建产业生态、实现产业发展。

二、产业发展中面临的协作难题

产业发展以寻找用户需求为切入点，在政府支持、技术推动的条件下创造具有社会价值、居民满意度高、经济效益高的产业。产业发展中实施具体项目时存在一定问题，科研技术的成果难以转化成为实际的生产力。具体而言，项目的完成需要经历立项、研发到应用的过程，首先科研单位率先展开相应的研究，针对项目的关键技术为应用单位进行技术攻坚，随后并在应用单位进行试点，起到项目示范带头作用，最后完成项目的对外推广。主要面临的问题，其一，科研单位完成技术研究后，一般以专利、软件著作权、论文等形式将成果进行公布，但是应用单位很少关注专利、论文等成果。共同确立的关键技术从长期看具有较高价值，科研单位对于技术的专业化程度较高，研究适宜商用的产品专业化程度较低，因此科研单位研究的技术非应用单位目前最需要、最紧急、最迫切的技术，应用单位需要具有实际应用价值、能够快速变现、起到决定性作用的产品，两者之间的失调导致应用单位对项目关注度和参与度不高。科研单位与应用单位之间的矛盾是由技术过渡到产品产生的矛盾，是科研成果转化与推广的矛盾。其二，科研单位的研究较为专深单一，需要联合多家科研单位共同参与完善关键技术的攻克。其三，应用单位与科研单位之间缺乏有效的沟通，技术成果难以实现转化。[①] 因此需要政、产、学、研、用、资协同创新机制进行沟通对接，突破科研技术成果的转化与推广遭遇的瓶颈。

学者提出"产学研"到"产学研用"再到"政产学研用"的发展过程，随着政府对协同创新机制的引导作用，创新模式也相应发生改变。本文提出政、

---

① 陈旭，高江华，蒋熙等. 城市交通技术领域协同创新机制研究——以北京市城市轨道交通领域示范应用开发为例[J]. 科技管理研究，2018,38(14)：111-116.

产、学、研、用、资协同创新机制，在前人的基础上加入资本这一要素，充分考虑资本对于合作平台中各要素发挥的影响作用。[①] 党的十九大明确提出打造共建共治共享的社会治理格局。加强社会治理制度建设，完善党委领导、政府负责、社会协同、公众参与、法治保障的社会治理体制，提高社会治理社会化、法治化、智能化、专业化水平。[②] 智慧城市的建设为创新社会治理、改进服务方式、提升治理能力提供了方向。国家测绘地理信息局关于《加快推进智慧城市时空大数据与云平台建设试点工作》[③] 要求加快推进智慧城市建设和数字城市推广应用。政、产、学、研、用、资是一个协同网络，主体之间彼此相互协同，构成的复杂系统。[④] 搭建协同创新机制有利于信息共享，政府要加快建立平台共享机制。[⑤]

政、产、学、研、用、资协同创新机制提供交流沟通渠道，更好地实现城市的产业发展，激发城市活力。政府为政策下达、制度保障、市场监管和资源分配打通壁垒，实现产业振兴。资本通过股票、基金、债券等金融方式来活跃市场，调节城市建设的财务运作。产业负责建立创业基地、发展产业群，通过申请专利、承接项目来经营运作。大学提供人才培养，注重科学研究。研究机构与大学、产业三者之间关系密切，传统观念中，大学负责人才培养，研究机构负责申请专利与申报项目，产业负责工业化生产。当前环境下三者之间职能有重复与交集之处，大学、研究机构、产业均可通过申请专利、申报项目来获得资金回报。区别之处在于高校偏重于学术型项目，企业以实践项目为主，研究机构是两者之间的过渡阶段，为产业输送人才，为大学提供就业渠道。研究机构孵化产业，产业与研究机构实现技术转换。用户是城市居民和社会组织，大学为城市居民提供教育服务，社会组织为大学提供课程填充。政、产、学、研、用、资协同创新机制的中心始终是城市居民，建设城市的最终目标是满足

① 陆岷峰,葛和平.基于"政产学研用金"协同创新的网络金融生态圈构建研究[J]. 兰州学刊,2018(2)：142-150.

② 习近平. 决胜全面建成小康社会 夺取新时代中国特色社会主义伟大胜利[J]. 人民日报, 2017(10).

③ 关于加快推进智慧城市时空大数据与云平台建设试点工作的通知[EB/OL]. [2019-02-22]. http：//hlfregistration.nasg.gov.cn/zwgk/tzgg/201711/t20171129_399968.shtml.

④ 吴卫红, 陈高翔, 张爱美."政产学研用资"多元主体协同创新三三螺旋模式及机理[J]. 中国科技论坛, 2018(5)：1-10.

⑤ 陆岷峰,葛和平. 基于"政产学研用金"协同创新的网络金融生态圈构建研究[J]. 兰州学刊, 2018(2)：142-150.

居民需求，创建宜居城市。

三、协同创新的城市治理平台

　　信息化平台依托大数据技术整合多项功能、优化管理流程、增强部门之间的交流，是城市治理的重要辅助工具。关于平台的建设，学者们从城市治理的业务层面提出建设意见，利用现有数据分析、完善并实现进一步开放共享。如龙瀛等人[①]提出利用如城市形态数据、用地数据、街景地图数据、城市环境数据、人群聚集热力图数据、点评数据等开放数据，结合基于移动客户端的人群画像数据、出行轨迹和交通起止点数据等大数据和传感器数据构建了信息共享网络交互平台，平台中包含了六个内容模块，包括街道慢行指数测度平台、人本观测平台、人迹地图平台、方案宣传展示平台、公众参与平台、人际数据交互感知地毯数据平台。城市治理的概念直到近几年才提出，相关的平台建设亟待完善，目前已有的研究中，龙瀛等人的研究探索了平台使得城市中居民数据的搜集、信息的宣传展示与发起公众参与的便捷程度提高，但平台建设的内容仍然属于城市治理的外围要素，没有涉及城市治理的核心要素，未能够清晰界定城市治理平台的关键功能。金浩然等人[②]的研究更近一步，更加接近城市治理的本质，为提高城市综合管理效率与质量，提出理想的信息化平台有城市管理、营运、服务三个子平台，分别由负责行政审批等环节的城市管理子平台、负责信息处理的城市营运子平台和提供城市服务子平台组成，支持城市治理的管理决策。

　　借鉴前人的研究，本文在此基础上提出城市治理平台需要理顺工作机制，为部门分工合作建立协调、稳定的平台，保证各部门之间权责分明、信息联动、实现功能互补。城市治理平台需要形成高效的子平台，具有六大功能模块，城市规划、城市建设、综合管理、数据运营、城市服务、公众参与。城市治理平

---

① 龙瀛，曹哲静. 基于传感设备和在线平台的自反馈式城市设计方法及其实践[J]. 国际城市规划，2018，33(01): 34–42.
② 金浩然，翟宝辉. 城市综合管理服务平台的框架探究[J]. 城市发展研究，2018,25(06): 135–140.

台需要形成政、产、学、研、用、资协同创新机制。本文提出的城市治理平台示意图，如图6-1所示。

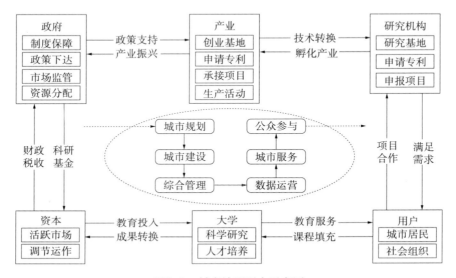

图6-1　城市治理平台示意图

　　城市规划功能利用遥感影像、实景三维模型和人工设计相结合的方式实现3D展示城市建成图像，运用建筑信息模型（BIM）软件技术结合地理信息系统（GIS），模拟城市规划设计。城市内的建筑包括住宅、商业建筑、办公楼、工厂、睦邻中心、学校、地铁站等建筑，城市内的设施包括通信设施、Wifi覆盖的信息基础设施、水电管道设施、绿化基础设施、垃圾箱等设施，城市规划功能根据模拟建筑外观的光照效果、通风效果、建筑周围人流量情况，为建筑和设施提供具备前瞻性的空间布局方案。

　　城市建设功能按照城市规划建设基础设施，结合探头、车载视频、手持视频、传感器、通信设备、卫星定位等监测设备全方位搜集各类设施的基本信息，便于第一时间修补、巡查、处理事务，对接基础设施区域内居民诉求，保障城市居民自治的权益。根据居民反馈，重新进行城市规划并改进后续服务，为城市的规划与建设的迭代与更新提供改进和拓展空间。

　　综合管理功能是辅助完成城市治理日常工作的子模块，城市治理的日常业务包括行政审批工作、投诉案件的处理、日常的监督评价工作等内容，综合管理平台实现城市治理相关业务的集中处理，实现派遣、监督、考核以及评价工作。

数据运营功能实现对数据搜集、整理、管理、分析和利用。从数据的创建、收集、整理、分析、利用以及清理删除整个过程进行周期性管理，按照标准的数据存储格式与操作规范进行数据定期管理维护，可节省数据存储时间、减少操作难度、避免数据冗余节约存储空间、降低因操作不当产生的无效数据、提升数据分析利用的效率。实现对历史数据的快速检索与追溯、对实时数据的更新与迭代，对未来数据的预测与判断。数据运营功能中除了常规的数据管理功能外，还重点包括了时空大数据分析功能和多源数据整合功能。时空大数据的分析，以高细粒度的时间、空间、属性等维度建立数据库。以地图形式将城市内基础设施作为数据标记，通过时间、空间、运动轨迹等属性建立时空大数据，结合人口库、法人库等数据库扩展数据维度，最终实现的效果是跟随时间序列变化，以可视化形式展示城市内运动轨迹动态演化过程。时空大数据的共享和信息联动，能够解决自成体系、内容冲突、缺乏衔接等问题，是消除部门壁垒、强化政府职能的重要手段。[①] 多源数据整合功能包括对微博平台、微信平台、移动客户端等多源数据的整合，全方位融合数据，以实现数据的充分利用。

城市服务功能为城市居民提供各类精准服务，包括交通、医疗卫生、养老等方面的服务，提供满足居民衣、食、住、行生活服务信息，改善居民生活。如通过居家养老、社区养老、机构养老相结合的方式，提供生活照料、康复服务、心理慰藉、社会交往等服务，定期举办教学、培训、文化活动，提供文化教育服务，丰富居民的精神生活。

公众参与功能通过开放平台提供居民自主协商的渠道，通过宣传短片、案例解析等多种方式介绍城市治理的工作内容和居民福利。提供开放权限让居民参与到城市治理过程中，如居民可参与城市规划的设计，上传作品并进行大众投票后有机会获奖和被正式采纳。公众参与功能中提供各类城市治理活动的投

---

① 党安荣，甄茂成，王丹等. 中国新型智慧城市发展进程与趋势[J]. 科技导报，2018(18)：16-29.

票窗口、意见征集界面、活动预告信息，引导居民通过查看、学习、下载、发布、投票、评价、反馈，参与到城市治理工作中，鼓励居民举办线上、线下活动，促进居民之间的交流与协商。

四、城市治理平台的完善

城市治理平台从城市规划、城市建设、综合治理、数据运营、城市服务、公众参与六个模块进行建设，实现了城市治理的基本流程覆盖，平台提供政、产、学、研、用、资协同创新机制接口，完善城市治理平台的产业生态发展。城市治理平台的完善仍需要从制度层面完善合同项目制度，破除协同创新壁垒。引导公众参与，提升居民自治程度。建立时空大数据，实现城市治理由被动应急到主动预防。

1. 完善合同项目制度，破除协同创新壁垒

目前社会组织入驻城市大多采用公益合作的形式。为调动城市建设利益相关者的参与积极性，实现城市的共建共治共享，应当在平等、协商、合作的基础上，推进合同项目的方式完善城市建设机制以破除制度障碍。合同项目围绕居民需求出发，将居民紧急需求转化成项目形式公开招标，拓展城市服务的外延。按照服务类别和紧急程度立项，经过公开招标、资格能力认证后可参与招标、专家组成委员会进行评审、确定承接方并进行公示、招标完成后进行监督评估等流程，确保项目的权责分明和实施效果。制度创新、机制创新、技术创新和服务创新，能够推动城市治理现代化和服务智慧化的发展。

2. 引导公众参与，提升居民自治程度

目前城市居民对城市治理的参与程度不高，除了平台的设计与引导外，需要加大宣传力度，激励居民积极参与城市治理，实现基层权力下移。居民对城市治理活动参与较少，参与较多的行为表现对城市治理中市容环境、不良现象的投诉建议。目前大部分城市收集居民诉求信息主要有两种方式，网格员在辖区范围内主动采集上传的数据和居民拨打的热线平台数据，居民对于参与城市治理的力度与意愿不足。城市治理平台设计公众参与模块，试图通过更加开放

的权限、更加健全的机制、更加新颖的设计，引导和调动居民的广泛参与，鼓励居民积极参与城市治理活动，实现共建共治共享的社会治理格局。

　　3. 建立时空大数据，实现城市治理由被动应急到主动预防，再到融合治理

　　从我国的实际情况出发，城市治理创新应当突出以下三个重点：一是服务，城市治理应当从"管制型"转为"服务型"，从"网格化管理"转为"网格化服务"，并满足市民个性化需求；二是共享，城市治理不但要体现工具化共享和信息化共享，更重要的要突出价值共享；三是融合，要促进城市居民之间的观念、新旧体制之间的融合和公共治理的融合，这是破解城市碎裂化的唯一出路。

　　城市治理平台中数据运营功能，关键要素是时空大数据的建立。时空大数据以时间、空间、属性建立数据库，属性包括运动轨迹、交通数据、气象数据、遥感数据等维度，结合人口库、法人库、地理信息库、宏观经济库、电子证照库，最终呈现的效果是按照时间序列的推移，将城市生活呈现在一张地图上展示动态演化过程，能有效降低城市的突发事件。建立时空大数据具有重要战略意义，以统一的时间基准和空间基准协调数据共享，实现人、事、地、物、情等精准定位，能够在历史长河中追溯往昔，记录当下事物发生的运动轨迹，亦可为未来的应急管理提供安全预警，实现城市治理由被动应急到主动预防。

　　随着时空大数据的共同建设与开放获取，进一步研究政府数据和公众数据的融合应用，实现多网融合、互联互通，推进人、地、房、事、物、组织等基础数据深度整合，全面增强数据动态掌握、分析和预警能力，这不仅有助于政府简化行政审批、提高审批和服务效能，还能促进公民参与公共服务，整体解决居民需求，从而实现融合治理、推进城市治理现代化。

　　城市治理是政府治理、市场治理和社会治理的交叉点，在国家治理体系中有着特殊的重要性，推进城市治理的创新，就是推进国家治理的现代化。

［1］王忠，王晓华．城市治理之大数据应用［J］．海洋开发与管理，2018，35（10）：25.

［2］李胜建．大数据时代政府统计数据来源渠道研究［J］．中国国情国力，2015（02）：77-79.

［3］苏伟强．浅析网络大数据的采集与处理方法［A］．《智能城市》杂志社、美中期刊学术交流协会．2016智能城市与信息化建设国际学术交流研讨会论文集II［C］．《智能城市》杂志社、美中期刊学术交流协会：旭日华夏（北京）国际科学技术研究院，2016：1.

［4］张铮．浅析网络大数据的采集和处理方法［J］．信息系统工程，2015（10）：47.

［5］钟建坤．物联网在智能交通中的应用分析［J］．电脑知识与技术，2018，14（33）：256-258＋262.

［6］郭春侠，刘惠，储节旺．新媒体环境下网络舆情治理大数据能力建设研究［J］．情报理论与实践，2018，41（12）：46-54.

［7］邱益国．城市区域医疗卫生信息平台建设探讨［J］．中国新通信，2018，20（11）：225.

［8］任涛鹏．大数据背景下的财政管理流程信息化再造［J］．财会研究，2017（04）：14-17.

［9］张建涛，王洋，刘力钢．大数据背景下智慧旅游应用模型体系构建［J］．企业经济，2017，36（05）：116-123.

［10］孙群．大数据应用智能交通综合治理［J］．科技视界，2018（28）：170-172.

［11］朱朝阳，王继业，邓春宇．电力大数据平台研究与设计［J］．电力信息与通信技术，2015，13（06）：1-7.

［12］牟进军，罗国宽，田兴彦等．旅游大数据建设及应用的策略研究［J］．软件，2017，38（10）：88-93.

［13］殷蔚翎. 能源互联网形势下的电力大数据发展趋势［J］. 计算机产品与流通，2018（10）：64.

［14］任燕，程之明. 智慧城市大数据平台设计与应用［J］. 建设科技，2017（13）：41＋48.

［15］Chukwa:http://incubator. apache. org/chukwa/.

［16］Scribe:https://github. com/facebook/scribe.

［17］Kafka:http://sna-projects. com/kafka/.

［18］Flume:https://github. com/cloudera/flume/.

［19］宗威，吴锋. 大数据时代下数据质量的挑战［J］. 西安交通大学学报（社会科学版），2013.

［20］Jing H，Haihong E，Guan L，et al. Survey on NoSQL database［C］// International Conference on Pervasive Computing & Applications. 2011.

［21］George L. HBase［M］. 南京：东南大学出版社，2012.

［22］Vohra D . Apache Sqoop［J］. 2016.

［23］刘鹏. 大数据［M］. 北京：电子工业出版社，2017.

［24］Kimball R , Caserta J . The Data Warehouse ETL Toolkit: Practical Techniques for Extracting，Cleaning，Conforming and Delivering Data［M］. John Wiley & Sons，2004.

［25］https://blog. csdn. net/weixin_42029738/article/details/80273433.

［26］https://blog. csdn. net/raymond_lan/article/details/80302870.

［27］https://blog. csdn. net/Orange_Spotty_Cat/article/details/81563538.

［28］连玉明. 中国大数据［M］北京：当代中国出版社，2014.

［29］https://blog. csdn. net/qq_42107047/article/details/80239094.

[30] Engle C, Lupher A, Xin R, et al. Shark:fast data analysis using coarse-grained distributed memory [C]. Acm Sigmod International Conference on Management of Data. ACM, 2012.

[31] 霍格英等. 探索性数据分析 [M]. 北京：中国统计出版社, 1998.

[32] Harding J A, Shahbaz M, Kusiak A . Data Mining in Manufacturing:A Review [M]. Data Mining in Manufacturing. VDM Verlag Dr. Müller, 2006.

[33] https://blog. csdn. net/qq_36387683/article/details/ 82932680.

[34] (美)Rachel Schutt, Cathy O'Neil. 数据科学实战 [M]. 冯凌秉，王群锋译 北京：人民邮电出版社，2015.

[35] 陈玺，马修军，吕欣. Hadoop生态体系安全框架综述 [J]. 信息安全研究, 2016, 2 (8)：684-698.

[36] Shabtai A, Elovici Y, Rokach L . A Survey of Data Leakage Detection and Prevention Solution [M]. Springer US, 2012.

[37] 明华，张勇，符小辉. 数据溯源技术综述 [J]. 小型微型计算机系统, 2012, 33 (9)：1917-1923.

[38] 中国信息通信研究院安全研究所. 大数据安全白皮书 (2018 年).

[39] 陈天莹，陈剑锋. 大数据环境下的智能数据脱敏系统 [J].通信技术, 2016, 49 (7)：915-922.